U0109927

宋明思想史稿

季蒙、程漢 著

目　次

第一章

理學

　　宋、明思想以理學為核心，所謂理學就是關於道理的學問，雖然是儒家的道理。宋、明時代是理學發展特別重要的階段。我們說，宋、明學者做的最大一件事，就是把儒學社會化了。上古的儒學只是高端的東西，是為天子、諸侯準備的，是禮不下庶人的，孔子及以後的很多時代都是如此。從這裏來說，沒有理學，就沒有儒學現在的局面。所以，歷史中已經造成的事實，當初並不一定就是理所當然要這樣的，儘管可以說它是必然的。任何事情，其實都取決於當時當地的慘澹經營。

第一節　太極

　　周敦頤是宋、明理學的開山者，潘興嗣在〈濂溪先生墓誌銘〉中說：「尤善談名理，深於易學。」周敦頤自己也說：「易何止五經之源，其天地鬼神之奧乎！」（《通書》）這正是尊易的主旨。可見，周敦頤之學是從易學一脈下來的，而理學亦以易學為源。這不僅僅是因為易學在理學中佔有核心的位置，而理學的開山者亦治易學的緣故；還因為中國傳統理論思維的格局本來就是由易學、理學、名

學構成了三合一的固定關係。周敦頤善談名理、深於易學就說明了這一點。易、理、名三者，易學興起最早，名學次之，理學最晚，但影響最大，綿延七百年。黃百家說，宋儒闡發心性義理之精微，從周敦頤開始。周敦頤的著作不多，主要有《通書》和《太極圖說》。最著名的是周敦頤所繪的太極圖，這個圖構建了一個宇宙（包括人事）化生的模型，非常簡要賅括。太極圖雖然承襲古人陰陽五行的模子，但它建立起了一個獨立的宇宙、人事模型，具備了框架性的說解作用，就好像是理學的奠基儀式，又好像給理學確立法度一樣。其順序是這樣的：

無極而太極→陽動陰靜→五行→乾道成男、坤道成女→萬物化生

顯然，太極圖的一切元素都是古代思想中固有的，並不稀奇。從這裏來說，太極圖的重要，就只能是它重新框定和倡導了什麼，從而成為理學的一種標誌。我們說，乾道成男、坤道成女一條，本來沒有獨立的地位，因為男、女只是萬物化生中的一個部分和環節。周敦頤之所以單立男女一項，完全是因為儒學突出人事的傳統，別無深曲。五行（金、木、水、火、土）是五種具體的「氣質」，代表構成宇宙萬物的元材料。但五行最終只是一個氣——都是元氣。陰陽、太極顯然是從易那裏來的，所謂一陰一陽之謂道，毫無疑問，一切都被歸之於、歸結為陰陽了。案「無極而太極」一語，在理學中曾引起過很多混亂，因為解釋者就基本意思總是說不到點子上去。其實這句話意思很簡單、很容易把握，它是一個典型的道家句式。所謂大音希聲、大象無形、至人無己、神人無功、聖人無名等等。至什麼無什麼、大什麼不什麼，我們當然也可以說「大極不極、太極無極」了。只要還有極，一旦落實下來，它就只是一個端極，

而不是、還不是真正的極。真正的極是無極的，這就是太極。易雲「群龍無首」，老子說「可非常」，儒家講「中庸」，其實都是一個無極。無極才太極，把握了這個，意思上才不會發生牽扯，義理才明確、清晰。但是鑒於歷史中的教訓，我們在行文中輕易不提太極之類的名目。

周敦頤就太極圖加了一個簡單的說明，他說：「無極而太極。太極動而生陽，動極而靜；靜而生陰，靜極復動。一動一靜，互為其根。分陰分陽，兩儀立焉。陽變陰合，而生水、火、木、金、土。五氣順布，四時行焉。五行，一陰陽也；陰陽，一太極也；太極，本無極也。五行之生也，各一其性。無極之真，二五之精，妙合而凝。乾道成男、坤道成女，二氣交感，化生萬物。萬物生生，而變化無窮焉。惟人也得其秀而最靈。形既生矣，神發知矣，五性感動而善惡分，萬事出矣。聖人定之以中正仁義，而主靜（無欲故靜），立人極焉。故聖人與天地合其德、日月合其明、四時合其序、鬼神合其吉凶。君子修之吉，小人悖之凶。故曰：立天之道，曰陰與陽。立地之道，曰柔與剛。立人之道，曰仁與義。又曰：原始反終，故知死生之說。大哉易也，斯其至矣！」

人為宇宙之靈，天地、剛柔、仁義、生死、動靜、善惡、形神、終始、君子、小人等等，都是一個陰陽，屬於陰陽鏈。但陰陽與氣是不能混淆的，雖然它們可以放在一起講。因為氣是實體，而陰陽是性質。性質與實體當然是不同的、是兩回事。關於實體與性質的分別，孔穎達在解釋乾卦時講得很清楚，可以參看。我們說，易可以分兩種（兩大部門），一種是儒學易，就是正規的、儒家經學的易；一種是江湖易，就是風俗學、風俗文化講的易，包括風水、算命等等。顯然，理學談易是屬於前者——儒學易這一邊的。金、木、水、火、土也是氣，所以稱五氣。而動、靜是互根的。所謂各一其性者，

也就是以五行對應五性，即：金、木、水、火、土對應仁、義、禮、智、信，這也是傳統的說法。而聖人才是真正的「人極」。儒家對萬事的基本態度與立場，是本以一個簡單、基本的兩分法——善、惡。所謂形生神知，也就是儒家所認取的形、神關係。人具備了形體，但知覺一切的卻是神。比如說，神智散亂不清，就是形體還在，一個人也不可能正常地知覺了。從這裏來看，周敦頤用語雖然簡短，卻套了這麼多層基本意思，足以為後來者所發揮和取用。實際上，周敦頤並沒有什麼真正原創的東西，他只是承襲前人，重新糅合、排列組合了一番，並做了一個釐定，為後來立範罷了。當然，這些都是從文本上去看。

　　關於宇、宙、元氣，實際上就是古人所認取的形而下的基本的三元。形而下只有這三項，其他的都在此基礎上構成。也就是說，古人認為形而下世界只有三件東西（元件）——宇、宙、元氣，除此無他。所謂四方上下曰宇、古往今來曰宙，宇宙是萬物展開的場所，而構成萬物的元材料則是氣——所有的一切都是由元氣凝結而成的，沒有例外。所以中國古人的宇宙學說只有三個字——宇、宙、氣。這就是為什麼宇宙論在中國講不起來的原因。因為宇宙太簡單、太基本，高度整合、統一。而所有這些，充其量只是一個起碼的、必須交待說明的常識罷了。正如周敦頤所說：「二氣五行，化生萬物。五殊二實，二本則一。是萬為一，一實萬分。萬一各正，小大有定。」（《通書》）這裏最可注意的是一實萬分的思想，因為後來朱熹就是講理一分殊。可以說，中國傳統的思維基本上都是二分的思維。易曰是分兩儀，就表現、說明了這一點。所以，從原始時代起，中國就已經確立下了兩分思維、二分法。對此，已經沒有贅言的必要了。

　　周敦頤的學說、思想與易的關係是太直接、明顯了。《通書》曰：「誠者，聖人之本。大哉乾元，萬物資始，誠之源也。乾道變化，

各正性命，誠斯立焉，純粹至善者也。故曰：一陰一陽之謂道，繼之者善也，成之者性也。元亨，誠之通；利貞，誠之複。大哉易也，性命之源乎！」雖然易、《大學》、《中庸》等都是儒家經典，而易也談性命，但是話語上它們並不一定要拴在一起。當然，繫在一起也不會妨礙我們理會其中的意思。我們知道，《大學》是「以知立本」的，而這裏是以誠立本。誠是始源、純粹至善，所以周敦頤在這裏確定的是道德之學的路子。他說：「道德高厚，教化無窮，實與天地參而四時同，其惟孔子乎！」可見，周敦頤所宣言的不僅是德教的路子、不僅是道德之教，而且尊孔之意非常明顯。從這裏也可以知道，儒家所講的乃是「化教」，化教與宗教是根本不同的。

　　周敦頤說：「聖，誠而已矣。」（《通書》）這到底是對聖的認識，還是對誠的認識呢？我們知道，聖的原始義，是指人群的首領。比如上古的堯，或者更古的黃帝等等。但是到了理學時代，「聖」便要專門在道德上約束了，周敦頤的學說就是明證，也就是道德根源論。「誠，五常之本，百行之原也。」（《通書》）這就是說，人的一切行事，都要從誠這裏來發出。「五常、百行，非誠，非也，邪暗塞也。故誠則無事矣，至易而行難，果而確，無難焉。」（《通書》）只要在誠之外、不誠，就什麼也不是。這裏只是用誠來統領、括盡一切。所以重心是在行上——行難。只要直來直去，就不會有任何事。我們說，華文化的人格構成是利害型的，所以它講誠這些東西就是很自然的。「誠無為，幾善惡。德，愛曰仁、宜曰義、理曰禮、通曰智、守曰信。性焉安焉之謂聖，復焉執焉之謂賢。」（《通書》）我們在這裏其實可以看到道家的元素，誠是不須人為著意地去作、為的，而好與不好的分剖也就在這上面「立現」。理曰禮，這一解釋很要緊，它說明了理學與禮學之間的關係。所謂理學，其實就是義理的禮學。至於聖、賢的分別，其實只是一個陳套。我們說，聖在後來的學者

那裏已經被搞得難以把握了。所以，對聖這個名目，我們完全可以懸而不論，只要抓住「賢」便足夠了，因為「滿街的賢人」就是最好的世界。

這裏面還有一層分別，就是對所謂聖人，只能夠用來期求自己，不可以期求別人。但是對賢人，有時候可以用來期求他人。因此，對於理學，我們應該有一個平實化、放平的態度，而這種「下降」本身也是一種務實。道德學最怕的就是助長和拔高，道德學的原則應該是「底線原則」，而不是「上線原則」。也就是說，道德學應該是「取下不取上」的。「修養」才是取上的，所以歷史中的學者沒有把道德與修養二者揀分清楚，這是理學首先要澄清的。由此，我們就可以預前地說，道德與法律的關係是：道德為法律的原理，法律為道德的實體。應該是這樣。周敦頤說：「動而正曰道，用而和曰德。匪仁、匪義、匪禮、匪智、匪信，悉邪也。邪動，辱也；甚焉，害也。故君子慎動。」（《通書》）仁、義、禮、智、信之外都是邪，都是不正，這就是德教。實際上，在這裏周敦頤已經道出了「中庸」的基本義。所謂用而和曰德，德就是中和之用，也就是中庸。所以，這裏講的意思也就是「一切唯理」。當人的一切行動與理合一的時候，這個人就理化了──成了一個「理人」，而理人就是聖人。聖人是縱心所欲不逾矩的，中庸就是「在理上」。所以說，邪動辱也，君子慎動，也就是非禮勿動。不正當的動自然會招辱，所以理學的重心在於篤行。而所謂甚者，像「是可忍、孰不可忍」就是甚。

我們可以批評、指責一個人說：你不賢明；但卻不可以說：你不聖明。所以賢、聖的分別很大。周敦頤關於聖人的說法看起來並不複雜，他說：「聖人之道，仁義、中正而已矣。」（《通書》）那麼如何作聖呢？周敦頤說：「《洪範》曰：思曰睿，睿作聖。無思，本也。思通，用也。幾動於此，誠動於彼，無思而無不通，為聖人。

不思，則不能通微。不睿，則不能無不通。是則無不通生於通微，通微生於思。故思者，聖功之本，而吉凶之幾也。」（《通書》）由此可見，思為入聖之基，後來的很多理學家也闡述了此義。關於善，《通書》曰：「或問曰：曷為天下善？曰：師。曰：何謂也？曰：性者，剛、柔、善、惡、中而已矣。不達，曰：剛善為義、為直、為斷、為嚴毅、為幹固；惡為猛、為隘、為強梁。柔善為慈、為順、為巽；惡為懦弱、為無斷、為邪佞。惟中也者，和也，中節也，天下之達道也，聖人之事也。故聖人立教，俾人自易其惡，自至其中而止矣。故先覺覺後覺，暗者求於明，而師道立矣；師道立，則善人多；善人多，則朝廷正而天下治矣。」（《通書》）可見求善就要立師道，而師道即意味著法統。所謂師者，就是覺後覺之先覺，引領人入善。簡單的說，以善人為單位的天下就是治理好了的天下。我們在這裏可以看到一個整齊的陰陽鏈：剛、柔、善、惡、義、直、斷、嚴毅、幹固、猛、隘、強梁、慈、順、巽、懦弱、無斷、邪佞等等。但周敦頤最終的歸宿還是放了中和之節，這個節就好像音樂的節奏和旋律，稍微一亂就聽出來了。所謂俾人自易其惡，這顯然是道德自律的思維路子。我們說，治國、平天下，僅有自律是靠不住的。十分清楚，周敦頤所取的還是性善論的路子。而所謂性者，也只是一個陰陽罷了。

可以看出，周敦頤講善、講如何為善，是以改進為基礎的。「人之生，不幸不聞過；大不幸無恥。必有恥，則可教；聞過，則可賢。」（《通書》）所以人要有恥，就能有所不為；如果無恥，便無所不為了。所謂狂狷可以作聖，知恥則狷介。聞過能改，這就是改進，修身便是以改進為基礎。「有善不及，曰：不及，則學焉。問曰：有不善？曰：不善，則告之以不善，且勸曰：庶幾有改乎！斯為君子。有善一，不善二，則學其一而勸其二。有語曰：斯人有是之不善，

非大惡也？則曰：孰無過，焉知其不能改？改則為君子矣。不改為惡，惡者天惡之，彼豈無畏邪？烏知其不能改。故君子悉有眾善，無弗愛且敬焉。」（《通書》）很明顯，這裏雖然是強調改進，但也透出了道德僥倖觀。周敦頤說：「今人有過，不喜人規，如護疾而忌醫，寧滅其身而無悟也。噫！」（《通書》）改過則幾於聖，所以聖賢都是由不斷改進而得來的，這就是改進論。就好像登臺階，只要不停地上，便能達於至高。所以起點再低，都是無關緊要的，因為中國古代的思想都是以後天的營為為基礎。

「動而無靜，靜而無動，物也。動而無動，靜而無靜，神也。動而無動，靜而無靜，非不動不靜也。物則不通，神妙萬物。水陰根陽，火陽根陰；五行陰陽，陰陽太極。四時運行，萬物終始；混兮辟兮，其無窮兮！」（《通書》）可以看到，這裏的話語完全是易學的，一切都貫穿在陰陽、動靜上面來講。「天以陽生萬物，以陰成萬物。生，仁也；成，義也。故聖人在上，以仁育萬物，以義正萬民。天道行而萬物順，聖德修而萬民化。大順大化，不見其跡，莫知其然之謂神。故天下之眾，本在一人。道豈遠乎哉！術豈多乎哉！」（《通書》）我們說，大道多歧亡羊，與道術為天下裂，與吾道一以貫之，三者之間，實在是處處都有一種對比性。雖然這裏語言空泛，但周敦頤還是講出了理學最基本的意思：其實天下人再多，本質上都是一個人。從歷史來說，上古時代，天下是繫於天子一人的。可是隨著後來儒道的社會化，原先所謂本在一人者，就慢慢普及到了普通計程車、直到每個人。這一歷史進程是很明顯的，而周敦頤講的道術本來不多，也是對易學易簡之義的繼承。

實際上，在周敦頤這裏，關於治心的強調是顯然的，而後來的治心術之發達也是順理成章的。「十室之邑，人人提耳而教，且不及，況天下之廣，兆民之眾哉？曰：純其心而已矣。仁、義、禮、智四

者，動靜言貌視聽無違之謂純。心純，則賢才輔；賢才輔，則天下治。純心要矣！用賢急焉！」(《通書》)其實關於用賢之義，墨子《尚賢》早就講過。周敦頤認為的要點就是「純心」，只有心純了，才能平治天下。但是怎麼純呢？靠把人簡單化嗎？這肯定是不行的，也不好。在這裏周敦頤也說到了，就是世上的人太多，一個一個地教肯定是教不過來的。所以，周敦頤觸及到的其實就是所謂儒學社會化的問題。而歷史事實是，後來理學終於完成了對天下人深刻影響的工作。周敦頤說：「禮，理也；樂，和也。陰陽理而後和，君君臣臣、父父子子、兄兄弟弟、夫夫婦婦，萬物各得其理，然後和，故禮先而樂後。」(《通書》)可見，理學家講的所謂理，首先還是指君父之理，最初並不是泛化的東西。後來朱子把理擴而充之，更廣大了。如果說這裏的理無所不包，顯然還只是停留在原則上。而所謂和也只是修睦而已。

案周敦頤論禮樂一節，可以說是他學說中最具古義的部分。「古者聖王制禮法，修教化，三綱正，九疇敘，百姓大和，萬物咸若，乃作樂，以宣八風之氣，以平天下之情。故樂聲淡而不傷，和而不淫，入其耳，感其心，莫不淡且和焉。淡則慾心平，和則躁心釋。優柔平中，德之盛也；天下化中，治之至也。是謂道配天地，古之極也。後世禮法不修，政刑苛紊，縱慾敗度，下民困苦。謂古樂不足聽也，代變新聲，妖淫愁怨，導慾增悲，不能自止，故有賊君棄父，輕生敗倫，不可禁者矣。嗚呼！樂者，古以平心，今以助慾；古以宣化，今以長怨。不復古禮，不變今樂，而慾至治者，遠矣！」「樂者，本乎政也。政善民安，則天下之心和，故聖人作樂以宣暢其和心，達於天地，天地之氣感而大和焉。天地和則萬物順，故神祇格，鳥獸馴。」「樂聲淡則聽心平，樂辭善則歌者慕，故風移而俗易矣。妖聲豔辭之化也，亦然。」(《通書》)實際上，周敦頤的這種

思想很有道家「靜慾」的味道。我們說，周敦頤並沒有太多的思想原創，他在歷史中的重要，主要是因為學說傳承上的關節性。可以說，周敦頤所講的一套思想還是屬於「內政」，而不屬於「外政」。關於外政的理論，帝制時代還沒有真正建立起來。所謂外政就是指平天下，而理學家顯然還是以內向修身為主的。本國與天下萬國、與其他國家之間的政治如何打理，比如宋與遼、金之間，顯然是沒有解決的問題。而人文政治是要分內、外兩邊的，這是帝制時代儒家學者的不足，以其思維還只是一邊的，所以問題很大。但所有這些都是必然的，即「勢」。周敦頤認為，「天下，勢而已矣。勢，輕重也。極重不可反，識其重而豫反之可也。反之，力也；識不早，力不易也。力而不競，天也；不識不力，人也。天乎？人也。何尤！」（《通書》）這裏所說的力，其實就是指人文力學。物理世界是受「力」限制的，人事世界也一樣。只不過人事世界的這種力是一種更虛化、更潛在的力罷了。所以周敦頤在這裏揭出的人文力學一義非常關鍵，這就是說，力與勢是決定一切的，這一認識與韓非相通。所以認清了力勢的人，都會提前預防，這就是前定。人類生活中，無論是政治、歷史、軍事、文化、經濟等等，無不受此人文力學的影響和限制，這種控制是無所不在的，一切都是個力學作用。

周敦頤說：「聖可學乎？曰：可。曰：有要乎？曰：有。請問焉，曰：一為要。一者，無慾也。無慾則靜虛動直，靜虛則明，明則通；動直則公，公則溥。明通公溥，庶矣乎！」（《通書》）道家也是講虛靜之道的。這裏明確了一點：聖是可以由學而成的。所以聖屬於實學，而不是玄學。學為聖的要領、要點就是無慾，也就是抱一。這裏顯然是從人心的無慾通向公正、正直。但是天下的「公基礎」能靠無慾來求得和達成嗎？所以，古人雖然嚮往公天下、認同它，但卻找不到辦法，因為在古代根本就不可能找到並達成。公天下只能

由現代世界來促成，而不是古代世界。這是一個殘酷的事實，任何人都沒有辦法。周敦頤謂：「聖人之道，至公而已矣。或曰：何謂也？曰：天地，至公而已矣。」（《通書》）顯然，這正是對公天下的認同。可以看到，「而已矣」是周敦頤最常用的詞句，這是表總結的句式。所以我們說，《通書》只是一部綱領。「公於己者公於人。未有不公於己，而能公於人也。」（《通書》）所以人己是如一的、是合一的。比如自己不公正的，也就不能夠對人公正，兩者是一回事。所以，「明不至則疑生，明無疑也。謂能疑為明，何啻千里！」（《通書》）公正要建立在明理上，明理便不會有疑惑，內心就不至於搖盪。

　　周敦頤這樣論師友說：「天地間至尊者道，至貴者德而已矣。至難得者人；人而至難得者，道德有於身而已矣。求人至難得者有於身，非師友，則不可得也已。」「道義者，身有之則貴且尊。人生而蒙，長無師友則愚，是道義由師友有之，而得貴且尊。其義不亦重乎！其聚不亦樂乎！」（《通書》）人是最難把握的，而道義、道德又最難得，這都要靠師友切磋。顯然，我們說這裏的說辭可以有不同的理解。比如說讀前人的書，難道不也是一種師友之道嗎？所謂濃縮的就是精華，學問之道、人與人相處的方式，往往表述在書籍、文本中。所以讀書生活是廣義的，就是要善於疑問。能夠提出疑問，本身就是思想明達的表現。因為能夠找出問題，才能有所發明。周敦頤講師道，其實是為了明法統，這從他論「文」就能反映出來。「文，所以載道也。」「文辭，藝也；道德，實也。篤其實，而藝者書之，美則愛，愛則傳焉，賢者得以學而至之，是為教。故曰：言之無文，行之不遠。然不賢者，雖父兄臨之，師保勉之，不學也；強之，不從也。不知務道德而第以文辭為能者，藝焉而已。噫，弊也久矣！」（《通書》）周敦頤在這裏所說的，其實是中國歷史中最根本的問題。

因為儒學與文學之爭是切實存在的，以文為天下，導致的直接惡果就是語文政治。晉、唐政治之亂，就是歷史中最大的教訓。所以，周敦頤的意見表現了理學家要求廢文辭、興道學的時代徵候。道學不立，歷史綱紀政治便無從建設，「治」也就談不到了。「聖人之道，入乎耳，存乎心，蘊之為德行，行之為事業。彼以文辭而已者，陋矣！」（《通書》）這是存持的意思，即所謂一理流行。聖道很顯然是不能建立在文學基礎上的，文學不能作政治的基礎。

「治天下有本，身之謂也。治天下有則，家之謂也。本必端，端本，誠心而已矣。則必善，善則和親而已矣。家難而天下易，家親而天下疏也。家人離，必起於婦人」，「是治天下觀於家，治家觀於身而已矣。身端，心誠之謂也。誠心，複其不善之動而已矣。不善之動，妄也；妄復則無妄矣，無妄則誠矣」（《通書》）。可見，周敦頤對女性並沒有什麼好印象，他認為家裏起紛爭都是因為女人起了不好的作用。實際上，中國古代的「家」單位太大，需要進一步的捶分才行。因為人數多就意味著糾紛，這是勢、力決定的。所以家單位是越小越好——綜合利害少，而趨於單一。顯然，身與家是有區別的。身還是指個人而說，但家就牽扯到一群人。周敦頤對家當然沒有好看法，也沒有好印象，只不過他沒有辦法，必須維持政教政治的這一基元單位，這種情況在古人是普通的、常見的。因為家就意味著紛爭的淵藪、是非之活水源頭。從修身來說，「君子以道充為貴，身安為富，故常泰，無不足，而銖視軒冕，塵視金玉，其重無加焉爾。」（《通書》）這是說精神的自足高於一切。精神的內自足，構成了傳統中國士人的基本認同。所以「內足」是本以人文傳統的，而不是信仰。當然，這裏面也有儒者上不臣天子、下不事諸侯的「遺響」。「天地間有至貴至富、可愛可求而異乎彼者，見其大而忘其小焉爾。見其大則心泰，心泰則無不足，無不足則富貴貧賤，

處之一也；處之一則能化而齊。」(《通書》)這就是心富、心窮的道理，惟有心富才能齊一萬事。

從終極認同上來說，周頓頤所理想的人文政治還是須合於春秋才行。「《春秋》，正王道，明大法也，孔子為後世王者而修也。亂臣賊子，誅死者於前，所以懼生者於後也。宜乎萬世無窮，王祀夫子，報德報功之無盡焉。」(《通書》)所以，春秋說穿了就是一句話——正政治，正政也屬於正名，名以政為大、名以政為先。而且，春秋是以天地為法的。「天以春生萬物，止之以秋。物之生也，即成矣，不止則過焉，故得秋以成。聖人之法天，以政養萬民，肅之以刑。民之盛也，欲動情勝，利害相攻，不止則賊滅無倫焉，故得刑以治。情偽微曖，其變千狀，苟非中正明達果斷者，不能治也。」「嗚呼，天下之廣，主刑者，民之司命也，任用可不慎乎？」「吉一而已，動可不慎乎？」「至誠則動，動則變、變則化。」(《通書》)「理動」之吉，其之謂也！為什麼要講慎動呢？因為這個動首先是指施政。因為是政治，所以不得不慎，一定要非禮勿動，禮就是慎。慎獨就是守禮、自律。所以一個禮字，而人文政治盡在其中矣。這個已經成為歷史了。

第二節　道理

理氣——形上下——太極陰陽——主宰——魂魄——理氣同異——名目：心、性、情、命、理，才、知、思、志、意，愛、德、仁——聖人——工夫——窮理——治心——

天理人欲──格致──主靜──中和──學思──讀書──
──有疑──治事──人──力行

周敦頤對後來的學者影響很大，如「君子乾乾不息於誠，然必
懲忿窒欲、遷善改過而後至」一義，就被朱熹寫進了白鹿洞書院教
條。朱熹是宋、明理學的集大成者，徽州婺源人。朱熹的學說，首
先在於他的理、氣之論。朱熹總是說，太極只是一個理。所謂理，
也就是道理，所以朱熹的學說就是關於道理的學說。理氣論的重要，
在於它為理學確定了框架，屬於最基本的常識交待。理、氣這一層
關係不擺清楚，其他的理論展開都不安穩。我們說，理學最基本的
公式就是：物＝理＋氣。這個模子，從上古各家學說論道與萬物的
關係便已經註定了，所以它是一貫的。在「理＋氣＝物」的公式下，
宇宙變得無可贅說了。但是，就這一個簡單道理的落實，當初卻費
了很多討論，這些討論都記錄在《朱子語類》中。「問：理在氣中，
發見處如何？曰：如陰陽五行錯綜不失條緒，便是理。若氣不結聚
時，理亦無所附著。」（《晦翁學案》）理是形而上的，氣是形而下的。
氣只是單一的材料，「類性」都在理一邊，所以朱熹說條緒都在於理。
對理與氣相互附著的關係，理學家有一個專門的詞表達，叫做掛搭。
只有當氣按照一定的理結聚在一起時，才成為物。比如石頭是很硬
的，質地緻密，這是因為構成石頭的氣結聚得緊的緣故。為什麼這
麼緊呢？因為石頭的緊性、硬性是由石頭的理規定好了的，否則就
不成其為石頭了。同樣的這些氣，與石頭的理結合就是石頭，與肉
的理結合就是肉。萬物生成，都是根據這個模子，沒有例外。萬物
就是有質體，另外還有無質體，比如說數字等等。「或問：理在先，
氣在後？曰：理與氣本無先後之可言，但推上去時，卻如理在先、
氣在後相似。」（《晦翁學案》）我們說過，理與氣有形而上、形而下

之別。我們當然不能說形而上在前還是形而下在後，因為形而上與形而下僅僅是兩個單純的事實，本來就有的。所以，很多人說理在氣先，還是反映了眾人崇尚形而上、輕視形而下的秉性，這當然是不對的。姜定庵曰：「畢竟理從氣而見，說不得理在先。」（《晦翁學案》）朱熹說：「要之也先有理，只不可說是今日有是理，明日卻有是氣，也須有先後。且如萬一山河大地都陷了，畢竟理卻只在這裏。」（《朱子語類》卷一）這就是朱熹講的理在，即使形而下的宇宙不存在了，理也還是依然在那裏。所以形而上就是理在的，它是穩固的，比如 $1+1=2$ 等等。但形而下卻是不穩的，隨時都可能沒有，不過這沒什麼、不要緊。這就是朱子學的基本認同。有了這個認同，「儒行」就不會為世事所遷轉。

　　關於形上下，朱熹有很好的說明。「形是這形質，以上便為道，以下便為器，這個分別得最親切。故明道云：惟此語截得上下最分明。又曰：形以上底虛，渾是道理。形以下底實，便是器。」（《晦翁學案》）可見，古人認為形上下之分是最基本、最清楚的一重劃分，它很能說明問題，令思維清晰，不糾纏。形質都是實態的，而道理是虛態的，看不見摸不著，當然這是形象的說法。或問：「形而上下，如何以形言？」朱熹說：「此言最的當。設若以有形、無形言之，便是物與理相間斷了。所以謂截得分明者，只是上下之間，分別得一個界止分明。器亦道，道亦器，有分別而不相離也。」（《朱子語類》卷七十五）這就是物外無理、理不外物的原則認識。所謂事外無道、道外無事，中國的傳統，形上下是不分離的（分離與揎分不同），總在一起。實際上，這裏有一層分別，世人總是絞裏不清。朱熹講的分別，是指從名理上去「觀」，所以這種分別是名理上的分別，它屬於「說」的範圍，是一種「觀法」。至於不相離者，乃是從事情（或者實體）上去論，屬於事實範圍。事實、事情與名理、名言、名說、

名指之間是不能彼此混淆的，絕不能相雜。常人對此一層分別覺得不能透徹，是因為他們根本就沒有名學的念頭，所以話總是說不到點子上去。包括朱熹在內，雖然他自己心裏清楚，但由於他不是用名學語言去說明問題，所以聽者仍然覺得曖昧模糊，如隔靴搔癢相似，不痛快。舉例來說，好比宮、商、角、徵、羽對音樂是必不可少的，宮、商、角、徵、羽總是在一起──彼此關聯在一起，不能或缺、不能分開。但是否可以說，就因為這種老是在一起，我們便逕謂：宮就是商、商就是羽呢？諸如此類等等，當然是糊塗無理的。所以名理上的捶分對很多人來說還相當陌生。

「形而上者謂之道，形而下者謂之器。道是道理，事事物物皆有個道理；器是形跡，事事物物亦皆有個形跡。有道須有器，有器須有道。物必有則。」（《晦翁學案》）道理、事物不相外，這是最基本的原則，否則很多事情就不成立了。事事物物皆有個道理，這無非是說，凡事凡物都有其所以然之理，也就是我們說過的有理性。「形而上謂道，形而下謂器。這個在人看始得。指器為道，固不得；離器於道，亦不得。且如此火是器，自有道在裏。」（《晦翁學案》）道理都是形而上的，火是人生的，生火當然也就屬於製器的範圍，所以說火是器。火中就包含有人文之道，比如儒家對燧人氏取火的說法等等。朱熹說：「形而上者指理而言，形而下者指事物而言。事事物物，皆有其理；事物可見，而其理難知。即事即物，便要見得此理，只是如此看。但要真實於事物上見得這個道理，然後於己有益。為人君，止於仁；為人子，止於孝。必須就君臣父子上見得此理。《大學》之道不曰窮理，而謂之格物，只是使人就實處窮竟。事事物物上有許多道理，窮之不可不盡也。」（《晦翁學案》）因為理是微隱的，所以要就著有形跡的事物去窮格此理，直到不能再推進為止。

　　朱熹說：「形而上者是理，形而下者是物。如此開說，方見分明。」（《晦翁學案》）所以理學也就是形上下二分之學，這一基本的二分就是別同異。所以上、下之分是最「基座」的劃分，而此一名理「開說」乃使得其他的一切學理變得分明、彼此不糾纏。「如此了，方說得道不離乎器，器不遺乎道處。如為君，須止於仁，這是道理合如此。為人臣，止於敬；為人子，止於孝；為人父，止於慈，這是道理合如此。今人不解恁地說，便不索性。兩邊說，怎生說得通？」（《晦翁學案》）所謂道理合如此，就是指合理性。道理該怎樣就怎樣，這是理學最基本的原則，一切唯道理是遵。在這裏，朱熹很明白的說到了世人論道理的不通，也就是，用形上下去說與不知用形上下去說，在效果上差異懸殊。只有形上下的二分開說，才能夠使一切變得清楚無餘，否則只是不通。

　　我們看朱熹的態度，乃是相當明白的。有人問：「如何分形、器？」朱熹回答：「形而上者是理；才有作用，便是形而下者。」（《晦翁學案》）這裏顯然包含著對佛教的批評，即認為佛教是形而下的。又問：「陰陽如何是形而下者？」朱熹說：「一物便有陰陽。寒暖生殺皆見得，是形而下者。事物雖大，皆形而下者，堯舜之事業是也。理雖小，皆形而上者。」（《晦翁學案》）這就很明白，事物再大，也是形而下的，比如說宇宙，就是形而下者。道理再小，只要是理，就是形而上的。所以形而上與量無關，與數有關。比如說 $1+1=2$，如果進行名理的捶分，就可以得到：1、1、2、$+$、$=$、$1+(\ )=2$、$(\ )+1=2$、$1+1=(\ )$、$1(\ )1=2$、$1+1(\ )2$……$1+1=2$，這些就是形而上的。「形而上者謂之道一段，只是這一個道理。但即形器之本體而離乎形器，則謂之道；就形器而言，則謂之器。聖人因其自然，化而裁之，則謂之變；推而行之，則謂之通；舉而措之，則謂之事業。裁也、行也、措也，都只是裁行措這個道。」（《晦翁學案》）

　　或問：「蓋衣食作息，視聽舉履，皆物也，其所以如此之義理準則，乃道也。」對此，朱熹說：「衣食動作只是物，物之理乃道也。將物便喚做道，則不可。且如這個椅子有四隻腳，可以坐，此椅之理也。若除去一隻腳，坐不得，便失其椅之理矣。形而上為道，形而下為器。說這形而下之器之中，便有那形而上之道。若便將形而下之器作形而上之道，則不可。且如這個扇子，此物也，便有個扇子底道理。扇子是如此做，合當如此用，此便是形而上之理。天地中間，上是天，下是地，中間有許多日月星辰，山川草木，人物禽獸，此皆形而下之器也。然這形而下之器之中，便各自有個道理，此便是形而上之道。所謂格物，便是要就這形而下之器，窮得那形而上之道理而已，如何便將形而下之器作形而上之道理得！饑而食，渴而飲，日出而作，日入而息，其所以飲食作息者，皆道之所在也。若便謂食飲作息者是道，則不可。」（《朱子語類》卷六十二）

　　可見，這裏朱熹是嚴分形上下的。無論自然之物，還是人為之物，只要是有形質的，都是形而下，都是器。每個形而下，都有其形而上之理，兩者是一一對應的，絕不亂。比如椅子所以「能夠」坐，扇子所以「能夠」扇，這個「能夠」所以能夠成立，是因為道理原本是這樣定的，其所以然本來就是如此的。無論扇子、椅子、萬物都是一樣，沒什麼可多說的，事實就是這麼簡單，僅此而已。我們只能夠就著、因著形而下去知形而上，但是卻不可以把形而下混同為形而上。結合例子、比方，朱熹講得已經足夠清楚。「天地中間，物物上有這個道理，雖至沒緊要底物事，也有這道理。蓋天命之謂性，這道理卻無形，無安頓處。只那日用事物上，道理便在上面。這兩個元不相離，凡有一物，便有一理，所以君子貴博學於文。看來博學似個沒緊要物事，然那許多道理便都在這上，都從那源頭上來。所以無精粗小大，都一齊用理會過，蓋非外物也。都一齊理

會，方無所不盡，方周遍無疏缺處。」「《大學》所以說格物，卻不說窮理。蓋說窮理，則似懸空無捉摸處。只說格物，則只就那形而下之器上，便尋那形而上之道，便見得這個元不相離，所以只說格物。天生蒸民，有物有則。所謂道者是如此，何嘗說物便是則！」（《晦翁學案》）所以，物、理是一一對應的，每個理都是具體的。而格物知理，並不是支離破碎、散漫的事情，它有一個統領的體例，那就是陰陽太極。

朱熹論太極，其實不容易使別人明瞭其義。他說：「太極自是涵動靜之理，卻不可以動靜分體用。蓋靜即太極之體也，動即太極之用也。」（《晦翁學案》）這是用動靜、體用說太極。很顯然，無論太極，還是動靜、體用等等名目，都是上古舊有的。我們說，太極之名最不容易使人達意，但是誠如我們前面說過的，只要轉換一下，太極之名卻又可以馬上使人明白。即：太極無極，無極而太極，這是老子等道家喜歡用的語式。諸如至人無己、大音稀聲之類。所以無極、太極之名也只能從最簡單化去理會，否則必然流於助長。真正的極就是沒有極，像乾卦說群龍無首，就是這個意思。如果有極，那麼充其量也只能是一個端極，而不可能是真正的「全極」。所以對朱熹講的太極之義，我們如果轉換其表達，意思便會清楚明白。也就是說，可以將太極之名避去，不輕易使用，而直指義理本身。朱熹說：「太極之有動靜，是天命之流行也。或疑靜處如何流行，曰：惟是一動一靜，所以流行。如秋冬之時，謂之不流行，可乎？若謂不能流行，何以謂之靜而生陰也？觀生之一字可見。」（《晦翁學案》）這裏「流行」一語是理學常用的，流行不僅表示生生不已，而且表示無不彌盈，兩義是貫穿在一起的。

我們再看朱熹論陰陽，他說：「陰陽只是一氣，陽之退便是陰之生，不是陽退了又別有個陰生。」「陰陽只是一氣，陰氣流行即為陽，

陽氣凝聚即為陰，非直有二物相對也。」(《晦翁學案》) 氣只是一氣。
這裏說得非常明白，陰陽之間只是一個相互推移的關係。但必須說
明的是，陰陽既不是氣，也不能單從氣上去講。雖然可以用陰陽來
說解氣的情況。因為孔穎達在解釋周易的時候早就講過，陰陽不能
與其他的名目混淆。比如在解釋為什麼元卦必須三畫成卦、而不能
兩畫成卦時說得就很明白：三畫表示天、地、人（三道），而天、地、
人是實體，陰陽卻是性質。實體與性質是不能混淆的，所以每個「元
卦」都是三畫，每個卦都是六畫──「畫數」是表示實體而非性質
的。性質是通過每一畫本身來表現的，即連線與斷線之別。連線表
示陽性，斷線表示陰性，各有分工，這就是「數」上的所謂「二、
三之別」。因為只有連線、斷線兩種情況，其數為二，這就表示：古
人認為宇宙萬物、一切只分陰陽兩種情況，不是陰就是陽。在很少
的三畫之間，卻有這麼多名堂講究，可見儒學機關是很多的。我們
知道，上古的思想認為，一切只分形而上、形而下。形而下只有三
樣（三個元件、要素，三種東西、構件），就是宇、宙、氣。四方上
下曰宇，古往今來曰宙，而氣只是一個，所以說「元氣」。除了這三
個，就不再有「元」了。從這裏，我們可以看到古代思想極度的嚴
整性，就好像鐵板一塊，疏而不失。朱熹可以說很好的承續了上古
思想的法統和家數。

　　朱熹與學生討論萬物的問題，都是穿在陰陽上去講的。比如說，
「天地始初混沌未分時，想只有水火二者，水之滓腳便成地。今登
高而望群山，皆為波浪之狀，便是水泛如此，只不知因甚麼事凝了。
初間極軟，後來方凝得硬。問：想得如潮水湧起沙相似？曰：然。
水之極濁便成地，火之極清便成風霆雷電日星之屬。」(《晦翁學案》)
山河大地，只是個凝、散而已。顯然，這裏朱熹對宇宙的說解乃是
循著陰陽一線來的。他把群山與水解釋在一起，是因為「法象」上

的關聯。由於物象上的類似，所以朱熹猜測山是凝結而成的。相似即意味著、至少是暗示著某種類關聯。但我們說，像混沌這樣的題目，顯然只是形而下的。因為混沌是一個形象化的題目，以人類想像為基礎，所以它不是形而上的，更不能冒充終極。如果說混沌總是在想當然的人們的心目中奪取初始的位置，那也只是一個形而下的地位罷了。因為只有在形而下世界——宇宙中才存在所謂的終始，形而上是沒有開頭與結尾的，是無終始的。因為形而上沒有時間，所以混沌這個話題也沒有多少意義，它只是人類早期心靈中的模糊動畫。「問：自開闢以來，至今未萬年，不知已前如何？曰：『已』前亦須如此一番明白來。又問：天地會壞否？曰：不會壞。只是相將人無道極了，便一齊打合，混沌一番，人物都盡，又重新起。」（《晦翁學案》）今天我們都知道，人類人文不過萬年，但天地卻不止萬年。朱熹說得很明白，天地是久長的，但是人類壞到了極點卻可能滅亡，然後一切再從頭來。推到極處說，就是天地開闢以前，也只是這個樣子，宇宙不會離奇到哪裏去，它是簡單而明白的，只是單純的物理，除非人想搞得神秘兮兮。朱熹說的天，在物理上其實就指宇宙，他說：「天明，則日月不明。天無明，夜半黑淬淬地，天之正色。」（《晦翁學案》）這說明，宇宙的本色是玄暗無光的、是幽深黑暗的。地上生物得到的光僅僅是太陽和恒星發出的光，如此而已。

「方渾淪未判，陰陽之氣混合幽暗。及其既分，中間放得開闊光明，而兩儀始立。邵康節以十二萬九千六百年為一元，則是十二萬九千六百之前，又是一個大闔辟，更以上亦復如此，直是動靜無端，陰陽無始。小者大之影，只晝夜便可見。五峰所謂一氣太息，震盪無垠，海宇變動，山勃川湮，人物消盡，舊跡大滅，是謂鴻荒之世。嘗見高山有螺蚌殼，或生石中，此石即舊日之土，螺蚌即水中之物。下者卻變而為高，柔者卻變而為剛，此事思之至深，有可

驗者。」（《晦翁學案》）實際上，朱熹在這裏講的就是大單位與小單位的關係。宇宙生滅與晝夜是同構的，所不同的只是，宇宙生滅是一個大陰陽，而晝夜僅僅是一個小陰陽，如此而已。所以中國古人的宇宙認識是簡單、透明而徹底的。無論如何，總之都脫不出那個統一的套子──「一陰一陽」。朱熹在山上發現過螺蚌殼，螺蚌殼是水中之物、是水族，但卻在山上見到了。由此，朱熹推斷說，今天的山應該是古時候的水底，這就是從古今之跡上去論，屬於具體的格物活動。

「道夫言：向者，先生教思量天地有心無心。近思之，竊謂天地無心，仁便是天地生物之心。若使其有心，必有思慮，有營為。天地曷嘗有思慮來！然其所以四時行，百物生者，蓋以其合當如此便如此，不待思維。此所以為天地之道。」（《晦翁學案》）我們說，宇宙之心其實就是像人這樣的思維動物，此外哪裏還有格外的心呢？所以「心」是形而下的，心的所以然之理是形而上的。畢竟思維活動只是一種活動，是各種活動中的一種。只要是活動，它就是形而下的。所以思慮、營為都是形而下。說天地生物，只是一個「意思」，就好像仁一樣，其實宇宙是無心的。朱熹說得明白，「若果無心，則須牛生出馬，桃樹上發李花，他又卻自定。程子曰：以主宰謂之帝，以性情謂之乾。他這名義自定。心便是他個主宰處，所謂天地以生物為心。中間欽夫以為某不合如此說，某謂天地別無『句』當，只是以生物為心。一元之氣，運轉流通，略無停間，只是生出許多萬物而已。」（《晦翁學案》）這裏「元氣成物」是物理上的，而「帝為主宰」則係古義。朱熹顯然還是要強調一個主宰，所謂的心，只是他找出來的一個說法，當時就有學者不贊同。我們說，朱熹講的這個「主宰」是從道理上推出來的，亦即──應該有那麼一個主宰、應該有一個主宰一切的。既然是這樣，那麼好，我們直名之為

「主宰」好了。假如一旦換成了其他什麼名目落實下來，問題就會接踵而至。這是指物上的講究，其實真正的主宰就是理。

「問：程子謂，天地無心而成化，聖人有心而無為。曰：這是說天地無心處。且如四時行，百物生，天地何所容心？至於聖人，則順理而已，復何為哉？所以明道云，天地之常，以其心普萬物而無心；聖人之常，以其情順萬事而無情。說得最好。問：普萬物，莫是以心周徧而無私否？曰：天地以此心普及萬物，人得之遂為人之心，物得之遂為物之心，草木禽獸接『著』遂為草木禽獸之心，只是一個天地之心爾。今須要知得他有心處，又要見得他無心處，只恁定說不得。」（《晦翁學案》）「心」是一個「共名實」嗎？一旦落實下來便成為具體的心？朱熹老是說有些事不好說、不能說，所以從這裏來看，我們可以說，其實朱熹的內心深處還是有神秘情結，這是朱熹的不足。只要是理學，只要是道理上的事情，哪有不可說的呢？除非是自己的表達能力有問題。朱熹這樣講，實際上是拎出了一個「共心」，即所謂的「天地之心」。天地之心是「共」，人物之心、動物之心、萬物之心是「別」、是「別心」。這一個共「分殊」下去，被萬物和人「接著」，便是各個具體的「心」了。我們說過，心是形而下的，因為心總是要活動的。而天地之心，似乎就不那麼容易落實，所以說天地之心在朱熹這裏有「玄化」的色彩。我們知道，心肯定是容易落實的，除非是人想要「虛懸」一個什麼出來。

朱熹說：「天地初間，只是陰陽之氣。這一個氣運行，磨來磨去，磨得急了，便拶許多渣滓，裏面無處出，便結成個地在中央。氣之清者，便為天、為日月、為星辰，只在外常周環運轉。地便在中央不動，不是在下。」（《晦翁學案》）這就是一氣陰陽的模子，地是由氣凝結而成的，而且是懸浮在宇宙中的。陰陽就好像一個巨大的磨，

萬物都是從這個磨中磨出來的。包括人心、魂魄，莫不如此。「問：鬼神便是精氣魂魄，如何？曰：然。且就這一身看，自會笑語，有許多聰明知識，這是如何得恁地？虛空之中，忽然有風有雨，忽然有雷有電，這是如何得恁地？這都是陰陽相感，都是鬼神。看得到這裏，見得到一身只是個軀殼在這裏，內外無非天地陰陽之氣。所以夜來說道『天地之塞吾其體，天地之帥吾其性』，思量來只是一個道理。又云：如魚之在水，外面水便是肚裏面水，鱅魚肚裏水與鯉魚肚裏水一般。仁父問：魂魄如何是陰陽？曰：魂如火、魄如水。」（《晦翁學案》）可以看到，鬼神、魂魄的解釋在這裏有些擴大化了、有點趨近於陰陽了。而陰陽是一切的成因，所以陰陽論就是成因論。我們說，狹義的鬼神、魂魄都是限於人的。比如說人死為鬼等等，一般不牽及物，除非是動物、生物、生命體有魂魄。所謂魂魄，在古人應該是指那一有機的「靈」而言，否則生命體就是死的，而不是活潑潑的。所以鬼神、魂魄在古人那裏還是從物理上去定位的，不是神秘的。朱熹舉的例子，所謂「一般水」，實際上只能作一個比方來看待。雖然都是「水」，但是這一滴水與那一滴水卻是具體不同的，這是捶分的看。也就是說，它們都是「別水」，而不是「共水」，共水是永遠落實不下來的。朱熹的意思只是想說，它們都「是水」，而不是別的什麼。也就是所謂的「一般是」。所以魂魄是陰陽、鬼神是陰陽、水火也是陰陽，這些都是陰陽，而不是別的、其他的什麼。一切都從陰陽去把握，就好理解了。就好像「鱅魚水」與「鯉魚水」都是「水」一樣。這是以水譬喻陰陽，兩者一一對應。

朱熹及閩人弟子討論魂魄的記錄很多，我們只舉數例便能明曉其義。魂魄最終還是從氣上去說，「人生初間是先有氣，既成形，是魄在先。形既生矣，神知發矣。既有形後，方有精神知覺。子產曰：人生始化曰魄。既生魄，陽曰魂。數句說得好！」（《晦翁學案》）這

裏的「神知」就好像說神智，知讀去聲，還是從物之理上去講的，絲毫沒有神秘玄學的性質，這是需要說明的，否則會有一些誤解。這裏還是一般形神論的東西，人、生命體先是有了形體、有了外形，所謂含生之屬，然後才有精神知覺，才成其為一個活體。所以魂魄是從生命知覺上去講的，本來卑之無甚高論。因此，魂魄都是形而下的，因為它是活動的。朱熹說：「動者魂也，靜者魄也。動靜二字，括盡魂魄。」（《晦翁學案》）這是相對地說，所以分動靜。並且朱熹還舉例說：「月之黑暈便是魄，其光者，乃日加之光爾，他本無光也。」「人之一身，皮肉之類皆屬地，涕唾之類皆屬水，」（《晦翁學案》）不管怎麼說，魂魄限定在人的範圍講便順暢，一泛化到物候就複雜了，這是需要我們分清楚的。所以朱熹講魂魄，其實沒有必要扯日月。我們說，魂魄只是人類的生機之靈，別無玄解，這些應該是最基本的。朱熹及門人討論魂魄等問題，也只是因為這些問題最終關係到人的氣質之性，所以朱熹討論問題是有預備的。關於魂魄，古人還從象數上作了搭配。「魂屬木，魄屬金，所以說『三魂七魄』，是金木之數也。」（《晦翁學案》）這些當然只能從人文史的角度去對待了。

可以看到，朱熹的學思序列非常清楚，即：氣－鬼神－魂魄。「鬼神只是氣。屈伸往來者，氣也。天地間無非氣。人之氣與天地之氣常相接無間斷，人自不見。」（《晦翁學案》）所以氣是最後的歸結，無論鬼神還是魂魄，都只是陰陽之氣的具體節目。在朱熹看來，事情只有常、怪之分，沒有道理以外的。有的只是常見、不常見。「但人所常見，故不之怪。忽聞鬼嘯、鬼火之屬，則便以為怪，不知此亦造化之跡，但不是正理，故為怪異。」「皆是氣之雜糅乖戾所生，亦非理之所無也。專以為無，則不可。如冬寒夏熱，此理之正也；有時忽然夏寒冬熱，豈可謂無此理！但既非理之常，便謂之怪。」（《晦

翁學案》）簡單的說，如果某人說這個世界上有鬼，很多人會笑話他迷信、老土；但如果說這個世界上有種種的怪圈，情況就不一樣了。所以很多事情是很奇妙的。像北魏孝文帝元宏，覺得山西大同地寒，盛暑落雪，所以遷都洛陽。這樣看來，民間六月雪的故事一點也不稀奇。中國這個民族就不會編故事、說假話，一切最終都是真的。這也就是朱熹的理觀，即一切都是有理的，也就是「有理性」。說到這裏，我們說人類普遍有一個錯誤的思維，就是容易、喜歡把「有、無」與「常、怪」混淆為一，把常態的（常規的）認作有，把非常的認作無——子虛烏有。其實一切怪誕都是有其所以然之理的，否則怪就無由成立、不存在了，世界豈不成了一個常態的世界？所以怪、常只是人類的一種觀、一種看法，它與人的「見識域度」和接觸面之廣狹有關。比如「鬼火」，現代人就不覺得稀奇了，因為鬼火早已經從化學上得到了、作出了解釋。所以怪、常本身只是一種況謂、形容。

所以從人這一邊來說，理可以分出常理與怪理（即非常之理）兩邊。比如說：「死而氣散，泯然無跡者，是其常道理恁地。」（《晦翁學案》）這裏就是「常道理」，即常理——相對於非常之怪理。「有託生者，是偶然聚得氣不散，又怎生去湊著那生氣，便再生，然非其常也。」（《晦翁學案》）這就是怪理。所謂「又別是一理，」「是別是一理，」「言非死生之常理也。」（《晦翁學案》）都是說怪理，而與理相配合的就是氣。朱熹說：「此氣只一般。」「其實只一般。」「要之，通天地人，只是這一氣，所以說洋洋然如在其上、如在其左右。虛空偪塞，無非此理。」（《晦翁學案》）但宋儒卻有一些模糊的意識，比如說天地間氣化流行，於是就有學者認為我之精神即祖考之精神、祖宗精神便是自家精神。顯然，這種認識的根源是把氣與精神（包括理在內）混為一談了。氣只是宇宙間一個單純的物理

事實，亦即，氣是成就萬物的元材料，僅此而已。氣並不對精神負責什麼，更不是一回事，所以古人在一些基本的事情上有時候並不是很清楚。他們總喜歡附加什麼東西，所以搞得很累贅，更於理不通。朱熹又說：「然聖人制禮，惟繼其國者則合祭之，非在其國者便不當祭，便是理合如此。道理合如此，便有此氣。」（《晦翁學案》）這裏朱熹講的理合如此，便是「合理性」。我們知道，理有兩分——有理性與合理性。所以然之理是有理性，應該怎樣是合理性，兩者是不相混淆的，缺一不可。

　　可以說，朱熹討論理氣關係，著力點還是一個「寓」字，即理怎樣在人的問題，這是他最關心的。至於理本身，它自在那裏（形而上），用不著人去做什麼。人只要顧好自己就行了，人只是自顧自的——這就是理學的宗旨。所以不僅要講「理在」（形而上），還要講「氣在」（形而下）。也是從這裏，理學家很好地解釋了中國人傳宗接代的意識，賦予它一個很體面的理由和說法——就是氣上的延續與聯結。朱熹說：「有云人物之始，以氣化而生者也。氣聚成形，則形交氣感，遂以形化，而人物生生變化無窮。是知人物在天地間，其生生不窮者，固理也；其聚而生、散而死者，則氣也。有是理，則有是氣。氣聚於此，則其理亦命於此。今所謂氣者，既已化而無有矣，則所謂理者，抑於何而寓邪？然吾之此身，即祖考之遺體。祖考之所具以為祖考者，蓋於我而未嘗亡也。是其魂升魄降，雖已化而無有，然理之根於彼者既無止息，氣之具於我者復無間斷，吾能致精竭誠以求之，此氣既純一而無所雜，則此理自昭著而不可揜。此其苗脈之較然可覩者也。」「蓋我之精神即祖考之精神，在我者既集，即是祖考之來格也。然古人於祭祀必立之屍，其義精甚，蓋又是因祖考遺體以凝聚祖考之氣，氣與質合，則其散者庶幾復聚。此教之至也。」「所喻鬼神之說甚精密。大抵人之氣傳於子孫，猶木之

氣傳於實也。此實之傳不泯，則其生木雖枯毀無餘，而氣之在此者
猶自若也。」（《晦翁學案》）

我們說，這裏氣與理的關係還是沒有擺到位，因為一切的根源
都在理這一邊，而不是氣。好比人的糞便可以作肥料，那麼人的氣
就傳給了蔬菜。但是我們能因此而在人與蔬菜之間構建起什麼來
嗎？所以，植物的果實使植物的種傳衍下去，不是因為氣、不是因
為氣上的聯結，而是因為理、是因為理上的聯結。在果實中有植物
的各種消息、生物資訊，這些都屬於理，所以在氣上討論上代下代
的關係是齟齬的。簡單地說，在氣這一邊並沒有什麼可討論的東
西、沒什麼可說的。不是氣聚於此，然後理命於此；而是理命於哪
裏，氣便聚於哪裏。或問：「鬼神恐有兩樣。天地之間，二氣氤氳，
無非鬼神，祭祀交感，是以有感有。人死為鬼，祭祀交感，是以有
感無。」（《晦翁學案》）朱熹說：「神便是氣之伸，此是常在底；鬼
便是氣之屈，此是已散了底，然以精神去合他，又合得在。」（《晦
翁學案》）實際上，鬼神之間還是一種陰陽關係。應該說，「無」其
實是一個道地的形而下之名，形而上是「唯有、無無」的。氣也是
彌盈的、無所不在的。所以朱熹及門人討論的有無、氣在不在，都
只能是從形而下的、與理搭不搭掛的層次和角度去理會、把握。朱
熹說：「論萬物之一原，則理同而氣異；觀萬物之異體，則氣猶相
近而理絕不同。」（《晦翁學案》）可以說，朱熹在這裏已經作了定
論，就是把理氣同異關係擺明瞭。比如說，人都是大同小異的，成
就每個人的理從大處說都差不多。但是作為實體的個人，張三的理
和李四的理就絕不相同，否則張三就是李四、李四就是張三了。所
以理是唯異無同的，所謂的具體就是「唯異性」，這是合乎名學基本
原則的。也就是莊子講的大同異（大同而與小同異，此之謂小同異；
萬物畢同畢異，此之謂大同異）。朱熹在這裏所強調的就是「畢異」，

而且是理的畢異——理是形而上的，所以形而上世界、理世界是畢異的，唯異無同。

　　或問曰：「理同而氣異，此一句是說方才付與萬物之初。以其天命流行只是一般，故理同；以其二五之氣有清濁純駁，故氣異。下句是就萬物已得之後說。以其雖有清濁之不同，而同此二五之氣，故氣相近；以其昏明開塞之甚遠，故理絕不同。」（《晦翁學案》）這樣就說得毫無餘地了。問者這樣看朱熹的注，「《中庸》是論其方付之初，《集註》是看其已得之後。」（《晦翁學案》）朱熹說：「氣相近，如知寒煖，識饑飽，好生惡死，趨利避害，人與物都一般。理不同，如蜂蟻之君臣，只是他義上有一點子明；虎狼之父子，只是他仁上有一點子明，其他更推不去。恰似鏡子，其他處都暗了，中間只有一點子明。大凡物事，稟得一邊重，便占了其他的。如慈愛之人少斷制，斷制之人多殘忍。蓋仁多便遮了那義，義多便遮了那仁。」（《晦翁學案》）可見，這裏的議論還是相當激烈的。我們現在習慣說生物法則，朱熹則是強調在動物只有那麼一點仁義的意思，其實這只是人的看法，想當然而已。萬物萬事，還是偏陰偏陽的居多，所以能兼顧仁義的少，總是不能得其全。像中庸那種陰陽中和的境地是不容易達到的。問者說：「所以婦人臨事多怕，亦是氣偏了？」朱熹說：「婦人之仁，只流從愛上去底。」（《晦翁學案》）這就是從氣上歸結原因，所謂婦孺之仁。但我們要討論的是，原因論在理氣上如何校論？

　　朱熹對生物原則的說法是很清楚的，「問：枯槁之物亦有性，是如何？曰：枯槁之物，謂之無生意則可，謂之無生理則不可。如朽木無所用，止可付之，」「是無生意矣。然燒甚麼木則是甚麼氣，亦各不同，這是理元如此。且如大黃、附子，亦是枯槁，然大黃不可為附子，附子不可為大黃。一草一木，皆天地和平之氣。問：動物

有知，植物無知，何也？曰：動物有血氣，故能知；植物雖不可言知，然一般生意，亦可默見。若戕賊之，便枯悴，不復悅澤，亦似有知者。嘗觀一般花樹，朝日照曜之時，欣欣向榮，有這生意，皮包不住，自迸出來。若枯枝老葉，便覺憔悴，蓋氣行已過也。問：此處見得仁意否？曰：只看戕賊之便彫悴，亦是義底意思。」（《晦翁學案》）這裏的答問顯然是關於物性的。「生意」與「生理」在這裏作了明晰的剖分。所謂生意者，是指生物的某種意思、生命的意思；而生理則指生物之理，這是從有理性上去講。植物枯槁了，當然就缺乏生意。所謂木氣、藥氣者，乃是各各不同的，否則藥用等效果就出不來了、不成立。所謂有知無知，主要是指知覺而言。從植物到動物到人，知有一個升進的過程，不斷升級。比如在植物那裏只是生意（知的意思），到了人就是知識了。這其中的臺階結構很分明，只是一個輕重而已。像含羞草，人一碰它就會動，這就是生意的表現。

所以，氣論最後必然要落在人上，即善惡論。或問：「氣稟有清濁不同？」朱熹說：「氣稟之殊，其類不一，非但清濁二字而已。今人有聰明、事事曉者，其氣清矣，而所為未必皆中於理，是其氣不醇也。有謹厚忠信者，其氣醇矣，而所知未必皆達於理，則是其氣不清也。推此求之，可見。」（《晦翁學案》）從成因論和原因論上來說，理氣二者有許多糾纏。如果把成因和原因都歸約為理，那麼我們完全可以把一切癥結都說成是理上面出了問題。但常見的情況卻是，理氣兩邊都有一定的「承擔」。比如說一個人天生憨濁，不容易明白道理，所以行事總是不當，令人生厭，這種情況在日常生活中是太普通了。所以，中國歷史上有《人物志》一類的專書，專門總結人的氣質之性、氣質類型。所以朱熹說，氣輕的人特別靈，容易明白道理，因為氣輕說明氣質之性上佳、清透，對義理的可見度高、

於明理有積極的作用。但人是有機的，氣質性生來就不好的，可以自己通過努力善化自身的氣質之性，而這善化本身是否緣於道理上的作用呢？比如說明白了什麼道理，馬上改進，變換氣質、洗心革面等等，這都是因為明白了理氣的道理。因此，就這裏來說，人一生出來就處在一個形而下的後天宇宙中，所以凡事不可能現成的好，必須經過後天的營為。通約地說：人之所以不好，是因為不明白道理；而不明白道理，是因為氣質之性不好。要想明理，就得改變氣質；而想要改變氣質就得明理……所以，這裏的原因與條件有一個來回性。因此，理學最後把問題歸結為簡單的兩點，即改進氣質與明理。改進氣質其實也是為了明理，因而是輔助、配合、從屬性的，最終都要匯入明理的長流。這就好像氣質問題成了預備的初級階段，相當於一個準備期。當然，具體的改進氣質與明理的辦法、入手處另論，這裏先是要確定其原則。明理了，一個人才能成為理人。我們說，中國的養生學、修心養性的功夫就是變換氣質的途徑和辦法；而格物致知是明理的入手處。宋、明儒以靜坐為改進氣質的辦法，顯然沒有武學優化，還不及拳學。攝生之學是什麼呢？就是人體思想、身體哲學。

只要論到人，便有性、情、才等名目，它們統屬於心。那麼什麼是性呢？所謂性，簡單地說就是「天賦的」。所以人類有人性，物有物性，各不相同。比如鐵有延展性，黃鼠狼有放臭屁的性，人有思考性等等。但儒家講的性顯然是專門狹化了的，不會這樣泛。像仁義理知信等五常之性，就是非常明確的限定。朱熹說：「性者心之理，情者心之動，才便是那情之會恁地者。情與才絕相近，但情是遇物而發，路陌曲折，恁地去底；才是那會如此底。要之，千頭萬緒，皆是從心上來。」（《晦翁學案》）可見朱熹的界定，性是從理上去定的，也就是純而不雜者。那麼相對來看，心就是無所不包的、

雜而不純的。情只是人心中的感應活動，而且這裏所謂情，主要還是指淺層面的情緒而言，還不是程度更深的情感。情感之義是第二位的，這是理學的特點，需要注意。才與情相近，這一「定說」有助於我們把握「才」的準確所指。總之，人心中的內容是紛雜萬端的，都是各種形而下甚至「等而下」的活動。因此，除了理以外，其他的東西均無太高價值，這就是理學的取捨態度。

或問：「如此，則才與心之用相類？」朱熹說：「才是心之力，是有氣力去做底；心是管攝主宰者，此心之所以為大也。心，譬水也；性，水之理也。性所以立乎水之靜，情所以行乎水之動，欲則水之流而至於濫也。才者水之氣力，所以能流者；然其流有急有緩，則是才之不同。伊川謂性稟於天、才稟於氣是也。」（《晦翁學案》）這樣，稟賦就分了兩種——形而上先天的稟賦及形而下後天的稟賦。可見古人的意識，對欲的看法始終缺乏適當性。也就是說，很多人對慾望不是一個管理的思維，而是一個去除的念頭。所以，正是在欲的問題這裏，理學打下了人文的死結。我們說，人類沒有慾望就不成其為生物了。慾望是生物法則，所以對慾望只能管理，而不能消除，也不能遏止。慾望就是水，治慾就是治水。

關於心、理，朱熹和門人有大量的討論。問：「心是知覺，性是理，心與理如何得貫通為一？」曰：「不須去著貫通，本來貫通。」「如何本來貫通？」「理無心，則無著處。」（《晦翁學案》）這說明，人心與理總是分離的，所以人總不能按道理做事情，世界因而混亂一片、永遠好不起來。所以唯一的辦法，就是要讓人心與理合一。但問題是，古人所認為的有道理，是否真的就有道理呢？因為它與人性是如此的隔膜，需要那麼的克己才能三日不違。所以在這裏，我們首先要對古人所以為有理的理進行追問。也許它們根本就是非理、無理。朱熹說理與人心本來不離，顯然，這是把「天賦論」與

「合一論」人為地混淆在一起了——來滿足某種「理學可能」的心理。朱熹是說不要著意地去求貫通（心與理），以免助長。又說沒有人心，理只是空懸在形而上那裏，沒有附著體。「動靜、真偽、善惡，皆對而言之，是世之所謂動靜、真偽、善惡，非性之所謂動靜、真偽、善惡也。惟求靜於未始有動之先，而性之靜可見矣；求真於未始有偽之先，而性之真可見矣。求善於未始有惡之先，而性之善可見矣。」又曰：「天下之理，無異道也；天下之人，無異性也。性惟其不可見，孟子始以善形之。惟能自性而觀，則其故可求；苟自善而觀，則理一而見二。」（《晦翁學案》）

　　這裏的出發，其實還是以孟子的同然性為本。「所見者心之理，能覺者氣之靈。」「知覺從君臣父子處，便是道心。」「有道理底人心，便是道心。」（《晦翁學案》）這就說得很明白，道心其實只是理心。而生理上的知覺是形而下的，顯然是屬於氣這一邊，所以說能覺者氣之靈。所以說理氣的二分，乃是理學最基本的劃分。那麼，道心要擴充、流行到何種地步呢？正如孟子講過的，吾之四端擴而充之，朱熹只是把此義精緻化了。「饑欲食、渴欲飲者，人心也；得飲食之正者，道心也。須是一心只在道上，少間那人心自降伏得不見了。人心與道心為一，恰似無了那人心相似，只是要得道心純一，道心都發見在那人心上。」（《晦翁學案》）這就是人心的完全理化，理學家千言萬語，只是要說明這個意思。人心一旦完全理化，其行事、所為，一切事情、每一件事情就無不是當理的，也就做到了從心所欲不逾矩，這正是儒家要的效果。所以理學是一定要落實在「行」上的。因此，理學是很硬的一門學問，所以才會有所謂道理殺人的問題。這就好像武學，但凡對打鬥不利的都要加以汰除，剩下的全是實質。

　　朱熹和門人討論的，多是形而下的活動、運動問題。問：「形體之動，與心相關否？」朱熹說：「豈不相關。自是心使他動。」（《晦

翁學案》）所以，「心」其實就是「我」，墨辯中論「我」的一條正可以用到「心」上。曰：「喜怒哀樂未發之前，形體亦有運動，耳目亦有視聽，此是心已發抑未發？」曰：「喜怒哀樂未發，又是一般。然視聽言動，亦是心向那裏。若形體之行動，心都不知，便是心不在。行動都沒理會了，說甚未發！未發不是漠然全不省，亦常醒在這裏，不惛地困。心無間於已發未發，徹頭徹尾都是，那處截做已發未發？如放僻邪侈，此心亦在，不可謂非心。」（《晦翁學案》）從這裏來看，朱熹的態度還是很明確。心是常在的，很難截為已發、未發，已發、未發兩截只是自欺欺人。比如說夢遊，人就是不知覺的。所以心在哪裏，這是最要緊的。朱熹的意思，就是人的心要時時處處都在政教上，這就是「理會」。在理學家的討論中，最令人費解的就是喜歡揣摩「發生以前」的情景。但是發生以前，人連心理都還沒有，怎麼談得上「正」呢？所以，這裏是理學的一個糊塗點、玄學結。

接下來有一條關鍵的問答，問：「人心形而上下如何？」朱熹說：「如肺肝五臟之心，卻是實有一物。若今學者所論操捨存亡之心，則自是神明不測。故五臟之心受病，則可用藥補之，這個心則非菖蒲、茯苓所可補也。」問：「如此，則心之理乃是形而上否？」曰：「心比性則微有跡，比氣則自然又靈。」（《晦翁學案》）顯然，朱熹所說的「這個心」，當然不是臟器之心、器官之心，而是孟子講的能思之心。朱熹還是認為，心比性更雜，而性比心更純。但是心又不像氣那麼「低級」，所以在朱熹這裏，心是一個架渡在性、氣兩者之間的那麼一個東西，是一個介乎形上下的中間態。我們說，問者在這裏提了一個根本的問題，就是心到底是形而上還是形而下的？朱熹的回答比較謹慎。但我們說，心肯定是形而下的、絕對是形而下的。心的各種活動就更是形而下的了。因為朱熹沒有作心是形而上的肯定，所以問者進一步追究，心的理是不是形而上的呢？我們說，

只要是理、所以然之理，都是形而上的。不僅心之理，就是大便之理，也是形而上的。沒有形而上的大便之理，怎麼能有形而下的糞呢？形而上的所以然之理加形而下的氣，便成為萬物。

在理學中，心是最容易引起論說模糊、混亂的名目。比如問：「先生嘗言心不是這一塊。義剛竊謂滿體皆心也，此特其樞紐爾。」曰：「不然。此非心也，乃心神明升降之舍。人有病心者，乃其舍不寧也。凡五臟皆然。心豈無運用，須常在軀殼之內。譬如此建陽縣知縣，須常在衙裏，始管得這一縣也。」義剛曰：「然則程子言心要在腔子裏，謂當在舍之內，而不當在舍之外邪？」曰：「不必如此。若言心，不可在腳上，又不可在手上，只得在這些子上也。性猶太極也，心猶陰陽也。太極只在陰陽之中，非能離陰陽也。然至論太極自是太極，陰陽自是陰陽，惟性與心亦然。所謂一而二、二而一也。」（《晦翁學案》）朱熹分得還是很清楚：「名」與「實體」是不能混淆的——不能因為在實體上總是關聯在一起，就說「甲名實」與「乙名實」彼此「相是」。在人類思維中，常人總是分不清這個。什麼叫腔子呢？這都是很粗魯的口語，完全沒有禮貌。所以在很多地方，宋、明儒其實並不文明，習氣太重。這裏講心還是嫌曖昧不明，心是否即是所謂靈覺、靈明呢？比如說搔腳板心，會覺得癢，這是「心覺」的作用。因為心無處不在、無所不在（在人體上）。搔腳時，心在腳底板，所以覺得癢。死人、麻痺者不覺得，是因為已經不「靈」了。所以說心靈心靈，心是主控一切的。我們試著回憶一下，一歲時候的自己，記不起癢的感覺、難受的感覺，因為那時候「心竅」還沒有發育好、還沒有完全打開。所以就人心來說，可以分為兩邊：一是思考，一是靈明、神覺。後者顯然是生物體、生命體賦有的一種機能。從這裏來說，心是「彌盈」於人的周身的。當然，理學家講心，不會專主於靈明之覺，不會只是機能論的，其重心還是在義

理思考之心。所以我們需要把它清晰化，不能總是曖昧糊塗。朱熹說：「心，主宰之謂也。動靜皆主宰，非是靜時無所用，及至動時方有主宰也。言主宰，則混然體統，自在其中。心統攝性情，非儱侗與性情為一物而不分別也。」(《晦翁學案》)可見朱熹對心的真實命義，就是主宰。靜的時候主宰，動的時候也主宰，沒有主宰以外、主宰之外的東西。生理上的固然要此主宰負責，但那只是一個必要的交待。更主要的是義理上的主宰，這才是宗旨。所以心是統納一切的，由此流出來許多條目，諸如性、情、志、意、思、知等等，自然便條理順達，毫不奇怪、費解了。

　　或問曰：「知與思，於人身最緊要？」曰：「然。二者也只是一事。知如手相似，思是交這手去做事也。思所以用夫知也。」(《晦翁學案》)這就講得很清楚，思是對知的調用。問：「意是心之運用處，是發處？」曰：「運用是發了。」問：「情亦是發處，何以別？」曰：「情是性之發。情是發出恁地，意是主張要恁地。如愛那物是情，所以去愛那物是意。情如舟車，意如人去使那舟車一般。」(《晦翁學案》)朱熹在這裏所講的情顯然是偏於情感一邊，而不是情緒。為什麼說情是性發出來的呢？也許我們舉一個例子說明就一切都清楚了。比如愛情與愛性的區別，兩者顯然就是很不相同的。我們說，一個人的愛情是變動不居的，是一時的；而愛性卻相對恒久。比如說甲對乙的愛情保持了三年，轉到丙身上去了，丙成了甲的新戀愛對象。這裏面所謂的薄情，其實只是人類稟性的常態。這時候，我們只能說甲的愛情變了，卻不能說甲的愛性變了。因為愛性是不會變的，人類普遍都有愛與被愛的要求和本能，這就是人類本性。如果沒有愛性了、連愛性都沒有了，那麼甲也就不會被不斷驅動去找尋新的戀愛對象了。因為一切都談不到、犯不著了，自然也不存在薄情的問題。這就是性、情之別，只要填進了具體的例子，問題便

毫不複雜。至於意，就好像是對情的駕馭，顯然這是一種導向性的理解。但是這裏有一個問題，就是愛與不愛通常都是發乎人之天性，是不待作為的。要去愛什麼，這個怎麼理解呢？難道是培養感情之類嗎？而且情與性的關係也需要擺正。既然性是只好不壞的，比如五常之性，那麼為什麼「性發為情」卻有那麼多的所謂不好呢？這個怎麼圓轉？唯一的解釋只能是，這個性是一般人性，還是儒家專門挑選過的性，一定要捶分清楚。可以說，關於心之節目，是理學中最糾纏不清的內容了。

朱熹說：「未動而能動者，理也；未動而欲動者，意也。」（《晦翁學案》）意顯然是屬於心的。其實從構字法也能看到，但凡是偏旁部首從心的，顯然都是被古人從心上去理會和把握的。比如志、意、思、念等等。理屬形而上，當然是不動的、靜的，因為形而上是一個靜止的世界、區域。但是理又是成就萬事萬物的，萬物的成就當然是動的，所以說理不動而能動，就是理靜而能成物的意思，非常簡單。至於人的意念，則是瞬息萬變的，它是形而下的。物理世界，光電的速度最快，而光電的速度卻比心慢得多，所以世界上速度最快的是人心，比如意念。意與志總是關聯在一起，朱熹說：「心之所之謂之志，日之所之謂之時。志字從之從心，時字從之從日。如日在午時，在寅時，制字之義由此。志是心之所之，一直去底；意又是志之經營往來底，是那志底腳。凡營為、謀度、往來，皆意也，所以橫渠云志公而意私。」（《晦翁學案》）顯然，志就是人心的某種定向。這裏提到了志、意的公、私之別，其實志與意的分別很簡單：志是人為的，意是自然的；志是必然的，意是隨時的。比如說我的人生理想就是成為什麼什麼，這是志，是持續恒久的一個定向，它的持久度取決於執著度。但意卻是瞬間萬變的，比如才想看電影，轉而又不看了、不想看了。所以意是當下隨時性的，是不定的、無

常的，而且往往是本能反應的、情緒的。比如聽見別人說他什麼，一下子火冒三丈等等。所以意當然不會被儒家看重，因為它與情緒生理、即氣質之性相關，不像志那樣絕對。所以人常說私意，並非無端。

朱熹又說：「性只是理，情是流去運用處。心之知覺，即所以具此理而行此情者也。具此理而覺其為是非者，是心也。此處分別，只在毫釐之間。精以察之，乃可見爾。」（《晦翁學案》）心、性、情、命、理，這是理學最常講的名目，也是最容易引發混亂的。其實說穿了，心是統領、統納一切的，性是天賦的，情是後天的。性是純的（一般人性另論），心、情是雜的。「心、性、理，拈著一個，則都貫串，惟觀其所指處輕重如何。養心莫善於寡慾，雖有不存焉者寡矣。存雖指理言，然心自在其中。操則存，此存雖指心言，然理自在其中。」（《晦翁學案》）這就是心與理的合一，在存上合一。存得住，就是理人。我們說過，對慾望不應該是消除，而要管理。顯然，宋明理學講寡欲，與現實世界所能提供給每個人的生活內容還相當有限分不開。這是歷史社會的自身條件決定的，非人所能有辦法，所以私欲是必然的。「公不可謂之仁，但公而無私便是仁；敬不可謂之中，但敬而無失便是中。」（《晦翁學案》）這裏的分別能夠表現朱熹真正關心的效果是什麼。公往往是義的，而不是仁的。比如說一切按規定辦事，該怎樣就怎樣，這是義，不是仁。但是心中沒有自己、只想著別人，這卻可以說是仁。仁就是向外發揚，不過很明顯，仁是情分而不是本分，但是「公」對人卻只作本分的要求，這是從原理上去說。當然，在公的領域是不允許摻進私的，所以對公而無私的理解，在這裏還是有多義的可能。我們看朱熹的意思，與一般泛論之間，還是有一些分別。朱熹是從過政的，他當然知道把國家公務、行政從仁上去理解之不妥。因為國家公事不是一個人

情思維的東西，不是私惠、小惠。但是為政者如果缺乏人群關愛，當然也就少了必要的人文元素，所以這些意思必須協調好。敬當然也同理，如果只是敬，這僅僅是單純的良好願望上的東西，而實際的效果如何，這卻是必須照顧到的。像好心辦壞事，乃是經常的事情。我們總不能因為體恤人心之善，就一再地付出犧牲代價。所以說敬而不失，有了主觀願望，還要能事實上不差，這才可以說達到了「中」。而現實往往是，實際的好效果高於一切。可見，朱熹是一個關心實效的人，他不可能只是講一個好心，作道德感情上的鼓動。凡事還是要強調一個理性，即理義之性，這是最主要的。所以說，「無私以間之則公，公則仁。」（《晦翁學案》）這就是說公的實際好處。如果天下真的都達到公了，自然會有一個現成的仁的效果在那裏出現。「譬如水，若些子礙，便成兩截。須是打併了障塞，便滔滔流去。」（《晦翁學案》）這個比喻很形象，所以仁就是流通，一旦發生了滯塞，便不仁。比如說，人們對異族和異類，就不像對自己那樣愛、那樣有感情，而總是喜歡不起來，所以人類對異己都是不仁的。理學家很多時候會滑向一種大而不當的仁，所謂與天地為一體，這個說辭雖然漂亮，卻是很危險的，因為仁是一個需要謹慎控制的對象。

朱熹認為，「心之德是統言，愛之理是就仁義禮智上分說，如義便是宜之理，禮便是別之理，智便是知之理。但會得愛之理，便理會得心之德。」又曰：「愛雖是情，愛之理是仁也。仁者愛之理，愛者仁之事；仁者愛之體，愛者仁之用。愛是個動物事，仁是個靜物事。理便是性，緣裏面有這愛之理，所以發出來無不愛。程子曰：心如穀種，其生之性乃仁也。生之性便是愛之理。」（《晦翁學案》）愛當然是一種人類情感，而仁也是一種人類通性。這裏用到了一個比喻，我們現在說，種子能生長發育，是因為生物上全息的資訊和消息。理學家則是說，一粒種子中蘊含了道理（生理）之全。天地

就是以生物為性、以生物為基本性質的。宇宙就是要生成萬物的，這就是仁的意思。古今話語雖然不同，但是各自道理不差。理是性，這顯然是對性的特殊限定。也就是說，理學家講的性乃是特定的理義性，而不是普通人性。這一層，我們在讀解中需要分別清楚。由此，仁也就是有其特別寄義的，不再是普通的仁了，乃是一種自上而下的政教之仁。由這一個理端發出去，實際上成了義──當愛則愛、不當愛則不愛，就好像一個令人放心的自動管制系統。我們說，義就是得宜。禮主分別，但禮、義本身都不好就說成是理。像智與知就是顯然不同的，怎麼好拿一個作另一個的理，這顯然是不通的。關於別同異，名學中講得很多，可以參看。智與知，首先有智慧與知識的區分，絕不可以混淆，它們在知識類型上就是不同的。所以我們說，宋明之學在名理上有很多混亂不通的地方。

朱熹說：「蓋此理真是難言！若立下一個定說，便該括不盡。」「大抵於仁上見得盡，須知發於剛果處亦是仁，發於辭遜、是非亦是仁。且款曲研究，識盡全體。」「若不會得，便將天地萬物同體為仁，卻轉無交涉矣。」「以生字說仁，生自是上一節事，當求天地生我底意，而今須要自體認得。試自看一個物，堅硬如頑石，成甚物事，此便是不仁。藹乎若春陽之溫、盎乎若醴酒之醇，此是形容仁底意思。」（《晦翁學案》）可見，說仁在儒家有多種途徑，方式不一。「先生答叔重疑問曰：仁體剛而用柔，義體柔而用剛。」「可見仁屬陽屬剛，義屬陰屬柔。」（《晦翁學案》）可見，朱熹完全是用陰陽剛柔來分仁義（雖然這些都是舊義）、說仁義，沒有深曲之解，一切都從陰陽上論，一分即得。「且以人之資質言之，溫厚者多謙遜，通曉者多刻剝。」（《晦翁學案》）所以，一個人是仁型的還是義型的，要看他的氣質之性如何。而仁義本身，只是天理的部分。「天理之渾然，既謂之理，則便是個有條理底名字，故其中所謂仁義禮智四者合下

便各有一個道理，不相混雜。以其未發，莫見端緒，不可以一理名，是以謂之渾然，非是渾然裏面都無分別，而仁義禮智卻是後來旋次生出四件有形有狀之物也。須知天理只是仁義禮智之總名，仁義禮智便是天理之件數。」（《晦翁學案》）可見所謂天理者，其所指是相當集中的，根本沒有脫出傳統的名目。「蓋如吾儒之言，則性之本體便只是仁義禮智之實。」（《晦翁學案》）應該說，名理與實體、與事體的分別，在理學中並沒有完全擺清楚，至少在話語上沒有表現、表達清楚。這就好比：我們不能因為兩個人總是在一起合作、無法分開，就說他們是一個人，這是什麼道理呢？所以理學家在名理上往往是糾纏牽扯、不夠清楚的。比如說心與理相即、某某與某某相即等等，好像心就是理、就等於理似的，顯然這些都是問題。

可以注意的是，朱熹所講的理論更倒向心理的辦法。比如說存得此心、時時照管，就是一種著意的人為努力——心理上的努力，這顯然不是自然的東西。我們說，對不許可的，人群應該用實體化的硬條律去約束，而不是指望道德克己；對於合理化的人性之常，則不應該強調心理自持、自矜，這時候，治心術就是反人性的。所以理學講的自心修為，有一個兩頭落空、懸空的問題，這都是因為古代社會的生活情況使然。「且要存得此心，不為私慾所勝。遇事每每著精神照管，不可隨物流去，須要緊緊守著。若常存得此心，應事接物雖不中，不遠。思慮紛擾於中，都是不能存此心。此心不存，合視處也不知視，合聽處也不知聽。」「敬非別是一事，常喚醒此心便是。人每日只鶻鶻突突過了，心都不曾收拾得在裏面。」（《晦翁學案》）應該說，對人類的自然本能心理活動和反應，是不能收拾、也沒有必要收拾的。這就像痛感，君子覺得疼，小人也覺得疼。只要是有生理的都會覺得疼，疼與道德無關。不是說君子就不應該覺得疼，好像那樣很不好似的。心理只是人的一種自然，它與道德無

關，重要的是如何對待已經發生的心理。比如說情緒和理性，就是一個很麻煩的事情。因為常人都是情緒化的，很少理性。但我們說，情緒是十分鐘以內的事，而理性是十分鐘以外的事。一個人再火暴，過了那個時間也會冷下來，雖然情緒有反覆性。所以，朱熹要講的意思很清楚，就是人的心理是多變的、靠不住的，只有理才應該是人心中唯一的主宰。理不僅是第一的，而且是唯一的。所以朱熹講心理，其實就是理心。

朱熹謂：「性是太極渾然之體，本不可以名字言，但其中含具萬理，而綱領之大者有四，故命之曰仁義禮智。」「蓋四端之未發也，雖寂然不動，而其中自有條理，自有間架，不是儱侗都無一物，所以外邊才感，中間便應。」(《晦翁學案》) 這裏講的，是理與事之間的感應關係。比如說看見小孩快要掉到井裏去了，這是一件事情，於是這時候就會有一個理冒出來去對應它——「應該」阻止這件事（小孩掉到井裏）發生，理就是應該。從人心上說，就是惻隱之心發現了。所以從性善論來講，事與理與心，它們之間有一個固定的對應關係。正是這個固定關係，說明了、表徵了道德必然性。所以，外在的事情驗證了什麼呢？就驗證了理的先天本然存在。「所謂渾然全體，無聲臭之可言，無形象之可見，何以知其燦然有條如此？蓋是理之可驗，乃依然就他發處驗得。凡物必有本根。性之理雖無形，而端的之發最可驗。故由其惻隱所以必知其有仁，由其羞惡所以必知其有義，由其恭敬所以必知其有禮，由其是非所以必知其有智。使其本無是理於內，則何以有是端於外？由其有是端於外，所以必知其有是理於內，而不可誣也。」(《晦翁學案》) 這就是理有，是實然的。所以發現處就是對理的驗證，兩者是互根的。就像名、實的關係，為什麼有實，因為有名；為什麼有名，因為有實。為什麼有這理，因為有這事端；為什麼有此事端，因為有這理。所以朱熹說：

「蓋由其中眾理渾具，各各分明，故外邊所過，隨感而應。所以四端之發，各有面貌之不同。」（《晦翁學案》）

應該說，朱熹講性是有時代針指性的。他說：「韓子說所以為性者五，而今之言性者皆雜佛、老而言之，所以不能不異，在諸子中最為近理。」「如老、佛之言，則先有個虛空底性，後方旋生此四者出來。」（《晦翁學案》）我們說，儒家與佛教的一個區別是，儒家是主有的，而佛教是主空的。有是形而上的，但空卻是形而下的──它緣於某種人類想像，缺乏學理意義與價值。性是一定要有的，否則儒道就虛無化了。所以朱熹強調五常之性，就是要反對掉社會上流行的釋、老，重樹儒教的法統，這正是我們所說的儒學社會化的努力。當時有許多人對性理流於想像，對此朱熹屢屢聲明其錯誤。「須知性之為體，不離此四者，而四者又非有形象方所，可撮可摩也。」「故孟子亦只於發處言之，」「是於發處教人識取。不是本體中元來有此，如何用處發得此物出來？但本體無『著』摸處，故只可於用處看，便省力爾！」（《晦翁學案》）其實朱熹要講的意思就一個，那就是：性理之學根本是不好用形象思維去對待的。一般人用形象思維去揣摩，好像四端是四塊物在那裏，這只是糊塗。用朱熹的話來說，「皆是錯看了也。」（《晦翁學案》）但性理畢竟是不好揣摩的、不便懸揣，所以性理必須要就著可見性、因著易於把握的形跡和跡象去識取，這樣才方便省力。其中的意思，朱熹講得非常清楚。

對於世人的昏惰，朱熹有精闢的議論。所謂勇猛、痛心做人，也就是要立志。他說：「直須抖擻精神，莫要昏鈍，如救火治病然，豈可悠悠歲月！」「學者只是不為己，故日間此心安頓在義理上時少，安頓在閒事上時多。於義理卻生，於閒事卻熟。」「書不記，熟讀可記。義不精，細思可精。惟有志不立，直是無著力處。只如而

今，貪利祿而不貪道義，要作貴人而不要作好人，皆是志不立之病。直須反覆思量，究見病痛起處，勇猛奮躍，不復作此等人，一躍躍出，見得聖賢所說千言萬語，都無一事不是實語，方始立得此志。就此積累工夫，迤邐向上去，大有事在。」（《晦翁學案》）無一事不是實語，這就是儒學的實學性。國民性如此，而且是士人如此，從事精神生活的少之又少，所以說中國的士群、士林少擔待，有肉無骨。朱子所謂大有事在者，就是指宇宙間要經營、待做的事情還多的很，而且都是大事，但芸芸眾生卻只是顢頇地過了。所以說精神上的習慣比讀書法、比學思等等都更為重要。又云：「學者須是熟。熟時一喚便在目前，不熟時須著旋思索，到思索得來，意思已不如初了。」（《晦翁學案》）朱熹的意思，是說學問要在大處攻得破，至於各種零碎只是一個道理。「天下只有一個道理，學只要理會得這一個道理。」（《晦翁學案》）所以朱熹為學，是以明理理為歸。所謂理學，也就是要明白道理。或問：「氣質之偏，如何救得？」朱熹說：「才說偏了，又著一個物事去救他偏，越見不平正了。」（《晦翁學案》）那麼應該怎麼做呢？朱熹說得明白，「要緊只是看教大底道理分明，偏處自見得。如暗室求物，把火來便照見。若只管去摸索，費盡心力，只是摸索不見。若見得大底道理分明，有病痛處也自會變移，不自知，不消得費力。」（《晦翁學案》）這就是用道理救氣質的主張。其實朱熹在這裏道出的乃是人類的通病，就是人們往往沒有一步到位的道理座標，但卻總是標榜無盡的求索。於是，最大的危害便是無止盡的損害、循環與輪迴。所以朱熹在這裏講的正是為學之方、求理之法，所謂「理義無窮，才知有限。」（《晦翁學案》）不明白道理，即使要持守，也沒有對象。

我們說「理人」，在朱熹的這一段話中正好印證。「聖人與理為一，是恰好。」又說：「世間萬事，須臾變滅，皆不足置胸中，惟有

窮理修身為究竟法爾。」(《晦翁學案》)瑣事沒有價值,這是很多人都會有的想法。應該說,朱熹為學,完全還是克己復禮的路數。他說:「為學當以存主為先,而致知、力行亦不可以偏廢。」(《晦翁學案》)所以朱熹為學是用的一種笨工夫,「必欲捨此拙法而別求妙解」(《晦翁學案》),說明他認同的是實學。「為學大要,只在求放心。此心氾濫無所收拾,將甚處做管轄處?」「況天理人欲,絕不兩立。須得全在天理上行,方見人欲消盡。」「合道理處,便與果決行去,勿顧慮。」「人之精神,」「日日時時如此,」「不可俄頃放寬,」(《晦翁學案》)由此可見朱熹對勤緊之要求,所謂「此心須令純,」純種原則也在這裏。

所謂道理座標,朱熹比喻得很形象。「便如執權衡以度物。」又說:「學者工夫,且去窮截那浮泛底思慮。學者常用提省此心,」(《晦翁學案》)這就是為學日益、為道日損的道理,也就是學會省略。所以每日三省己身,第一個要問:我又省略了無本質意義的事情嗎?否則絕不能高效精進。但理學家最大的問題,卻是治心時「以心捉心」,總是助長,這個癥結始終沒有解決。「則不免將一個心把捉一個心,」(《晦翁學案》)所以,存心往往是從「工夫」上理會了。而理學首先應該是一個「知」的問題,知理與工夫是兩回事,但是此二者卻嚴重混淆了。也就是說,在知上,心不可能放失。而單靠工夫,心卻絕難存住,這個道理是顯然的。比如說,我們知道水裏有鱷魚,就絕不會下水游泳,這個用不著時時提醒自己。可是如果不知道,就總要產生夏日戲水的衝動,還要著意地克制自己。又如知道了 1+1=2,什麼時候會丟失呢?所以,理學只能靠《大學》格物窮理的致知徑路,而不能僥倖於自身的工夫,就是顯然的了。從這裏來說,自律應該怎樣看待理解,就是再明顯不過了。知道了道理,自律就成為自然;死靠刻苦自律,那只是持守教條戒律。這一層意

思不說透，人就總是陷溺在某種原始性當中。所以一切都要以知理為基礎，朱熹說「惟有以義理涵養爾」(《晦翁學案》)，也是看到了這一層。

我們說，理學治心關心的是善惡問題，而現代心理學關心的是健康問題，就是如何讓患者好轉，這是根本的不同。所以宋明之學是一種道德心理學，與醫學心理學、醫理心理學、臨床心理學根本不同。理學家講的已發、未發，其實都是針對善與不善主題的。「涵養於未發之初，令不善之念全消，」(《晦翁學案》)就是明證。因為發後則難制，所以要在源頭處解決，這就是「斬首」法。儒家的性格，都是喜歡「砍頭」的。連頭都沒有了，下面的自然也就談不到了。像正名就是砍頭，老百姓常說防微杜漸，都是這種性格。我們說，宋人的治心法完全是徒勞的，因為人之動念乃是一種自然的、瞬息的事情，根本是不可能人為控制的。這無異於說對人的內心活動、本能反應進行計畫，天底下哪有這樣的道理？所以治心之學的可行度如此之低，也就不奇怪了。實際上，制度與「心性」之間存在著一個分餅的關係：制度易為力，則對心性的依賴肯定低；心性一邊重（比如道德學發達、道德自律要求高、道德指望多、道德期望值高等等），制度方面肯定有問題。所以我們說，道德與法律的關係應該是：道德為法律的原理，法律為道德的實體。但是在日用中，二者總是混淆。宋明之學的情況，典型地說明了這一點。從古代樂論來講，治心乃是輔助性的，不會有人完全指望樂，最根本的還是在於禮，即制度方面。這一層關係被宋、明儒倒轉了。修身固然要緊，但政治最終是靠制度，而不是個人魅力的感召。所以從這裏來說，宋、明儒者有很多人是錯了路頭。這樣來衡論道德治心術，便有一個大概。所謂治心術，其實就是善惡論上的環節。亦即，「只要明得一個善惡。」(《晦翁學案》)

　　朱熹說：「但見窮理、工夫互相發爾。」(《晦翁學案》) 我們說，這裏提到的窮理與工夫二者是理學的關鍵。窮理是知上的事情，而工夫卻屬於一種個人修為。我們說，修養屬於人類情分，而不屬於人類本分。因為修養是沒有上限的──修養高，還可以更高，所以修養與道德二者必須分清。修養的思維是「上限思維」的，道德的思維是「下限思維」的，其上下方向不同。比如說書法修養，高的還可以更高。但我們不能說，沒有書法修養、不會寫毛筆字的人就不道德，沒有這個道理。善惡論方面也是如此，善、惡在名理上怎麼定、怎麼論，是根本的問題。所謂下限思維，比如說不許殺人放火，這是最底限、最基本的要求，犯了就不德，不觸犯就德，它是完全清晰的、硬的。所以古今很多人都沒有把諸如道德、修養、知識、法律、心理等等這些名目及關係搞清楚。所以朱熹也還是說，窮理與工夫都重要，其實工夫上只能要求自己，對他人則充其量只能是一種建議和意見。窮理無疑更為根本，因為窮理更「硬」。所謂工夫，與「功夫」其實是相通的。相對來說，工夫是文的，功夫是武的，都在於個人的習練。總之，為學的前路不能指望和寄託在工夫論上。

　　道德與修養截然不同。所謂道德其實很簡單，就是「不害彼」。只要不妨害他者，就完全道德。所以道德只有、只是三個字。雖然修養與道德可能在輔助功能、功效上有關係，但我們並不因此就寄望於修養。我們只是不拒絕修養，但也沒有必要著意提起、營營為之。修養屬於個人自由，但道德則完全不自由，因為道德即他人。所以修養與道德之間，有一個人我之別。比如說我有偷竊的衝動，但是不能偷，因為道理不允許。這就是強制性，有一個外在的「硬強制」也就夠了，這就是規矩。所以，與其說是道德不許我們做什麼，不如說是他人不許我們做什麼。用他人一名代替道德一名，也

可以運行得很好。而修養不必要考慮他人，只要顧及自身就行了，這是一個重要的區別，即人我之別。可以說，如果宇宙中只我一個人，那麼我可以任意胡為——想怎麼就怎麼、完全惡。但是宇宙中如果有兩個人，這種「完全」就被打破、被二分了，變成了「有所不許」。所以「善惡」主要是在「他人」這一義上成立的，這是我們在讀理學時很容易發生的想法。

「人心中大段惡念，卻易制伏。」（《晦翁學案》）可見，治心就是為了消除惡的想法和念頭，其主旨極其明白。但我們說，真正的儒家，比如先秦儒家，是只管「外表皮」的。無論你心裏想什麼，只要不發出來就行。這就像刮鬍子，長出來的就刮掉，皮下的不管。總不能說：為了斷根、切除睪丸。所以《大學》只講「揜」其不善——只要蓋住了就行，至於內心是否是真善的，並不窮究，也不感興趣。這是一種明達的態度，也是明理的態度。它並不誇張為「是善」，僅只是藏惡。其實朱熹何嘗不明白這些，他說：「人固有終身為善而自欺者。不特外面有，心中欲為善，而常有個不肯底意思，便是自欺也。須是打疊得盡。蓋意誠而後心正，過得這一關後，方可進。」（《晦翁學案》）這話是不是恰好說反了？終身為善，這就行了；至於心中原本肯不肯，何必計較深究呢？什麼是真正的自欺？怎麼才叫意誠？比如說我不關心這件事情，可是迫於輿論壓力，不得不表示表示。從「誠的意」來說，真實情況是我的確不關心；從不誠的意來說，是強迫自己關心。因此，關心就是自欺。所以，如實、真實、誠意往往是與所謂道德、與善相左的，正好相反、絕不合一。而假、偽、自欺等等，卻往往是道德的、善的、合乎要求的。但是理學的性善路線在感情上卻無論如何不能接受這個，不願意承認這一點。所以他們曲為解說，謂「想善」才是誠的意，不想反而是不誠的。所以宋明儒不是在說明事實，而是在編造意願，這一點

是需要我們時時清晰的。所謂誠，就是本來的真實。比如我確實恨這個人，就是誠意。

朱熹說：「有個天理，便有個人欲。」（《晦翁學案》）理、欲關係，就如分餅然。「天理、人欲，分數有多少。」（《晦翁學案》）但是，如果一個人已經是相當程度的理化了，那麼他流出來的慾望往往也是理化的。比如有些人就是關心國事，他對個人的事情沒多少興趣。朱熹說：「天理本多，人欲也便是天理裏面做出來。雖是人欲，人欲中自有天理。」（《晦翁學案》）正是最好的說明。像朱熹，念念不忘國家復仇、光復失地，這是他個人的慾望、願想，但能夠說這些是無理的嗎？當然不能。這就是理、欲的離合關係。問：「莫不是本來全是天理否？」朱熹說：「人生都是天理。」（《晦翁學案》）可以說，朱熹的一生，就是個「天理人生」，因為他自己就是要這樣去做的。「人只個天理、人欲，此勝則彼退，彼勝則此退，無中立不進退之理。」（《晦翁學案》）可見理、欲關係被說成了陰陽推移、互為消長的關係。朱熹總是以打仗來比喻理、欲相持相爭，這種刻苦的道德路子是確當的嗎？其可行度一望而知──誰會整天作這種道德交戰呢？可見朱熹的為德之學、為理之學是錯了路頭，雖然精神可嘉。上古儒家早就講得明白：為學在順人之性，而不能拂人之性。顯然，任何「拂人性」的學路都有終告不治的一天。這跟治水用「堵」的辦法沒有兩樣。所以，雖然朱熹在學理上有很多認識、創獲，但在方法和辦法上卻有很多行不通，這也是人類思想共有的一個通病。就是看得很清楚，做起來卻不行。朱熹說：「人只是此一心，」「以至千載之前，千載之後，與天地相為終始，只此一心。」（《晦翁學案》）所以，此心其實是與時間無關的，時間並無多大意義。古人喜歡講一旦：一朝有了也就都有了。利弊都在此：好處是能夠當下即得，壞處是僥幸賭博。其實我們看朱熹之論，很自然會想一個

問題，即：他把一切都歸約為理欲戰鬥，這到底「端不端」呢？比如說某個人是畫癡、樂迷，或者機械迷，這種人整天一門心思都在自己的趣味愛好裏——只是音樂、美術、機械發明，能夠說這裏面有多少不道德的人欲嗎？他的慾望就是自己的愛好，興趣是第一的，也是唯一的。所以我們不能不說朱熹的理論有問題，也許理、欲交戰只說明了——古人的生活域極度狹窄，所以思路打不開——他想像不到更多其他的有意思的事情，所以只以為唯有天理、人欲罷了。比如有人認為人生就是錢，總貪污，這種情況下當然就只剩了理欲兩端。從這裏來說，朱熹的理欲論肯定是指向政治的，因為日常生活中沒有那麼大的交戰。

朱熹謂：「蓋天理在人，亙古今而不泯，」「但只於這個道理髮見處當下認取，」（《晦翁學案》）其實朱熹自己看得很清楚，「若專務克治私欲，而不能充長善端，則吾心與所謂私欲者日相鬥敵，縱一時安伏得下，又當復作矣。」（《晦翁學案》）有一點要說明的，宋儒考慮到了「同行異情」的情況。所謂同行異情就是指，同樣一個行為、行事，但後面的情況和真相卻是迥異的。比如說，同樣是扶一個老太婆過馬路，可能逃犯是藉以掩護自己的行蹤，而好心人是奉獻愛心。「扶」是「同行」，「心意」是「異情」。這樣，在同行異情中就有一個「輻射」的情況。可能普天之下的人都做這一件事，這是同行；但其內心卻各各不同，這是異情。那麼，同行就像一個輻射源，異情就好像周圍的各條射線。從這裏來說，儒家為什麼只看表面、只顧表面，也就不言自明瞭。因為異情是沒辦法管的、無法深究和追究的；我們所能管的只是那一個同行，即表露、表現出來的東西。所以儒家的表面化性格正是涉事之深的結果。我們常說，不管人心裏想什麼，只看他如何表現，就是這個道理。所以情並不重要，它是皮下的東西。重要的是實際效果——行善不善，這裏就

是儒家「不咎」的面向。所以重要的恰恰是現象，而非本質。不同的本質，都要來遵守這一個現象要求，這才是實質。所以中國的性格是講實質而不是講本質的，本質與實質是兩個概念──實質更本質，本質沒有實質本質，但實質比本質更實質。

　　朱熹說：「道理只要人自識得。雖至惡人，亦只患他頑然不知省悟。」（《晦翁學案》）這是地道的性善思維。關於誠，朱熹說得十分明白。或問：「父母之於子，有無窮憐愛，欲其聰明，欲其成立，此之謂誠心也？」朱熹說：「父母愛其子，正也。愛之無窮而必欲其如此，則邪矣。此天理、人欲之間，正當決審。」（《晦翁學案》）這就說得很明白，父母對子女，也是不能意必固我的。比如想讓小孩成音樂家，就逼著他練習，還要說是小孩自己喜歡、酷愛如此，簡直是豈有此理？愛是人的天性，但做卻是另外一回事。所以朱熹講的，也就是親子關係當以禮、倫理要以禮，禮而後自然開明，開明自在禮中矣，開明就在禮中。其實朱熹在這裏劃出的原則，就是「勿施於人」的原則。己之所欲，也不要施之於人。愛當然是誠的，但欲是不是誠的呢？當然也是，因為父母確實是想要子女如此。只能說，此意（欲怎樣）雖誠而不正，這意是偏邪的。可見誠並不與正相重合。但是儒家為什麼一開始就強調誠呢？因為誠了以後，好與不好才變得清楚，接下來就容易措置了──好的就留，不好的就改，即所謂克己。到了宋儒，他們特別希望誠與正合一，也就是讓誠與理、與善完全重合。這當然只是一種願望，與自然人性的實況是相去甚遠的。但如果否定開明性卻也是不端的，因為開明取決於人的文教素養。像朱熹，他就絕不會不講道理。所以，開明就是通情達理，這是必然的，只是情理兩個字。

　　朱熹認為，世人對孟子所說的四端，「只是不省察。」「大抵學問須是警省。」「致知即心致也，格物即心格也，克己即心克也。」

（《晦翁學案》）所以理學的主題就是求放心。「人有此心，便知有此身；人昏昧不知有此心，便如人困睡，不知有此身。人雖困睡，得人喚覺，則此身自在。心亦如此，方其昏蔽，得人警覺，則此心便在這裏。學者工夫，只在喚醒上。」「心只是一個心，非是以一個心治一個心。所謂存，所謂收，只是喚醒。心不專靜純一，故思慮不精明，便要養此心，令虛明專靜，使道理從裏面流出，便好。」（《晦翁學案》）所以朱熹的辦法就是時時自點檢，「小說中載趙公以黑白豆記善惡念之起，此是古人做工夫處。如此點檢，則自見矣。」（《晦翁學案》）很顯然，理學想要講的不是用一個心去治一個心，這樣就助長了，就有多個心了，這當然是不可理喻的。所以治心的工夫，乃是理學必要的環節。只是有一點，心學修養是只能要求自己的，只能是一種自我要求。如果來要求別人，也就滑向所謂的以理殺人了。那麼，理學家的處處點檢會不會搞成一種道德強迫症呢？這個問題是顯然的。朱熹說：「求生如何便害仁？殺身如何便成仁？只是個安與不安而已。」（《晦翁學案》）這就是原則高於生命。

朱熹講靜，當然是心理上的一種抑制工夫，即所謂克制思慮，因為思慮是禍亂之源。但是，所謂的道德出路能夠倚靠這些原始的心理主靜工夫嗎？所以我們說，理學最大的問題也在這裏。因為我們只能講明理，即守規矩，所謂「順理」是也。心理畢竟不是硬性的，所以根本不能考慮它。或曰：「覺是人之本心，不容泯沒，」「此所以汲汲求明，益不能已，而其心路已開，亦自有可進步處，」朱熹說：「心字，一言以蔽之，曰生而已。天地之大德曰生，人受天地之氣而生，故此心必仁。仁則生矣。」（《晦翁學案》）心理建設與制度建設的關係，始終是理學需要嚴重討論和擺放的關係。所謂主靜、求靜之所以耽誤事，就因為人心不能不與事物相交接，而靜又是一個況謂形容，理學的前途是不能放在形容性上面的。「且只要識得那

一是一，二是二。」「如未識這物事，則所謂虛靜，亦是黑底虛靜，不是白底虛靜。而今須是要打破那黑底虛靜，換做個白底虛靜，」有人問：「每日暇時，略靜坐以養心，但覺意自然紛起，要靜越不靜。」（《晦翁學案》）可見實際中的靜道恰恰是一種滋生意慮的東西，所以朱熹說：「程子謂心自是活底物事，如何窒定教他不思？只是不可胡亂思。才著個要靜底意思，便添了多少思慮！」「要靜便是先獲，便是助長，便是正。」（《晦翁學案》）

可見朱熹也很清楚守靜、持靜是助長思慮之道，有人問：「延平先生靜坐之說如何？」朱熹回答：「這事難說。靜坐便理會道理，自不妨。只是專要靜坐，則不可。理會得道理明透，自然是靜。今人都是討靜坐以省事，則不可。蓋心下熱鬧，如何看得道理出？須是靜，方看得出。所謂靜坐，只是打疊心下無事，則道理始出。道理既出，則心愈明靜矣。」（《晦翁學案》）可見道理才是體，靜都是為了道理。但是，誠如朱熹自己講的，靜道原本是很難說的一件事，它可能使人更遠離道理的本體。所以從實際把握性上來說，靜道基本上不可行。但朱熹的認識卻是不錯的，那就是：躁動的人不適合於思考，一定要是生性很安靜的人才能思考，因為思考本來就是要求很沉靜的事情。所以歸根到底，古人還是因為沒有把靜本身分清楚。比如說這裏應該是「性質靜」，而不是「心理靜」。好比一個人生性好靜，這種人就適合於從事思考。而生性好靜的群體，思想家就多。反之，有的人生性躁動，這種人即使努力求靜，但是只會滑入助長一路。所以，按照人的不同性質分配、安排工作就應該是一個社會規劃。當初理學家顯然還做不到這一點，他們是從個體單位來考慮出路和解決辦法的。所謂「齊人物」者，就是各遂其性、各得其所，而不是對個體進行削足適履的「修造」，且以為得理。比如說喜歡畫畫的，就讓他去做畫家，而不是說：這孩子物理不好，

今後怎麼辦？不行，一定要改掉喜歡畫畫的壞習慣、壞毛病！這就是以理殺人，其實是以意見殺人。人類悲劇都是這麼回事，所以從齊物論來說，人類幾千年來懂得教育的絕不超過十個人。朱熹的門人守靜就有這個問題，他們有沒有把居靜追究清楚呢？為什麼總是要把道理上的事情與生理上的事情牽扯不清呢？就像喜歡畫畫的小孩，他有什麼必要接觸物理呢？能夠成為大畫家不就很足夠了嗎？一個人一生只要幹成一件事情就沒有白白度過，張大千就是最好的例子。所以理學在源頭處的問題很多，在源頭處要討論的東西就更多。

朱熹他們講的，其實都是生理、心理上的事情，而不是格理、窮理上的事情，不是道理上的事情。這裏有一番問答很典型，足見理學家在名理上的不通。或問：「人之思慮，有正有邪。若是大段邪僻之思，都容易制；惟是許多頭無端頭面不緊要底思慮，不知何以制之？」（《晦翁學案》）這就說在了關鍵處，就是：那麼多的心理活動，為什麼一定要去克制和究制呢？如果它們和道德無關，那麼，治理自己的心理就完全成了日常生活的問題，比如臨床醫療問題，像現代人因為什麼心理問題而不能健康生活等等。但有無心理問題與道德與否顯然是兩回事，而宋明理學家所關心的當然是以道德為主。朱熹的一段回答很典範，他說：「此亦無他，只是覺得不當思量底，則莫要思量。便從覺下做工夫，久久純熟，自然無此等思慮矣。譬如人坐不定者，兩腳常要行；但才要行時，便自省覺，不要行，久久純熟，亦自然不要行而坐得定矣。前輩有欲澄治思慮者，於坐處置兩器。每起一善念，則投一粒白豆於器中；每起一惡念，則投一粒黑豆於器中。初時黑豆多，白豆少；後來白豆多，黑豆少。到後來，遂不復有黑豆。最後，則雖白豆亦無之矣。然此只是個死法。若更加以讀書窮理底工夫，則去那般不正底思慮，何難之有。又如

人喜做不要緊事，如寫字作詩之屬，初時念念要做，更遏禁不得。若能將聖賢言語來玩味，見得義理分曉，則漸漸覺得此重彼輕，久久不知不覺，自然剝落消隕去。何必橫生一念，要得別尋一捷徑，盡去了意見，然後能如此！此皆是不耐煩去修治他一個身心了，作此見解。譬如人做官，則當致誠去做職業。卻不耐煩去做，須要尋個倖門去鑽，道鑽得這裏透時，便可以超躐將去。今欲去意見者，皆是這個心。學者但當就意見上分真妄，存其真者，去其妄者而已。若不問真妄，盡欲除之，所以遊遊蕩蕩，虛度光陰，都無下工夫處。」（《晦翁學案》）

　　朱子在這裏揭出的意見一義，後來被戴震發揚光大，詳後。這裏我們要說的是，思想的短兵相接，就在於對例子的澄清。在朱熹看來，書法藝文都是小道，只有治國、平天下才是正事、大事，傳統士人多是這個認同。朱熹講的其實也是常見的情況和事實，比如說人在年輕的時候都喜歡文學，但是後來隨著年齡的增長，覺得文學畢竟淺，於是開始進到思想的領域。這就是所謂時間到了，不撥自轉；時間不到，強撥也不轉。誠如朱熹所說，人在安靜時，思慮尤其容易紛繁。所以，為什麼思與靜總是天然的在一起，就是不言自明的了。問題是，有些自然的思慮，為什麼要人為地強制壓抑呢？比如想走路，就順其自然好了，我們看不出想走路與道德有什麼關係。從齊物論來說，有的人生性好動，有的人生性好靜。對好靜的人或者懶漢來說，走一下真是難於登天。朱熹說明白道理是主要的，確實，道理是唯一的出路。比如說我認識到文學確實淺，就是沒有人來勸我少看些無聊的小說，恐怕我自己也看不起來了。所以最終還是道理在去除或者保留一切，所謂情緒畢竟是十分鐘以內的事情，理義性才是十分鐘以外的事。所以理學首先就是把日常生活的情理、把日用中的微觀部分的道理考論清楚。朱熹也很明白，最終

的歸宿是在道理用功上，而不是心理、生理用功上，斯即格理、窮理。尤其是朱熹講到了對意見的真妄二分剖判，可與戴震所說參看。所謂一個人內心終日裏遊遊蕩蕩，究其根源，還是因為生活內容空虛貧乏。如果整天都有奮鬥不完的工作要做，自然就不會有雜多的閒思慮了。就像孔子說的，不能總是飽食終日、無所用心，下下棋也是好的。古代生活的內容域度畢竟不像現在這麼寬，所以人們覺得生活像罐頭一樣沉悶是肯定的。比如覺得閒事太多不耐煩，足見人性不分古今都是相通的。對於乏味無興趣，古人也有人性上的深切感受與不滿，只是他們的出路沒有後人多且廣罷了，這是個簡單的歷史事實。我們從這裏去觀察宋明理學，才比較切當。

所以，心理是人所不能免的。朱熹說：「只如喜怒哀樂，也皆人之所不能無者，如何要去得？只是要發而中節爾。」（《晦翁學案》）我們說，人的心理要想「中節」，生活中必須很多音樂。為什麼先秦要講禮樂，道理也在這裏。但是從朱熹及閩人的對話中，我們卻看不到濃厚的禮樂色彩。所以，日常生活內容偏於簡陋、沉悶的，中節一事也會偏枯。可以說，個體的質量越低，對他人的壞干擾越大。而人心的不平，多半是因他人而起、而生的。所以這裏就不僅僅是一個治心的問題，而是牽涉到如何治理、改良人眾。朱熹說，今人「只管要捷徑，去意見，只恐所謂去意見者，正未免為意見也。」（《晦翁學案》）其實，「聖人教人，如一條大路，平平正正，自此直去，可以到聖賢地位，只是要人做得徹。做得徹時，也不大驚小怪，只是私意剝落淨盡，純是天理融明爾。」（《晦翁學案》）說得十分明白。聖賢之路，原自平實，毫無偏奇怪異，只是要把自己的意見剝落乾淨，道理就自然呈露、顯現了。

朱熹說：「所謂致中者，非但自在中而已。才有些子偏倚，便不可。須是常在那中心十字上立，方是致中。譬如射，雖射中紅心，

然在紅心邊側，亦未當。須是正當紅心之中，乃為中也。」(《晦翁學案》)所以中庸就有「射中」的涵義，這是借古時的射禮來做譬喻。或問先生人事之煩。朱熹說：「大凡事，只得耐煩做將去。方起厭心，便不得。」(《晦翁學案》)我們說，中國是一個人事社會，所以，人事改革才是究竟。由於人事成本太高，古人也覺得厭煩、棘手。而且，無聊的人事把一切有意義的正經事都給扼殺、耗散掉了。只是古代社會未必有人事改革的真實出路，因為「農社會」的自身元素畢竟是有限的。所以古人除了無止盡的忍受，想不出更好的辦法。這就是所謂的只好耐煩。所以說，古代社會就如一個悶罐，使人絕望。因此，古今人的感受都是相通的。現代社會的進化，確實造成了一個人事更優化的歷史局面和事實，無論在公生活還是私生活上。從這裏來說，理學家講的很多事情就是歷史的事情，這些事情會隨著時間而變遷。由此，我們可以得到很多啟發。比如說這裏，人事一定要改革、要加以改進，這一點就是肯定的。我們不能只是無止境地調整自己，更主要的是要改變和調整我們自己存活的生態，這是最關鍵的。所以對理學家治心有時候只能看做是無可奈何，因為「治心」沒有「治天下」實質，這是宋明理學留給我們的教訓。

可以肯定，朱熹在學問知識路線上一定是主張大全的。他說，天下事物都要盡知、都接觸瞭解過，「這道理方見得周徧。」所謂「士而懷居，不足以為士矣。」(《晦翁學案》)真正計程車，就是要治國、平天下。所以從這裏來說，不誇張的講，讀書而不想出仕，天下第一大過。因為這種人是純粹利害型的，即假清高、真漠然，不知有公，只知有己。其實清高就是一種無能、庸俗的表現，沒有例外。但清高卻足以「亂世惑愚」，所以清高煞害事。朱熹說得很明白，「不是塊然守定這物事，在一室閉戶獨坐便了，便可以為聖賢。自古無不曉事情底聖賢，亦無不通變底聖賢，亦無關門獨坐底聖賢。聖賢

無所不通，無所不能，哪個事理會不得！」「蓋這道理無所不該、無所不在。」「又如律曆、刑法、天文、地理、軍旅、官職之類，都要理會。雖未能洞究其精微，然也要識個規模大概，道理方浹洽通透。」「所以聖賢教人要博約。」「聖人雖是生知，然也事事理會過，無一之不講。」「學時無所不學，理會時卻是逐一件上理會去。」「今只就一線上窺見天理，只恁地了，便要去通那萬事，不知如何通得！」「《大學》首說格物致知。為甚要格物致知？便是要無所不格、無所不知。」又說：「熹舊時亦要無所不學。禪、道、文章、楚辭、詩、兵法，事事要學。一日忽思之曰：且慢！我只一個渾身，如何兼得許多？自此逐時去了。」（《晦翁學案》）

孔子講學、思關係，每事問，就是最好的座標。像莊生那樣說吾生也有涯、而知也無涯的，乃是玄學的態度，而不是學問知識的態度。這就是說，凡事都要具備一定的常識，不說門門精通。朱熹在這裏講的「逐時去了」，只能理解為是一種自我調整，而不是出於生性。朱熹的性格，肯定是倒向大全一路的。但是，正如我們以前說過的，如果找到了統一的知識體例，那麼就不再會興莊生之歎了。這個體例就是「陰陽」，朱、王之爭，說穿了就是沒有找到這個體例的結果，否則一切都息。中國傳統的各個學問部門，都可以用陰陽體例去貫穿。孔子說，吾道一以貫之；老子說，抱一為天下式，都是強調統一體例的重要，即「一」。朱熹也說：「學者須是主一上做工夫。」正是此義。「若無主一工夫，則所講底義理無安著處，都不是自家物事。」「才主一，便覺意思好，卓然精神。不然，便散漫消索了，沒意思。」（《晦翁學案》）講得十分明白。所以說，在統一體例下，格物致知絕不會導致「放心」。

朱熹這樣解釋放心說：「才覺，便在這裏。」「自家心，則無求不得之理。」又說：「只是這上便緊緊著力主定，一面格物，今日格

一物，明日格一物，正如遊兵攻圍拔守，人欲自銷鑠去。」(《晦翁學案》) 這就是學問知識上主敬的工夫——每日格物、吾日格其物。「所以程先生說敬字，」「常常存個敬在這裏，」(《晦翁學案》) 因此，朱熹講的敬是獨立、泛化了的。何以見得呢？因為朱熹有一段話說：「程子說得如此親切了，近世程沙隨猶非之，以為聖賢無單獨說敬字時，只是敬親、敬君、敬長方著個敬字，全不成說話！聖人說修己以敬，曰敬而無失，曰聖敬日躋，何嘗不單獨說來？若說有君有親有長時用敬，則無君無親無長之時，將不敬乎？」(《晦翁學案》) 便是明證。所以，敬不是僅僅「拘定」在對象上的，不是說有了對象才發生敬。敬不受對象性的限定，它是自為的，即敬本身。那麼，何謂敬呢？「敬即是此心自做主宰處。」(《晦翁學案》) 所以，敬字「卻似個畏字」。

朱熹平時講的，其實都是為學之方。格物如此，下學上達也一樣。問者曰：「下學與上達，固相對，是兩事，然下學卻當大段多著工夫？」朱熹說：「聖賢教人，多說下學事，少說上達事。說下學工夫要多，也好，但只理會下學，又局促了。須事事理會過來，也要知個貫通處。不去理會下學，只理會上達，即都無事可做，恐孤單枯燥。」(《晦翁學案》) 簡單的說，下學上達就是為學上的由實入虛。後來的王學末流，就是在下學方面沒有基礎。比如說學儀禮，這就是下學，都是從實處入手，絕不憑空捕捉，這是儒家的實學基礎。而後來王陽明所代表的心學對格物、下學諸事的疑慮就是恐其導致「放心」。實際上，朱熹等理學家的為學內核就在於存心、放心之間。所謂常常提撕在這裏，這個心就是理心。「亦只是此心常存、理常明，」(《晦翁學案》) 但戒謹恐懼絕不是臨事驚恐，只是常常提醒。「日用之間，隨時隨處提撕此心，勿令放逸，而於其中隨事觀理，講求思索，沈潛反覆，庶於聖賢之教漸有默相契處。則自然見

得天道性命,真不外乎此身,而吾之所謂學者,舍是無有別用力處。」「更須參觀物理,深察人情,體之以身,揆之以時,」「更當於事事物物,試驗學力。若有窒礙齟齬,即深求病源所在而鋤去之。」「當靜坐涵養時,正要體察思繹道理,只此便是涵養。」(《晦翁學案》)可見,宋儒總是把道理與「心理工夫」放在一起討論。這樣一來,工夫與「為理」就容易混淆。所以朱熹說,明理就是去邪。道理明白了,妄念自然消退、去除。不是強行用個什麼心理去消除這些,而是用道理,所以很多人恰恰是搞反了。

　　所謂「思繹道理」,其要還是讀書,一切都是在讀書上面見分曉。朱熹說:「如他人不讀書,是不肯去窮理,」「然他不肯讀書,只任一己私見,」「學固不在乎讀書,然不讀書則義理無由明。要之,無事不要理會,無書不要讀。若不讀這一件書,便缺了這一件道理;不理會這一件事,便缺了這一件道理。要他底,須著些精彩方得。然泛泛做,又不得。故程先生教人以敬為本,然後心定理明。孔子言出門如見大賓,使民如承大祭,也是散說,要人敬。但敬,便是關聚底道理。」(《晦翁學案》)私見就是意見。所謂「關聚底道理」,說白了就是指「敬」是道理的集合。朱熹講的讀書應該是廣義的,包括應事接物,都是在讀生活這部大書。案朱子論讀書,與兵家相似。「學者讀書,須是於無味處當致思焉。至於群疑並興,寢食俱廢,乃能驟進。」「如用兵相殺,爭得些兒,小可一二十里地,也不濟事。須大殺一番,方是善勝。為學之要,亦是如此。」「讀書,始讀未知有疑,其次則漸漸有疑,中則節節是疑。過了這一番後,疑漸漸解,以至融會貫通,都無所疑,方始是學。」(《晦翁學案》)這就是朱熹的疑問精神,但也不是胡亂懷疑、瞎疑慮,不是像杞人憂天那樣的「擢疑」,這個疑是有尺寸的。朱熹對《尚書》等經典就是這樣置疑、質疑、致疑的,終於導致了對偽古文《尚書》的顛覆。

　　朱熹認為，一切問題最終其實都可以歸約為讀書上的問題，他論讀書之法說：「學者要看義理，須是胸次放開，磊落明快，恁地去。第一不可先責效，才責效便有憂愁底意思。只管如此，胸中便結聚一餅子不散。今且放置閒事，不要閒思量，只專心去玩味義理，便會心精，心精便會熟。」（《晦翁學案》）這裏講的是理解問題，理解須本以自然之法，不可強為、助長。《大學》說，心有所憂患，則其心不正，所以讀書是不能以愁苦為事的。古今的大學問，無不是沉潛優遊、閒玩出來的，所以讀書一定要講虛靜。「蓋靜則心虛，道理方看得出。」（《晦翁學案》）這就是所謂心虛理實。比如說心中有一個定見、成見、偏見，或者定式思維什麼的，便是所謂填塞了一個塊子，堵住了、不再虛了。於是，道理自然也就被堵塞死了，不容易被人看到了。由此，朱熹指出一個時代的弊病說：「今人觀書，先自立了意，後方觀書，牽古人言語，入做自家意思中來。如此，則是推廣得自家意思，如何得見古人意思？須是虛此心，將古人言語放前面，看他意思倒殺向何處去。如此玩心，方可得古人意，有長進處。」「如前途等待一人，未來時，且須耐心等，將來自有來時候。」（《晦翁學案》）這就是說，今人讀書只有一己之私的意見，根本就沒有順著古人的意思本身去看，乃是將古人強行納入到自己的框框中──先有了一個預設的觀點，然後再以古代為材料和證據。實際上，這就不再是研讀，而是運用、發揮了。不是自然走向、走勢的，而是完全的人為臆斷和構造。

　　但也有一幫精神上懶惰的人，動輒說不敢輕議前人、不敢妄自立論。對此，朱熹說：「固不可鑿空立論，然讀書有疑，有所見，自不容不立論。其不立論者，只是讀書不到疑處爾。將諸家說相比並，以求其是，便是有合辯處。」「人之所以懶惰，只緣見此道理不透，所以一向提掇不起。」（《晦翁學案》）這就是精神上的懶病。朱熹講

的其實就是比對法，通過聯合架接比勘，把真相考問出來，解經就是援用此法。「經之有解，所以通經；經既通，自無事於解。借經以通乎理爾；理得，則無俟乎經。」「大抵思索義理，到紛亂窒塞處，須是一切掃去，放教胸中空蕩蕩地了，卻舉起一看，便是覺得有下落處。此說向見李先生曾說來，今日方真實驗得如此，非虛語也。」（《晦翁學案》）可見，通經只是為學求理的一種途徑和手段，當道理達成時，經典的作用和任務也就完成了。所以理學是不可能對所謂「小道」（如餖飣之學）感興趣的。「故夫專於考索，則有遺本溺心之患；而騖於高遠，則有躐等憑虛之憂；二者皆其弊也。考聖人之教，固不越乎致知力行之端，患在人不知所用力爾。」「日用之間，事之所遇，物之所觸，思之所起，以至於讀書考古，知所用力，則莫非吾格物之妙也。」「行之力，則知愈進；知之深，則行愈達。」（《晦翁學案》）讀書就是格物，而知行合一，也寓乎學而時習之當中。

關於學，朱熹說：「古人所以從事於學者，其果何為而然哉？天之生斯人也，則有常性。人之立於天地之間也，則有常事。在身有一身之事，在家有一家之事，在國有一國之事。其事也，非人之所能為也，性之所有也。弗勝其事，則為弗有其性；弗有其性，則為弗克若天矣。克保其性而不悖其事，所以順乎天也。然則捨講學其能之哉！凡天下之事，皆人之所當為。君臣、父子、兄弟、夫婦、朋友之際，人事之大者也。以至於視聽言動，周旋食息，至纖至悉，何莫非事者。一事之不貫，則天性之陷溺也。然則講學其可不汲汲乎！學，所以明萬事而奉天職也。雖然，事有其理，而著於吾心。心也者，萬事之宗也。惟人放其良心，故事失其統紀。學也者，所以收其放而存其良也。夏葛而冬裘，饑食而渴飲，理之所固有而事之所當然者，凡吾於萬事，皆見其若是也，而後為當其可。學者，

求乎此而已。嘗竊怪今世之學者異乎是。鼓篋入學，抑亦思吾所謂學者，果何事乎？聖人之立教者，果何在乎？而朝廷建學，群聚而教養者，又果何為乎？嗟乎，此獨未之思而已矣！使其知所思，則必竦然動於中，而其朝夕所接君臣父子兄弟夫婦朋友之際，視聽言動之間，必有不得而遁者，庶乎可以知入德之門矣！」（《晦翁學案》）

可見，為學在於治事，諸如政教之事等等，事才是真正的核心。因為要治事，所以必須曉事。或問：「學者講明義理之外，亦須理會時政。凡事要一一講明，使先有一定之說，庶他日臨事，不至面牆。」對此，朱熹說：「學者若得胸中義理明，從此去量度事物，自然泛應曲當。人若有堯、舜許多聰明，自做得堯、舜許多事業。若要一一理會，則事變無窮，難以逆料，隨機應變，不可預定。今世才人文士，開口便說國家利害，把筆便述時政得失，終濟得甚事！只是講明義理，以淑人心。」「講究義理，須要看得如饑食渴飲，只是平常事。若談高說妙，便是懸空揣度，去道遠矣。」（《晦翁學案》）可見義理不是玄理，而是實理，朱熹講治事還是以明理為基礎的。所以做事須顧道理，而不能顧利害。「作事若顧利害，其終未有不陷於害也。古人臨事，所以要回互時，是一般國家大事，繫生死存亡之際，有不可直情徑行處，便要權其輕重而行之。今則事事用此，一向回互，至於枉尺直尋，而利亦可為與？是甚意思！」（《晦翁學案》）我們說過，凡人事都是利害型的，政事尤其如此，所以歷史政治總是不義的。所以朱熹講性理之學，也只能是一種補救的願望。「為血氣所使者，只是客氣。惟於性理說話涵泳，自然臨事有別。」「試更子細玩索，當見本體實然只一天理，更無人欲。」（《晦翁學案》）但無欲政治是不可能的，至少過去如此。

問避嫌是否，朱熹說：「合避，豈可不避。」「如君不與同姓同車，與異姓同車不同服，皆是合避處。」「學者須要有廉隅牆壁，便

可擔負得大事去。」「此大者立也。」「恥便是羞惡之心。人有恥，則能有所不為。」「不知廉恥，亦何所不至。」學者去了利害得失之心的鄙吝，「則道理重而計較死生之心輕矣。」「某觀今人，因不能咬菜根而至於違其本心者眾矣，可不戒哉！惟君子，然後知義理之所必當為，與義理之所必可恃。利害得失既無所入於其心，而其學又足以應事物之變，是以氣勇謀明，無所懾憚。不幸蹉跌，死生以之。小人之心，一切反是。」(《晦翁學案》)顯然，一切還是道德路線的歸宿。我們說，道德不實體化，而是修養化，那麼道德不僅無益，反而有害。只有道德實體化了，由軟的變成硬的，才真正能發揮它的功效。比如說制度、法律等等，就是道德的實體化。所以制度與道德的關係就應該是，道德是制度的原理，制度是道德的實體，這才是究竟。我們說，如果要論宋、明理學有什麼建設性的成績，首先一個就是它把很多原理揭示清楚了，所以我們以後才可以接著往下講，使一切儘量在制度上兌現，這是後人可以促成的。

朱熹有很重要的一段話說，「孔門未嘗備言，至孟子而始備言之者，蓋孔子時性善之理素明，雖不詳著其條而說自具；至孟子時，異端蠭起，往往以性為不善，孟子思有以明之，於是別而言之。」(《晦翁學案》)我們知道，性善路徑是理學最基本的路徑，但這裏顯然是朱熹單向的歷史解說。因為孔子只說到「性近」，孟子標舉性善，當初一定是有時代臺詞的。宋、明之儒承接性善一路，以為大宗，從這裏就可以得到清晰的證明。因為主性善，所以說「蓋心地本自光明，只被利欲昏了，」「心地光明，則此事有此理，此物有此理，自然見得。且如人心何嘗不光明？見他人做得是，便道是，做得不是，便知不是，何嘗不光明？然只是才明便昏了。又有一種人，自謂光明，而事事物物原不曾照見，似此光明，亦不濟得事。」「然格物是夢覺關，格得來是覺，格不得只是夢。誠意是善惡關，誠得來是善，誠不得只

是惡。過得此二關，上面工夫卻一節易如一節了。到得平天下處，尚有些工夫，只為天下闊，須著如此點檢。」(《晦翁學案》)理學的思維，完全是以二分法為基礎。性善論看似溫和向上、積極樂觀，其實骨子裏最森嚴。這就是所謂「過關」：過了關便是人，過不了就成鬼。人、鬼之間，沒有第三種選擇與可能，所以一切都被判了死刑。

由此，我們也可以說，朱子之學也是人學，因為它是研究人的。朱熹說：「人最不可曉。有人奉身儉嗇之甚，充其操，上食槁壤，下飲黃泉底，卻只愛官職。有人奉身清苦，而好色。他只緣私欲不能克，臨事只見這個重，都不見別個了。或曰：似此等人，分數勝已下底？曰：不得如此說。才有病，便不好，更不可以分數論。他只愛官職，便弒父與君也敢。」(《晦翁學案》)朱熹講的情況其實是人之常情，即人類慾望類型問題，屬於人欲分類學。儒家最擔心「敢者」，因為這種人「是敢孰不敢」。像有的人好色，有的人熱愛權力，有的人愛錢，所好不一樣，但是都有所愛。只要是人，就必然會有一樣或若干所愛，這是肯定的，就看他真正喜歡的是什麼，能不能落實、確定准。所以人並不難曉，所謂難知者，只是不能把握准罷了。因為人是有閃爍性的，無論出於什麼原因——心理的、抑或利害的等等。所以，人的「性分」是不一樣的，這一點，上古的「人物學」已經講得很清楚。這裏所謂「分數」者，說的也是這個。所以，朱熹其實看得很清楚，就是任何一個人只對他自己著迷、感興趣的事情關注和專心，對別的都無所謂。所以在人學(的觀察)中並不、本不存在想當然的聯繫性。比如說一個人不貪錢，常人就會說這個人不錯，這就是想當然。這種想當然是通見的情形，亦即：基於「通見性」情況。比如說一般不貪錢的，為人都還可以等等。但不貪錢與人好其實是沒有一定的道德對應聯繫的，因為一個人不貪錢，可能是他對錢根本就無興趣。所以，我們是不好把性質與性情錯認為道德和德行的，

這是日用中常見的錯誤。很可能這個人只對性感興趣，都一門心思地到性上去了。而人又是狡猾、明智的，他們都知道如何保護自己。在自己本來不感興趣或不那麼有所謂的事情上面，何必給自己添麻煩呢？還不如把所有精神都集中到自己專意的事情上面去為宜，這就是人生的效率性。也是從這裏來說，人其實是每一個人的威脅性也有限，除非他是一個「大全」的人，什麼都貪。但通常這種人是少見的，常人一生當中只要有幾樣也就飽和了。所以事情的真相應該是：每個人參差起來、構成大的群體，卻也能造成一個毀傷性大全，這才是關鍵。朱熹說弒君，就是指人的「專注」可以到達無所不為的地步。所以理學家最關心的是一個人的心在哪裏，也就不奇怪了。畢竟，治心是治國的環節。有些人從程度的輕重不同去論這件事，說清苦的人總比更次的人好吧？朱熹馬上說，這種有自我節制力的人其實潛質更危險、更兇險，必要的時候更幹得出。所以，朱熹是反對程度思維的。在他看來，只要在源頭處不對，都是一樣不好，這就是斷頭斬首法思維。五十步與百步之間，只要是走錯了路，又還論個什麼呢？而且走得越遠，情況越糟。所以朱熹等理學家是很注意「正始」的，也就是根源性的規定，一定要論個究竟。為什麼當有人要從分數論上去解釋的時候，朱熹馬上給打住了呢？因為朱熹是要從「名分教」上去安立這些事情的。如果僅僅是從生理性路線上去輕描淡寫，那麼義理之性被擺在什麼地方了呢？將置於何所？這當然是朱熹的「嚴重性」所不能容許的，這才是關鍵。所以，朱熹直雲不得如此說，也就是顯然的了。一切都是名教，可見名分之重，還是一個正名問題。平時說話都得當心，因為名分所要求的還不僅僅是學理解釋，這是不夠的；名分所關涉的利害性實在太大，不是如學理那樣單純的。所以，在學理與現實實際之間，有一個相互牽扯的關係，這個我們不能忽略。

　　朱子之學，一定是以儒家「篤行之」為歸宿。或問：「力行何如說是淺近語？」朱熹說：「不明道理，只是硬行。」又問：「何以為淺近？」曰：「他只見聖賢所為，心下愛，硬依他行，這是私意，不是當行。若見得道理時，皆是當恁地行。」「遇富貴，就富貴上做工夫；遇貧賤，就貧賤上做工夫。兵法一言最佳：因其勢而利導之。人謂齊人弱，田忌乃因其弱以取勝。又如韓信特地送許多人安於死地，乃始得勝。學者若有絲毫氣在，必須儘力。除非無了此氣，這口不會說話，方可休也。」（《晦翁學案》）這就是到死為止的態度，其篤行如此。朱熹主持白鹿洞書院立下的學規就是最好的說明。案《白鹿洞書院教條》云：「父子有親，君臣有義，夫婦有別，長幼有序，朋友有信。」這是五教。「博學之，審問之，慎思之，明辨之，篤行之。」這是為學之序。學問思辨者，所以窮理也。「言忠信，行篤敬，懲忿窒欲，遷善改過。」這是修身之要。「正其誼，不謀其利。明其道，不計其功。」這是處事之要。「己所不欲，勿施於人。行有不得，反求諸己。」這是接物之要。一共五項。

　　可以說，朱熹開列的五項都是宏觀的框架（儒行方面），是必須依循的。古人講的這些，現在還一樣有用，只要稍作調整即可。比如說君臣有義，現代社會沒有君臣了，但是上下關係依然存在，所以我們就可以說上下有義，亦即，由帝國倫理調整為民國倫理。又比如夫婦有別，也不再是以前那種粗俗的男女不親，而是調整為財產有別、法權有別，也就是錢上的分別。因為在法律財產上不分清楚，不公證交割妥當，就不能算是現代家庭。包括結婚離婚，都要夫妻間明算賬，各用各的，確保經濟隱私權。所以夫婦有別，首先是財務（財物）有別，這就是現代家庭的經濟倫理。沒有經濟倫理，就沒有家庭倫理。沒有健全的家庭，就是家不齊。

　　經典講過，人有二端，就是忿與欲。忿就是情緒化，人都有情緒，情緒是決定性的力量。欲就是慾望，一切都可以歸於慾望。所以懲忿窒欲就是管理好自己的情緒和慾望。只有善加管理自己的情緒、慾望，才能夠進而做成事業、處理事情。我們說過，人都是有理性和情緒兩重面的。用理學的話來說，就是人都有氣質之性和義理之性。所以，理性和情緒的關係就是：情緒是十分鐘以內的事情，理性是十分鐘以外的事情。雖然情緒是有週期性的，經常反覆。朱熹說遷善改過，當然也是古義。孔子說過，君子擇其善者而從之，其不善者改之。又說君子無友不如己者，過而能改幾於聖，這些都是求上、改進的思想，都屬於改進論。可見，朱熹很好的承接了前人思想的精髓，並加以提領。他堅持，凡事該怎樣就怎樣，只要道理是如此的，便不計功利得失，這是朱子的信條。這樣去處事，才能建立規矩。我們說，對朱熹的話其實還可以進一步地提煉。比如己所不欲、勿施於人一條，自己不願意的，固然不要轉嫁給別人；但即使是自己喜歡、願意的，也不要推銷給他人。比如說有的人喜歡跑馬拉松，於是他向朋友推薦，說這個對健康有好處，強迫別人每天早上四點鐘起床長跑，這就構成了善的騷擾。所以朱熹講的接物之要，完全可以簡化為「勿施於人、反求諸己」。因為己之所欲，也不要施之於人。

第三節　意見

　　我們說，理學會一直持續下去，除非人類不再講道理，否則，理學總是必要的。案薛瑄《讀書錄》曰：「凡聖賢之書所載者，皆道

理之名。至於天地萬物所具者，皆道理之實也。書所謂某道某理，猶人之某姓某名也。有是人之姓名，則必實有其人；有是道理之名，則必有是道理之實，學者當會於言意之表。案知此，則無極太極之糾纏、人心道心之界別，釽名遺實，徒亂人意，皆可燒也。」又云：「不識理名難識理，須知識理本無名。」（轉引自《蔡元培年譜長編》卷三十三）案釽為析破之義。道理、名實的關係，名學、理學的關係，這裏講得一覽無遺。

關於「理」這一核心中樞的義理，戴震有詳細的論說。他說：「理者，察之而幾微必區以別之名也，是故謂之分理。」（《孟子字義疏證》理字一條，下同）戴震在這裏講的，就是「理的捶分」。理是至微的，要分到直到分得不能再分為止，這是第一步，就是理主分，也就是所謂分理。一切理都是分理。「在物之質，曰肌理、曰腠理、曰文理。」「得其分則有條而不紊，謂之條理。」實際上，戴震論理，很明顯是在批評前代理學。他說：「天下事情，條分縷析，以仁且智當之，豈或爽失幾微哉！《中庸》曰：文理密察，足以有別也。《樂記》曰：樂者，通倫理者也。鄭康成注云：理，分也。許叔重《說文解字序》曰：知分理之可相別異也。古人所謂理，未有如後儒之所謂理者矣。」這就很明白，戴震的認同，還是偏向於上古的各種理解，而不是宋、明的路數。所謂理主分，只有分才能別同異，從古義來說，這種解釋應該比較的當。

戴震的理觀，顯然是與情掛在一起的。這就是經典中常講的情理二端，所謂因情以制禮，順乎人情者也。戴震說：「理也者，情之不爽失也；未有情不得而理得者也。」戴震在這裏所講的情，其實包含著人我思維在內，即所謂換位的考慮。「自然之分理，以我之情絜人之情，而無不得其平是也。」「凡有所施於人，反躬而靜思之：人以此施於我，能受之乎？凡有所責於人，反躬而靜思之：人以此

責於我，能盡之乎？以我絜之人，則理明。天理雲者，言乎自然之分理也。」這就是己所不欲、勿施於人之義。顯然，戴震是從這上面去定位所謂天理的。這個理是人際之理，它應該是從勿施於人上去規定的。由此可見，勿施於人是儒學特有的基則，理論上任何強迫都是不允許、不能容忍的。

戴震顯然是想要還原很多關鍵義理的古義，「反躬而思其情，人豈異於我！」這是強調情的同然性。慾望也是同然的，可以說，人心根本上就是同然的。「一人之欲，天下人之所同欲也，故曰性之欲。」由此，這裏的所謂性，只有從普通人性上才講得通，如果作儒家專門規定過的人性講就不通順了。所以說，「蓋方其靜也，未感於物，其血氣心知，湛然無有失，故曰天之性；及其感而動，則欲出於性。」其實儒家講的靜是一種前狀態，心理上的。也就是純粹的人心還沒有與外界、外間交感之時、沒有交感之際的狀態和狀況，是完全原始的。但是這樣的還沒有啟動的人心也沒有什麼道德意義，因為問題是：人心必然會啟動，而且一旦啟動就不可能再完全還原回去，不可能純粹化，也就是所謂不可收拾了。所以，想出如何管理人心的辦法才是關鍵。我們經常會奇怪的是，理學為什麼總是在無意義的方向上努力？這大概是歷史學說都不能免的經歷和必然歷程罷。通過外界的感發、引動作用，通過外緣的發動，人性自然會產生慾望，這是勢決定的。所以，世界就是慾望與慾望之間的衝突，也就是人與人的交戰，這才是真相。因為地球是有限的，而慾望單位卻異常多，根本容納不下，根本供給不了那麼多的慾望，於是「不德」也就在所難免了。「好惡既形，遂己之好惡，忘人之好惡，往往賊人以逞欲。」所以人性天生都是就著自己的、自私利己的，不惜犧牲、毒害他人，以成全自己。世界的資源就這麼多，必須有所選擇、做出去取，非此即彼，所以人都是遂己的。由此而發生人與人之間的拉

鋸，就造成了人群社會的各種平衡機制。比如制度、道德的產生等等。所以，限制每個人有所不為的恰恰不是道德，而是他人。是人不許人做什麼，而不是道德不許人做什麼。道德只是不同意、不贊成、不認可人做什麼，但不認同與不許是有別的。這是一個簡單的事實，其根源都在自然人性。只有自然人性才是真正原始的，才是不折不扣的事實真相。戴震說：「反躬者，以人之逞其欲，思身受之之情也。情得其平，是為好惡之節，是為依乎天理。」思身受之，也就是通常所謂的感同身受。所以人情就是天理，捨人情並無格外、特別的天理。反躬是道德主動的面向，但顯然不是主要的，根本的決定性是人與人相爭而贏得的。戴震強調的是「天然之分理」，而不是人為制定、擬構、構劃的東西。所以他說：「古人所謂天理，未有如後儒之所謂天理者矣。」顯然包含著對前代的批評。

戴震講的理，主要是人事上的，所謂以情絜情者。但是情與理二名如何分別呢？「無過情、無不及情之謂理。」顯然，理全是在情上命定的，這是一種歷史趨向，就是要求還情以理，就像常人要求還一個公道那樣。「以各如其區分曰理。」我們說，戴震言理，主要是放在人事上說，所以他首先要辨明的，就是理與「意見」二者。「心之所同然始謂之理，謂之義；則未至於同然，存乎其人之意見，非理也，非義也。」那麼，在戴震的理解中，什麼是同然呢？「凡一人以為然，天下萬世皆曰『是不可易也』，此之謂同然。」這就講得很絕對，所以意見絕不是同然的，意見只是個人的某種東西。但是，從普通人性來說，每個人都會固執、武斷地把自己的意見認作道理，而且是至極不易之理。當道理被意見取代時，意見對人的禍害也就施發出來了。「自非聖人，鮮能無蔽；有蔽之深，有蔽之淺者。人莫患乎蔽而自智，任其意見，執之為理義。吾懼求理義者以意見當之，孰知民受其禍之所終極也哉！」所以，從這裏來說，理學便

很自然的需要歸約到一點，就是「正理」的問題，這是首先的。先要確正到底是意見、還是道理本身。實際上，戴震在這裏講的是最根本的問題，那就是，到底有沒有理？也許世界上只有意見，而主宰世界的也是勢力很大的意見。所以唯一主要的就是意見的勢力，這也就是所謂剛柔之道、強弱之形。而所謂道理是很難說的。每個人都有「蔽」，只是深淺程度有所不同罷了，這只是一個輕重問題，但每個人同樣都面臨著解蔽。所有的人都是自以為智的，所以意見必然會充當道理本身。

意見是這樣，那麼，理義應該是怎樣的呢？戴震有很精闢的論說。「舉理，以見心能區分；舉義，以見心能裁斷。分之，各有其不易之則，名曰理；如斯而宜，名曰義。是故明理者，明其區分也；精義者，精其裁斷也。不明，往往界於疑似而生惑；不精，往往雜於偏私而害道。求理義而智不足者也，故不可謂之理義。」意見就是一種偏私。戴震著重從區分去說理，可見道理就是讓事情變得清楚，一件就是一件。因為每件事其實都是捶分的，完全具體，沒有任何兩件事可以發生絞纏。對待「疑似」，最好的辦法就是進行捶分，在戴震那裏是表達為區分——區分到無可分處為止。可以說，世界上還沒有發現不能分清楚的疑似。人們之所以陷於疑似而不能自拔，是因為還沒有學會分、沒有找到分的辦法。總之，疑似都是分上的問題，或者就是因為心術、意圖、目的的緣故而不想分清楚、不願意分。按照戴震的觀點，一切都可以在理和義上打通並解決。

人只要具備了理心，就能夠裁斷一切。戴震講到，宋以來儒書之言，以理為得於天而具於心，可見即使是沒有人，形而上也有這個理。但是，當人把這個理稟賦在心裏時，理心就成為事實、變成可能了。正如朱熹說的，人心「便包藏許多道理」，「理在人心，是謂之性。」「性便是許多道理得之天而具於心者。」那麼，在戴震看

來，心又是什麼呢？所謂心，就是一身的主宰。戴震擬了一個問題，「是聖人始能得理。然人莫不有家，進而國事，進而天下，豈待聖智而後行事歟？」戴震講同然性，首先還是指那專門的理而言，也就是聖人能得之理。但我們說，凡是一個人，他就會有慾望，這也是同然，並不見得一定要是怎樣高端的理才成其為同然。這裏戴震說的乃是實情，世界上的事，當然不能等到聖人出、或者天下人普遍都是聖人了然後才去料理。戴震講到了很重要的一節，他說：「六經、孔孟之言以及傳記群籍，理字不多見。今雖至愚之人，悖戾恣睢，其處斷一事，責詰一人，莫不輒曰理者，自宋以來始相習成俗。」戴震在這裏講的，正是我們所說的社會化的情況。也就是說，自宋代以降，理學家真正使儒學社會化了，不再是什麼高端的東西。所以社會上每個人動不動就提理字，陰陽一名大概也是這樣氾濫化的。可以說，再專門的術語，在歷史社會中也早晚會大眾化，於是人們不再感覺到並尊重其專門意義，轉而找尋新詞興奮點，事情總是這樣的。由此可見，戴震的歷史觀察力還是相當敏銳的。雖然《十三經注疏》中理、道、道理諸名也很常見，但是沒有宋以後那麼頻繁、那樣社會化。正是理學使理這個字深入人心和日常習慣，從此以後，理字成為人文真正的核心。

但是理字雖然在社會上普及了，理的害處卻由此滋蔓開來。因為人們所具有的不是理心，而是「意見心」。而意見心是靠強勢與弱勢、是由強弱之形決定的。「因以心之意見當之也。於是負其氣，挾其勢位，加以口給者，理伸；力弱氣懾，口不能道辭者，理屈。」顯然，所謂的有沒有道理，不是取決於理本身，而是取決於氣勢——誰的嘴皮子快、誰的聲音大誰贏。因此，氣質性是決定一切的力量，勢位就更不用說了。墨子說唯有強股肱，所以理在現世中實際上是不可能的。那麼，現實的補救、緩解辦法是什麼呢？可以說，

最好的辦法就是寫。因為書面的總比口頭的可靠，這是一定的。也就是——用寫取代、消除交談和接談。至於單方面的陳述則是另外一回事。所以戴震慨歎說：「嗚呼！其孰謂以此制事，以此制人之非理哉！」

由此來說，戴震是站出來對理本身進行指正的第一人。也就是，他把「理」與「意見」嚴格地界別開了。按照戴震的認為，通常人心中並沒有理、絕不是理，僅僅是一些意見。那麼，人心怎麼才能是理的呢？這是最根本的問題。所以以理殺人，其實是意見殺人，因為意見冒充了理。我們說，理屬天，意見屬人。存天理、去意見，也就是天人合一。先天、形而上只可能對應事實，而人心永遠是後天、形而下的。只要是人心的，它就不可能是先天的、不可能是形而上的。因為心是動的，只有在形而下才可能動。至於先天、形而上的安裝在心中，即所謂稟賦，那是另外一回事。人心的活動絕對是形而下的，意見即產生於此——產生於人心的活動。戴震說得明白，「即其人廉潔自持，心無私慝，而至於處斷一事，責詰一人，憑在己之意見，是其所是而非其所非，方自信嚴氣正性，嫉惡如仇，而不知事情之難得，是非之易失於偏，往往人受其禍，己且終身不寤，或事後乃明，悔已無及。」這就講得很透徹，所謂的道德自信，其實只是意見的自我表現，只是滿腦子觀念意識的庸俗不堪、俗不可耐、害人害己，只是出於虛榮攀比。生活中到處都是這種人。

戴震說：「天下智者少而愚者多，以其心知明於眾人，則共推之為智，其去聖人甚遠也。以眾人與其所共推為智者較其得理，則眾人之蔽必多；以眾所共推為智者與聖人較其得理，則聖人然後無蔽。凡事至而心應之，其斷於心，輒曰理如是，古賢聖未嘗以為理也。不惟古賢聖未嘗以為理，昔之人異於今人之一啟口而曰理，其亦不以為理也。昔人知在己之意見不可以理名，而今人輕言之。夫以理

為如有物焉，得於天而具於心，未有不以意見當之者也。今使人任其意見，則謬；使人自求其情，則得。」《大學》言治國平天下，」「不過人之常情，不言理而理盡於此。惟以情絜情，故其於事也，非心出一意見以處之，苟捨情求理，其所謂理，無非意見也。未有任其意見而不禍斯民者。」

　　戴震在這裏指出的，首先是「所謂的理」對民眾的危害太大了，這就是為什麼戴震一定要正理的原因。另外他也指明，理學的「心賅具萬理」的理論，本身為意見提供了一種世俗的可能。那就是，每個人都以此認為自己心中的什麼東西就是理，然後堅持它。其實，這心裏的什麼物只是個人的意見。也就是說，理學的理論造成了這樣一種社會心理認識：既然理與我的心是合一的、一體的、不分的，那麼我心裏的什麼就是、且一定是某理了，於是就……顯然，這就是意的理學理論之來源，是思維「理脈」上的來源、所由自。戴震所說的「眾推」，其實涉及到公認基礎的問題。就是，從終極上說，理是否可以取決於公眾、由人眾來定？因為理肯定是要求絕對的。我們只能說，公認基礎只能是無限趨近於理，但這也只是最好的一種可能情況和假設，因為就現實情形來論，人群往往是永遠夢不到什麼理。像文化論就經常觸及到這方面的問題。另外戴震講到，古人的態度是平實的，他們只談情，而不是像後人那樣助長地動輒談理，因為情容易講而理難以定。講情會自然形成一個範圍，就是：理肯定在這個範圍之中，不會逸出，這是情的穩妥處。但是談理，事情就會很複雜。這是由情、理自身的性質決定的。正像戴震說的明白，「以意見為理，自宋以來莫敢致斥者，謂理在人心故也。今曰理在事情，於心之所同然，洵無可疑矣。」

　　可以說，戴震把理的基礎轉換了，由「心」換到「事」，而清代的學風也是篤於事的，不是玩心。這也是我們說過的，事實與人心

的分別是宇宙中最基層的一重分別，是一個基礎的二分。像先天形而上就只能對應事實，當然事實本身的範圍更要大一些，因為事實本身還包括後天形而下的事實。但人心都是對應後天形下的。理學謂理在人心，這是一個關鍵癥結，因為人心是最雜的，什麼都包括、什麼都裝在裏面。所以，人心的絕大部分內容是理學家不想要的，想要的就那麼一點點，比如仁義禮智等。但是，說理義性在人心中也並不就錯，因為它畢竟是有。我們講過，有什麼與是什麼是根本不同的，這裏面有一個有和是的區別。人心有理，並不等於說人心就是理義的，所以理在人心只能從有去理會，而不能從是去理會。正如前面我們分別過有善、是善和性善論的關係，可以說，理在人心的問題就思維格式上論，也是從性善理論一線套下來、順下來的。所以戴震必須給孟子的性善論一個解釋。

戴震承接孟子的譬喻，把理與天性、與本能說在了一起。「明理義之悅心，猶味之悅口，聲之悅耳，色之悅目之為性。味也、聲也、色也在物，而接於我之血氣；理義在事，而接於我之心知。血氣心知，有自具之能：口能辨味，耳能辨聲，目能辨色，心能辨夫理義。味與聲色，在物不在我，接於我之血氣，能辨之而悅之；其悅者，必其尤美者也；理義在事情之條分縷析，接於我之心知，能辨之而悅之；其悅者，必其至是者也。」所謂自具之能，也就是王陽明講過的良知良能，亦即本知本能。這些不學而會的東西，就被說成是先天的。而至是、尤美者，即所謂「端」。人的感官所愉悅的，肯定是事物的精華部分，亦即最前端的東西，所謂至美者是也。那麼，按照同樣的格式推之，令人心最愉悅、最認同的就一定是那個最對的部分──「是端」。所以悅心、悅耳、悅目等等，它們在悅的格式上是同構的。只不過感官屬於血氣，而理義歸到心知。味道、聲音、顏色，這些都是在事物上的，不是感官的。同樣，理義也是在事情

上的，是事實一邊的，而不是人心的。但是，人的感官可以知覺味道等等，那麼人心也可以知義理。這些都是因為「緣接」：物與感官相緣接，理與心相緣接，就是知。人本能地喜歡、主動地趨向於事物中美好精華的部分，這是不能解釋的天性，即所謂「性然」。那麼，人心一定會趨向於「是端」、真理，也就是同樣不能解釋而只能承認的天性了。比如說，人必然會喜歡思考，自然的會愛好創造，當然會崇尚高深等等。必然、當然而自然，就是所謂的三然，它們總在一起。所以真正的理義與人類天性，兩者之間肯定有牢不可破的關係。

　　理義是事實材料，可以成為人心的資源。人得到了理義，就能夠變得完滿、完善。「故孟子曰：耳目之官不思，心之官則思。是思者，心之能也。」這就是說，思考是人的本能，顯然這還是本能論的範圍和解釋。並且戴震用光做比喻說：「如火光之照物，光小者，其照也近，所照者不謬也，所不照斯疑謬承之，不謬之謂得理；其光大者，其照也遠，得理多而失理少。且不特遠近也，光之及又有明闇，故於物有察有不察；察者盡其實，不察斯疑謬承之，疑謬之謂失理。失理者，限於質之昧，所謂愚也。惟學可以增益其不足而進於智，益之不已，至乎其極，如日月有明，容光必照，則聖人矣。」「其於事靡不得理，斯仁義禮智全矣。故理義非他，所照所察者之不謬也。」這段話借名學來看就很清楚，即所謂明、不悖。所謂理其實就是「究明」，就是明見、清楚。

　　關於孟子性善論的來由，戴震有一番說法。所謂「孟子專舉理義以明性善，何也？」戴震自己設了一個問者，說：「後儒以人之有嗜欲出於氣稟，而理者，別於氣稟者也。今謂心之精爽，學以擴充之，進於神明，則於事靡不得理，是求理於氣稟之外者非矣。」對此，戴震回答：「古人言性，但以氣稟言，未嘗明言理義為性，蓋不

待言而可知也。至孟子時，異說紛起，以理義為聖人治天下之具，設此一法以強之從，害道之言皆由外理義而生；人徒知耳之於聲，目之於色，鼻之於臭，口之於味之為性，而不知心之於理義，亦猶耳目鼻口之於聲色臭味也。故曰：至於心，獨無所同然乎？蓋就其所知以證明其所不知，舉聲色臭味之欲歸之耳目鼻口，舉理義之好歸之心，皆內也，非外也。比而合之以解天下之惑，俾曉然無疑於理義之為性，害道之言庶幾可以息矣。孟子明人心之通於理義，與耳目鼻口之通於聲色臭味，咸根諸性，非由後起。後儒見孟子言性，則曰理義，則曰仁義禮智，不得其說，遂於氣稟之外增一理義之性，歸之孟子矣。」

這種說解，顯然還是一種對孟子的正面維護。所謂氣稟者，就是指自然生理方面的氣質之性。戴震說古人言性但以氣稟言，這就是認為，上古是從自然人性方面去定「性」的。當然，對這個觀點也要看怎麼說，因為漢朝學者已經用五常之性來限定「性」了。不過孔子確實是說性相近、習相遠，這個性顯然就是說的自然人性、自然生性。如果是說純理，就一定會強調同然性，不會只是很鬆動的說相近。宋明理學最大的問題，就是遺落了自然人性一邊的「應有」注意，而滑進了唯理義的路子。為什麼會這樣呢？這與中國古代的歷史政治有關。像晉、唐政治就很能說明自然人性的風險性，這個需要專門另論。所以，理學對性的限定，乃是一個必要的歷史強化、森嚴化，而這個「歷史政治整飭」是必不可少的。明、清就是受益於此，所以才能成就現代中國。但凡事利弊不能兼全，當對自然人性的壓制導向了另一個負面時，時代就會提出反動的要求了。正如戴震說的，理義成了一種外在的強制性。耳目口鼻、聲色臭味，這些當然是自然人性、生性一邊的，這是人都知道的、不言自明的。但是同然的理義也是內在於人心、人性的，這一點世人並

不清楚。所以孟子引生理上的事情來證明，將兩邊合一化，來破除當時的所謂偏見，這是戴震的解釋。理義性與生理性，都是人的先天根性。但也正是在這上面，宋、明學者發生了很多糾纏。

　　其實，對戴震的真實意向的把捉，應該是最關鍵的。因為我們看戴震的論述，實際上是要強調理的絕對標準性、座標性，這和我們今天談論一般人性問題是相當不同的。雖然戴震批評了所謂意見殺人、以意害民，但是否他就一定給予自然人性何種地位，這個一定要謹慎小心。我們可以看這一段，問：「聲色臭味之欲亦宜根於心，今專以理義之好為根於心，於好是懿德固然矣，抑聲色臭味之欲徒根於耳目鼻口歟？心，君乎百體者也。百體之能，皆心之能也。豈耳悅聲、目悅色、鼻悅臭、口悅味，非心悅之乎？」回答是──否。為什麼呢？戴震說得明白，「心能使耳目鼻口，不能代耳目鼻口之能。彼其能者各自具也，故不能相為。人物受形於天地，故恒與之相通。盈天地之間，有聲也、有色也、有臭也、有味也；舉聲色臭味，則盈天地間者無或遺矣。外內相通，其開竅也，是為耳目鼻口。五行有生克，生則相得，克則相逆，血氣之得其養、失其養繫焉。資於外足以養其內，此皆陰陽五行之所為。外之盈天地之間，內之備於吾身，外內相得無間而養道備。民之質矣，日用飲食，自古及今，以為道之經也。血氣各資以養，而開竅於耳目鼻口以通之，既於是通，故各成其能而分職司之。」「血氣之所為不一，舉凡身之嗜欲根於血氣明矣，非根於心也。」「凡人行一事，有當於理義，其心氣必暢然自得；悖於理義，心氣必沮喪自失，以此見心之於理義，一同乎血氣之於嗜欲，皆性使然耳。耳目鼻口之官，臣道也；心之官，君道也；臣效其能而君正其可否。理義非他，可否之而當，是謂理義。然又非心出一意以可否之也，若心出一意以可否之，何異強制之乎！是故就事物言，非事物之外別有理義也；有物必有則，

以其則正其物，如是而已矣。就人心言，非別有理以予之而具於心也；心之神明，於事物咸足以知其不易之則。譬有光皆能照，而中理者，乃其光盛，其照不謬也。」

拋開具體的歷史時代情節先不考證，就從一般名理上論，這裏便有很多問題。首先是，戴震講的心應該如何界定？就像我們以前說過的，耳目口鼻都是器官，它們能知覺物，都是因為官能。而這個能感，應該是歸屬於心的。好比一個突然死亡的人，即使他瞪大眼睛，也還是看不見物，因為生命機能已經停止了。所以，「能看」就應該是屬於心的，似乎很難說它屬於目，「目之能」也應該是統屬於心的。所以，五官應該是心的具體設施、機器部件，這個心是廣義的，不是單純指心臟，這一點朱熹早就說過了，熟悉歷史思想的人都知道：心與大腦二者也是不能混淆的。這就是整體觀，如果把五官各自分切開來看——與心隔斷來看，這樣去看恐怕很難通順。至於說官能有分工，各不相串，也不能彼此相互代替，那並不是理由——成為無統體的理由。因為政治上的百官也各有分職，我們總不能因為行政分工，而就說政治不統一吧？雖然王夫之講過心之官是負責形而上之思的，但心思無疑都是形而下的，不可能歸屬於形而上。

戴震說：「人之血氣心知本乎陰陽五行者，性也。如血氣資飲食以養，其化也，即為我之血氣，非複所飲食之物矣；心知之資於問學，其自得之也亦然。以血氣言，昔者弱而今者強，是血氣之得其養也；以心知言，昔者狹小而今也廣大，昔者闇昧而今也明察，是心知之得其養也，故曰雖愚必明。人之血氣心知，其天定者往往不齊，得養不得養，遂至於大異。苟知問學猶飲食，則貴其化，不貴其不化。記問之學，入而不化者也。自得之，則居之安，資之深，取之左右逢其源，我之心知，極而至乎聖人之神明矣。神明者，猶

然心也，非心自心而所得者藏於中之謂也。心自心而所得者藏於中，以之言學，尚為物而不化之學，況以之言性乎！」食物被人吸收轉化成養分，學問被人吸收就轉化成智識，二者在原理上是一樣的。當然血氣屬於氣質之性，心知屬於義理之性，兩邊各有不同。食物被轉化，就不再是食物，而成了營養。讀書被轉化，就不再是死的書本，而成了學問。但是所謂記問之學，則往往是食文不化的。就像很多人能大段背《莊子》，於玄理卻毫無心得發明。這其中的原因，恰恰是背書所致──記誦阻塞了思考，文句遮蔽了意思。太熟則濫，容易輕輕地滑過去。這就像解算術題，對錯自己是檢查不出來的。所以說熟了還要三分生，發現緣於陌生的新奇感。又好像沖牛奶，裏面總有些討厭的疙瘩，這就是不化。所以義理之書不宜背，要背就背辭章之書，因為能培養歷史語感，如詩詞古文等。所以，戴震在這裏是要用譬喻說明理義的，而著重後天的資養。強調先天，那是貪圖現成的態度，只有後天的營為才是最要緊的。這是一種人文的態度，所以在這裏，先天反而不如後天了。因此，心性也要靠後天的不斷修為，才能進於聖明之域。心性不是像一個什麼東西裝在那裏，這是戴震所想要表達說明的。

因此，理能不能在每一個人身上流行，就要看是否對理食而化之。如果食而不化，即使理在那裏也是沒有用的，因為理還不是每一個人自己的東西。戴震提到，宋以來言理都是基於一個二分，即理欲之辯──不出於理則出於欲，不出於欲則出於理。理欲之分，就是君子小人之分。我們現在來看，這當然是太武斷簡單了。但這卻是儒家的思維，亦即：把一切都約歸為二分法。比如說，不是人就是魔鬼。為什麼會有這種習慣性二分呢？因為政治與日常生活是必須要分開的，讀思想史更是要處處提撕這一點。放在日常生活上講不切人情的，放在人文政治上看就有一種莊嚴感。所以儒學是牛

刀，不能用在太小的事情上，這就是禮不下庶人的情有可原處。戴震作了一個很重要的變轉——理外無欲、欲外無理，這種格式，與道外無事、事外無道，理外無物、物外無理是同構的。顯然，戴震接引出了某種正當性。「今以情之不爽失為理，是理者存乎欲者也，」那麼，如果真的無欲，有沒有什麼不對呢？戴震說得很明白，「明乎欲不可無也，寡之而已。」這就是說，真正的絕對無欲其實是不可能的，所謂的無欲只能是寡欲，只有寡欲才可能。所以戴震對宋明之學有一個修正，就是用正邪二分來替代理欲二分。戴震說：「然則謂不出於正則出於邪，不出於邪則出於正，可也；謂不出於理則出於欲，不出於欲則出於理，不可也。欲，其物；理，其則也。不出於邪而出於正，猶往往有意見之偏，未能得理。而宋以來之言理欲也，徒以為正邪之辨而已矣。不出於邪而出於正，則謂以理應事矣。」

慾望是人所不能免的，所以正當的出路只能是討究理本身，而不是糾纏牽扯理、欲兩者的關係。因此，用正與不正來論理是必然的替換。所謂意見者，其實就是不正。所以，正理是一定的。戴震在這裏引出了理與事的關係，這比理、欲的關係推進了一層。戴震說：「理與事分為二而與意見合為一，是以害事。夫事至而應者，心也；心有所蔽，則於事情未之能得，又安能得理乎！」戴震指出，朱熹的根本錯誤就在於，「朱子亦屢言人欲所蔽，皆以為無欲則無蔽，非中庸雖愚必明之道也。」那麼，問題真的是在於欲嗎？戴震明言，事情恰恰是在這裏搞錯了。「有生而愚者，雖無欲，亦愚也。凡出於欲，無非以生以養之事，欲之失為私，不為蔽。自以為得理，而所執之實謬，乃蔽而不明。天下古今之人，其大患，私與蔽二端而已。私生於欲之失，蔽生於知之失；欲生於血氣，知生於心。因私而咎欲，因欲而咎血氣；因蔽而咎知，因知而咎心。」

這些歸咎當然都是「狂咎」，是理學的根本錯誤。這就等於說，宋明之學連基本的別同異也沒有做，以至於將「蔽」混淆於「私」了。按照戴震的論說，有些人生來就是很愚傻的。這些人沒有什麼強烈的慾望和明確的意向、目標，無欲對他們來說並沒有什麼意義，沒有多少建設性。慾望如果有什麼不好，那一定是在「私」上面，而不是其他。所以蔽是知識問題，不能把別的問題一概混淆為知識問題，這是不對的，是不知類、不明類。總之，慾望之事不能歸屬於知識問題。意見屬於知識問題，慾望與意見畢竟是不同的。所以，理與意見有關係，而不是與慾望。簡單的說，就是應該建立理意關係，而不是理欲關係。這是相對來看。戴震在這裏實際上是廓清了慾望與知識二者的同異。在道德學中，知應該如何擺放是很大的問題。其實在這裏應該澄清的是，無論慾望還是自私，只要是正當的，都不應該遭到反對，這本身就是理。僅僅是當所謂公受到私的妨害時，才會有不合道理的問題。克欲論的產生，也是因為要防備私的危害。所以，慾望與私，就因為它的那一負面部分——麻煩的危害性，而整個兒地遭到了克制和反對，這就是事情的真相。因此，理欲論就成了一種預防，只是這種預防本身是不合法的。因為按道理，我們只能對既成結果進行處置，而不能對可能「預行」處置。好比認為一個人不安全，就徑直處理這個人，這當然不行。所能處置的，僅僅是表現出來的部分。因此，理學在很大程度上其思維還停留在有效性上，而不是合法性。照這樣說，愚民政策也會有其效果，但愚民卻是不可以的。因此，需要管理的不是私欲本身，而是私欲所產生的那壞的一部分。這是一個實體化的硬的問題，而不是內在修為的軟的問題。比如外在的他律機制、法律等等，都是硬的。

戴震說到，佛教的流行，是中國中古以後歷史社會的真實症候，無論程顥、張載還是朱熹，都是出入老、釋幾十年。所以戴震指出，

無欲之說顯然與釋、老相關，其悖謬可想而知。可以說，戴震對宋明之學作了最後的廓清。也就是，他把私與蔽二者別同異了。「聖人治天下，體民之情，遂民之欲，而王道備。」王道是什麼呢？就是仁政。它只需要滿足這幾條（孟子說過的）：與民同樂、省刑罰、薄稅斂、仰足以事父母、俯足以蓄妻子、居者有積倉、行者有裹糧、內無怨女、外無曠夫。當然，在後來的萬國時代，仁政主要是指內政。而農本帝國，亦到此為止。戴震說得明白，佛、道講無欲，情況還好一點，老百姓姑妄言之姑聽之。理學一講理欲不兩立、一社會化，麻煩就大了。「於宋儒，則信以為同於聖人；理欲之分，人人能言之。故今之治人者，視古賢聖體民之情，遂民之欲，多出於鄙細隱曲，不措諸意，不足為怪；而及其責以理也，不難舉曠世之高節，著於義而罪之。尊者以理責卑，長者以理責幼，貴者以理責賤，雖失，謂之順；卑者、幼者、賤者以理爭之，雖得，謂之逆。於是下之人不能以天下之同情、天下所同欲達之於上；上以理責其下，而在下之罪，人人不勝指數。人死於法，猶有憐之者；死於理，其誰憐之！嗚呼，雜乎老、釋之言以為言，其禍甚於申、韓如是也！六經、孔孟之書，豈嘗以理為如有物焉，外乎人之性之發為情欲者，而強制之也哉！」理完全成了對強勢的包裝、裝潢。人死於理下，在近代中國是社會常情。這大概就是以理吃人。

很多時候，人類的各種約束不是來自道德，而是源自心理。道德與心理也是不能混淆的，儘管在實際效果上它們經常達成聯盟。像儒家就最善於利用人類心理。比如說不在公共場合大便，並不是靠道德自律，更多的是害羞心理在發生作用。就像每個人都有過夢見光屁股上街、裸呈於大庭廣眾之下的經歷。如果說「朦朧道德學」很大程度上利用過人類害羞心理以為道德之功的話（比如孟子的學說），那麼，我們就有必要把害羞心理從道德論中仔細地分釐出來。

因為凡心理的都是效果性的，而道德更要求直接的分理和理心。由此可見，道德學在很大程度上還是相當籠統的。可以說，道德學與心理學如何分家，這是首要的問題。如果說是人類心理不允許什麼，而不是道德不允許什麼，那種情況是很令人氣沮、不安的。戴震說得好，「人之生也，莫病於無以遂其生。欲遂其生，亦遂人之生，仁也；欲遂其生，至於戕人之生而不顧者，不仁也。不仁，實始於欲遂其生之心；使其無此欲，必無不仁矣。然使其無此欲，則於天下之人，生道窮促，亦將漠然視之。己不必遂其生，而遂人之生，無是情也。」可見這裏是相當矛盾的。

　　《樂記》講天理、人欲，其言有似於以理欲為正邪之別，這是為什麼呢？戴震說，性就好像水，欲就好像水的「流」。節制得好，就是當理。控制得不好，就像洪水橫流、汎濫於中國。所以聖人要人反躬自問、體會感同身受之情，設身處地的作換位思考，看看加在別人身上的一旦加在自己身上是個什麼感覺和感受，然後再來說話和行事。但問題是，性與欲應該是一一對應的。也就是說，一個人有什麼樣的性質、稟性，那麼他一定會有相應的慾望，這是脫不掉的。因此，從道理上而論，性應該是一切的根源、總原因。但可怪的卻是，理學家總是想方設法把性純化——與所有不好的脫離開來，並曲為解釋，這是為什麼呢？像這樣的理學疙瘩正自不少。戴震也說到，人類官感所有的，理學家都「視為人欲之私」。但人欲在孟子那裏卻命定為性，可見孟子是承認自然人性的。「命者，限制之名，如命之東則不得而西，言性之欲之不可無節也。節而不過，則依乎天理；非以天理為正，人欲為邪也。天理者，節其欲而不窮人欲也。是故欲不可窮，非不可有；有而節之，使無過情，無不及情，可謂之非天理乎？」

　　在這裏，戴震分別了「窮」、「節」與「有」的同異，節制與「不許有」二者，看來人們是混淆了。古人喜歡說「命」，我們現在說規

定性，表達習慣不同。原來，理欲不應該和正邪掛在一起，對慾望只是個節限問題，這個節限就是自我管理。所謂中庸，其實就是「最的當」、最合適、最恰切、最得宜、最應該、最中正等等。人欲這個東西，誰能把它打倒、踩在腳下？拂人之性就是逆天，最後都失敗了。所以說人不能勝天，而只能用天。戴震很明白這一點，所以他只說，人欲很好地節限它了，就是所謂當理。所以對待人欲就好像治水，治水的原則是只能疏導而絕不能堵。從這裏來說，宋、明以來存理遏欲之說就是在用堵塞的辦法治水，因此經常崩決。在戴震的表達中，所謂當理者，其實就是得「自然之分理」。他從兩面分說之，即：表現出來的和內心隱晦的。比如說敬、所謂慎獨，就是在外人絲毫不察覺你內心想法的情況下，自己嚴格檢查自己，並且能夠做到毫無歉疚不安，因為自己完全說得起話。如果說一個人有什麼難得的地方、有什麼不可及之處，一定就在這裏。反過來，如果大家都知道了、看見了，所謂某某之心、路人皆知，那麼這個人迫於輿論、害怕恐懼，也就不值幾何了。所以主敬是負責裏面的，即人心。事情只有表現出來才有好與不好的二分，所謂正與邪，乃是說事實的好壞的。這樣，在儒家學說中就有一個討論，即：人們內心的與事實表現的，此二者的關係如何？道德學是應該只專一於事實、止步於外，還是應該管到人的內心，這是一個問題。因為心裏無論想什麼，其實都是無可收檢的。人心本來就是一個很難去管的東西，而更主要的是——應不應該管？所以，從整齊化的思維來說，我們還是應該僅僅責外而不問內。戴震說：「凡有所行，端皆起於志意，」「其志意既動，人不見也，」「敬者恒自檢柙，肆則反是。」原則完全清楚。

其實戴震並不反對道德學，他只是要求給人欲應有的地位。戴震指出，宋以來因為倡理氣之說，人物除了有義理之性，還有個氣質之性，於是在為學中便發生了牽扯。因為每個人在明理、變換氣

質兩方面都要用力，或者此二者總是關聯的，經常就絞纏不清。比如說一個人氣質憨濁，妨礙了明理，所以為了明理，就要改良、變換氣質；可是改進氣質得靠明理，道理昏昧不明，氣質永遠蠢濁；可是要明理，就得變換氣質，而變換氣質，就要明理；而明理，就須變換氣質，變換氣質，便須明理，而……等等。由此，我們就十分清楚的看到了一個討厭的回環，總是來來回回地循環往復，好像一個自身封閉、圓足的系統：一個太極陰陽魚，在那裏不停地轉，沒個頭。這種無頭學說，成了宋明理學的典型性——難以打破的自身內循環。理學的這種自身內循環性，當然是歷史社會（主要是中古以後的社會）自身的內循環性質及特點決定的，這是沒有疑義的。戴震引朱熹的話說，「且如天地間人物草木禽獸，其生也莫不有種；定不會無種了，白地生出一個物事；這個都是氣。若理則止是個淨潔空闊底世界，無形跡。」空闊淨潔的世界就指形而上。「種」肯定是與理相聯的，因為凡是類性都不可能在氣一邊，這是肯定的。當然，戴震在這裏首先不是要談名理上的問題。

戴震這樣說理云：「物者，指其實體實事之名；則者，稱其純粹中正之名。實體、實事，罔非自然，而歸於必然，天地、人物、事為之理得矣。夫天地之大，人物之蕃，事為之委曲條分，苟得其理矣，如直者之中懸，平者之中水，圓者之中規，方者之中矩，然後推諸天下萬世而准。」「夫如是，是為得理，是為心之所同然。」「聖人亦人也，以盡乎人之理，群共推為聖智。盡乎人之理非他，人倫日用盡乎其必然而已矣。推而極於不可易之為必然，乃語其至，非原其本。」「舉凡天地、人物、事為，求其必然不可易，理至明顯也。」但是宋儒一折騰，卻「將使學者皓首茫然，求其物不得。」「不復致思也。」所以聖人就是「理極」。戴震所要做的，就是還原所謂聖學。他認為宋以來之儒未得其正，所以對「孟子字義」——戴震所做的

工作就是辯。可見，戴震認為理是絕對的，所以更要求其實，而不許流於意見以冒充之，這就是實理。其中萬世垂法的念頭絲毫不變，足見歷史中的一切理論清算，最終都是為了更優化的強固，這一層我們必須看透。比如在這裏就是：戴震很明白的看到拂人欲是絕對不行的（他自己的慾望大概也很多），所以要想萬世永久，就一定得……，這是很簡單的道理。所以，人心之同然不是別的，就是終極之理。水平儀、懸、規矩，這些都是工藝中常用的參照座標。理其實就是一切的座標和「準衡」，即那一個「可法」的。所以同然就包含著尚同。這裏說到，聖人是以公認為基礎的，而日用乃是一切事情最根本的範圍，所以人文主義與日用正好是對應的。實體實事是至繁的，它們對應條分縷析的理，因此，理都是具體的。雖然理是形而上的，但是具體與形而上並不矛盾。我們說，戴震在這裏講的，就是指「純粹的、必然的、恒久的、絕對的」四者，亦即四大性。所謂「三然四性」（自然、當然而必然，純粹性、必然性、恒久性、絕對性），乃不可易之則，但是它們永遠要以自然為座標、尊重自然，因為自然最原始，屬天。中夏的這一自然人文主義傳統，就是天道精神。人是不能拂天的，所以人為的最終不能凌壓於自然的之上，而只能用之。宋、明之學的去人之欲，就是最直接的拂人之性。在這裏，戴震要還原的是早期儒家的一個原則。

朱熹說：「人之所以生，理與氣合而已。」這裏就是理學的基本公式——理＋氣＝物。那麼，人理＋氣＝人，肌理＋氣＝肌，依此類推，物理＋氣＝物。這個公式當然是正確的，簡單得像 $1+1＝2$，所以它是不可易之則。人類人文發展到今天，還沒有找到比此公式更優化的歸結方案。如果說易學的貢獻在陰陽、名學的貢獻在正名，那麼理學的貢獻就在理氣。三大理論思維結為一體，好像銅澆鐵鑄的一般。所以戴震也感歎，「因以此為『完全自足』，」就是說，一個自

圓的系統，要打破它很難。我們說過，如果用五行來比方，那麼名學像金，利在剖分，使一切清晰；理學像木，以仁義相標榜，而道理在生長中；易學像水，多變化；實學像土，厚重有用；玄學像火，無可約束。可以說，一切思想學說，都脫不出此「五行」的範圍，足以被五學網羅殆盡。像歷史中的儒、釋關係，說白了其實就是實學與玄學的關係。戴震在談到儒、釋關係時認為，儒家是以學立基，而佛教則只有宗教修行。「故詳於論敬而略於論學。」正是因為宋、明儒摻進了玄學的東西，所以才造成為學中大量的名理不通，這些都是歷史問題，有待澄清。所以戴震直指程、朱是「非援儒而入釋，誤以釋氏之言雜入於儒耳，」因此，程、朱非儒家正傳，而陸、王路線才是真正的援儒入釋。「是乃援儒以入於釋者也。」從這裏我們可以看到一個有趣的現象，就是歷史中的學者在廓清什麼問題時，都喜歡作對比性的二分觀，戴震在這裏也是很醒目地建了一說。

值得注意的是，戴震舉列各家之說以論理，其中就包括荀子。「荀子以禮義生於聖心，常人學然後能明於禮義，若順其自然，則生爭奪。弗學而能，乃屬之性；學而後能，不得屬之性，故謂性惡。而其於孟子言性善也辯之曰：性善，則去聖王，息禮義矣；性惡，則興聖王，貴禮義矣。此又一說也。荀子習聞當時雜乎老、莊、告子之說者廢學毀禮義，而不達孟子性善之旨，以禮義為聖人教天下制其性，使不至爭奪，而不知禮義之所由名。」「荀子謂常人之性，學然後知禮義，其說亦足以伸。」又說：「程子、朱子尊理而以為天與我，猶荀子尊禮義以為聖人與我也。謂理為形氣所污壞，是聖人而下形氣皆大不美，即荀子性惡之說也；」「理既完全自足，難於言學以明理，故不得不分理氣為二本而咎形氣。蓋其說雜糅傅合而成，令學者眩惑其中，」「嗚呼！吾何敢默而息乎！」還說：「試以人之形體與人之德性比而論之，形體始乎幼小，終乎長大；德性始乎蒙

昧，終乎聖智。其形體之長大也，資於飲食之養，乃長日加益，非復其初；德性資於學問，進而聖智，非復其初明矣。人物以類區分，而人所稟受，其氣清明，異於禽獸之不可開通。然人與人較，其材質等差凡幾？古賢聖知人之材質有等差，是以重問學，貴擴充。」

可見，戴震對荀子一系還是保有同情的，即他們都強調後天的為學努力，而不是憑空揣度。荀子所謂性，看來是先天的東西。先天不善，故云性惡；須後天學之，乃可以為善。到了程、朱，就把不善歸咎於形氣一邊了，這當然是很軟弱的——好像是說形而上之理沒有不好，其實道理上很不通順。所以，德性是要依靠後天的學問來得到的，這才是下學上達之道，即由實處入手。就好像人從小長大，沒有說再縮回去的道理。所以，人與人之間，後天的懸殊是很大的，就像人與動物的差別很大一樣，這個必須承認。所以在這裏，實在是一種很樸實的程度論在主導著。人與人的差別雖然不像人與動物的差別那麼大，但也只是不如人與動物的差別大。形而下的各種不等齊是實實在在的情況，除了後天的經營、努力，別無改變的辦法。

戴震最後談到佛教，是因為他要把非純粹的因素剔出去。其實，佛教在知識類型上是非常簡單的，亦即，只要見空就行，所以佛學是玄學。而儒家的明理卻是實學的，即政教實學。理是無窮多的具體，而空卻只是「一個」，儒、佛怎麼可能混同並進行比較呢？所以說，宋、明以來的學者，最根本的問題癥結就在於：他們沒有把玄學為學與實學為學二者分清楚。從而，玄學的為學之方雜入甚至替代、冒充、充當了實學的為學之方。比如王陽明格竹子，就是一個典型的案例。因此，知識分類學沒有搞清楚、沒有正名別同異，乃是理學的死結，但以後可以解開了。

錢仲聯先生說過，佛學真正好的還是唐朝人，宋人雖然好佛，其實並不怎麼樣。戴震也講到，程、朱出入佛教而覺其非，那麼程、

朱之學到底是什麼學呢？戴震說得明白，程、朱出入於佛教，原初都是懷著求道的心。但佛教是關於空的學問，不是關於事物的學問。佛教的規定性在於「見空性」，不在於事物，所以儒、佛是根本不同的。「夫人之異於物者，人能明於必然，百物之生各遂其自然也。」但是戴震並沒有能夠一步到位地清晰透徹的說明問題，他盡在討論神、氣化等諸多名目。實際上，要點只有一個，就是我們早說過的，佛教是宗教玄學。產生佛教的印度是一個地區，其歷史社會完全是風俗社會類型的，其社會生活偏於簡單。亦即，風俗生活中，在風俗社會下，個人修行不算什麼。而中國的政教人文完全是另外一回事，佛教的一套根本不能用於中國的國家生活，只能在個體身上發生一些作用，這是很簡單明白的道理，不用費篇幅說明的。所以我們說，程、朱之學，就是想恢復「儒統」的學。戴震說：「自宋儒雜荀子及老、莊、釋氏以入六經、孔、孟之書，學者莫知其非，而六經、孔、孟之道亡矣。」正能說明問題。

第四節　人心

　　王陽明是明代心學的代表，他是軍政首腦。所以王學出自兵家，與他生性豪俠是分不開的。《明史》王守仁傳說：「年十五，訪客居庸、山海關。時闌出塞，縱觀山川形勝。弱冠舉鄉試，學大進。顧益好言兵，且善射。」「使治前威寧伯王越葬，還而朝議方急西北邊，守仁條八事上之。」「起補兵部主事。」陽明之學貴尚簡易，而宋、明理學亦以程朱、陸王兩條路線為宗。從為學上說，王陽明格竹子是理學中極有名的一段公案。今略引明《永樂大典》卷之一萬九千

八百六十六對勘，以明格致之一斑。案《永樂大典》浩繁，這裏只能略陳數例。其首條云：「李衎《竹譜》異形品：凡竹生於石，則體堅而瘦硬，枝葉多枯焦，如古烈士，有死無二，挺然不拔者。生於水則性柔而婉順，枝葉多稀疎，如謙恭君子，難進易退，巽懦有不自勝者。惟生於土石之間，則不燥不潤，根幹勁圓，枝葉暢茂，如志士仁人，卓爾有立者。雖少有不同，相去亦不遠矣。其有曲節方莖，中通外？，或擁節邪對，直幹岐分，杪生細篞，腰出橫枝，類如虞舜重瞳，高辛廣顙，河目海口，隆准龍顏，蓋皆特異於常，不容不審。故作異形品……」很明顯，這裏還結合論述了竹德，正如《禮記》中論玉德一樣。下面且略為羅列，云：

瑞竹──《稽瑞錄》：蔓竹常生，珊瑚連理。《禮稽命》曰，王者禮德其宜，則蔓竹爰篿生於廟。《句容縣新志》……

靈竹──李衎《竹譜》：靈竹生蜀中大面山，竹根如龍首，耳角眉目天然而成（見《輿地記勝》）……

異竹──《赤城志》：白石樑顯德王宋訒聖王廟，二竹一生，紹聖元年，四節分二岐一生。紹興二年，高二幹二節分二岐，神止一位，後人因兩立之。又以異竹分岐，遂不敢易。並山有白石峰，陰晦常聞笙鼓……

恠竹──宋《歐陽公集》恠竹辨：謂竹為有知乎？不宜生於廡下。謂為無知乎？乃能避檻而曲全其生。其果有知乎？則有知莫如人。人者，萬物之最靈也，其不知於物者多矣！至有不自知其一身者，如駢拇、枝指、懸疣、附贅，皆莫知其所以然也。人之靈而不自知其一身，使竹雖有知，必不能自知其曲直之所以然也。竹果無知乎？則無知莫如枯草死骨，所謂蓍龜者是也。自古以來，大聖大智之人，有所不知者，必問於蓍龜而取決。是則枯草死骨之有知，反過於聖智之人，所知遠矣。以枯草死骨之如此，則安知竹之不有

知也？遂以蓍龜之神智，而謂百物皆有知，則其他草木瓦石，叩之又頑然皆無所知。然則竹未必不無知也。由是言之，謂竹為有知，不可謂為無知，亦不可謂其有知無知，皆不可知然後可。萬物生於天地之間，其理不可以一概。謂有心然後有知乎？則蚓無心。謂凡動物皆有知乎？則水亦動物也。人獸生而有知，死則無知矣。蓍龜生而無知，死然後有知也。是皆不可窮詰。故聖人治其可知者，置其不可知者，是之謂大中之道……

人面竹——李衎《竹譜》：人面竹，又名鬼面竹，又名佛面竹，又名佛眼竹，兩浙江廣俱有之。去地上一二節，皆左右邪正，兩節相對。中間突起長圓，宛如人面。或多至十數節之上，始平正如常竹，筍亦可食，人多採以為柱杖，福建人呼為佛眼竹。東坡送與羅浮長老者，即此竹也。或云天竺國所產者，形似尤奇……

龍頭竹——《雲南志》：順元山澤有龍頭竹，根曲倚峭壁，狀如龍首。

龍鬚竹——李衎《竹譜》：龍鬚竹生兩浙山谷間，與貓頭竹無異。根下節不甚密，折為篾，平細柔靭。筍籜微紅色，斑點差少，味甚美，但[竹劦]滓頗多，日乾可致遠也……

龍牙竹——李衎《竹譜》：龍牙竹，出永嘉大羅山。其竹長四五尺，稀節。人取必有大風雨雷電之異，人下山即止。二月筍。

龍鱗竹——李衎《竹譜》：龍鱗竹，江東西及湘潭之間俱有之，亦人面之類。徑三五寸，兩節曲屈相對，中間突起如龍鱗狀。三十餘節之上，即如常竹矣。

龍尾竹——李衎《竹譜》：龍尾竹出雲南，每節止長二三寸。枝短葉密，觀之狀如龍尾，故名。

龍公竹——李衎《竹譜》：羅浮山第三峰有竹，大徑七尺圍，長丈二，謂之龍公竹，常有鸞鳳棲宿圖志云。

龍孫竹——李衎《竹譜》：龍孫竹，亦名龍鬚竹。生辰陽山谷間，高不盈尺，細僅如針，凡所以為竹者無不具。張得之譜云，予頃過一朋舊家，見盆池崑石上有小竹一竿，長六寸許，枝葉蒼翠。根旁別生二白須，盤屈水中，伸則長於幹五倍，龍鬚之稱疑出於此。張南軒亦嘗移真石斛中。暮春生筍，森然可喜，因賦詩云……

鸞竹——李衎《竹譜》：鸞竹生開封之進德里。昔孔希葵縱雙鸞其上，後鸞去而孔亦歸真。每疾風起，竹常作鸞鳴。

鳳尾竹——李衎《竹譜》：鳳尾竹生江西，一如筀竹，但下邊枝葉稀少，至梢則繁茂，搖搖如鳳尾，故得此名。

鶴膝竹——李衎《竹譜》：鶴膝竹，又名木樿竹，生杭州西湖靈隱山中。節密而內實，略如天壇。藤間有突起如鶴膝，人亦取為柱杖。生於閩嶠者，俗名鼓槌竹，節箹擁腫，而莖管削，宛如鶴膝。筍可食。葉世程《閩中記》云，鶴膝竹，出古田縣，似靈壽杖，不須治削，可以扶老，人多取以扶老……

龜文竹——李衎《竹譜》：龜文竹出湘全間，嶺南安南皆有。文類暈竹，彼人但以斑花之似者，輒取以名耳。

玳瑁竹——李衎《竹譜》：玳瑁竹出湖州諸山中，薛翊《異物志》曰，竹似[竹觔]籐，斑駁如玳瑁。

魚腸竹——李衎《竹譜》：魚腸竹，贊寧雲，今詳魚腸必名必像實而作。其竹細而屈，筍亦可食。梁簡文竹賦，有魚腸雲母之名，謂竹色如雲母者，名雲母竹；色如魚腸者，曰魚腸竹。昔歐冶子鑄刃，其四曰魚腸。蓋精煉之鐵，闇白而微青，故以魚腸之色比之。贊寧以象竹之細屈，恐非立名本旨也。

魚尾竹——李衎《竹譜》：魚尾竹，西蜀邛州西十里許，白鶴山白鶴觀，古昔仙人四目老翁得道之所。其山生細竹，葉上每一梢末有細籜，左右相對，一二寸許。二籜亦對，生如魚尾狀，視之

宛如細魚。人傳四目老翁釣魚其下，折竹貫之，遂成此種。又名穿魚竹。

斑鱖竹——李衎《竹譜》：斑鱖竹出建安，其班花如鱖魚之狀。春夏之交出筍，美可食。

白鱖竹——李衎《竹譜》：白鱖竹，建安城北沙洲所產，夏筍甚美，竹色微白，以對斑鱖竹，故得此名。

雞頸竹——李衎《竹譜》：雞頸竹，又名雞脛竹，篁之類。大者不過指許，疎葉黃皮強脆，無所堪施。筍美有青斑色，瀘江山岡之所饒也。贊寧謂雞頸竹，《博文錄》云，狀似蛇雉。皮日休詩……

雞腿竹——《雲南志略》：雞腿竹，出廣西道宣撫司，止一處有之，每節上大下小，如雞腿狀，故名之。

哺雞竹——李衎《竹譜》：哺雞竹，又名雞[竹捕]竹。出蘇湖山中，人家庭院亦或植之，不甚高大。凡八種大概相似，節葉差異，筍出亦有早晚，食之極甘脆，嘉禾人以[艸奔]竹之筍為哺雞筍。湯與權云，春雞哺出時，此筍出，故名，非也。《吳郡志》，哺雞竹，葉大多濃陰，雖圍徑難得，極大者而至易種，其筍蔓延滿地，若雞之生子眾多，故名。吳人謂雞鷔伏卵為哺，《番禺志》云，雞[竹捕]竹。

雞窠竹——李衎《竹譜》：雞窠竹，江南處處有之。為篾柔靱，秋生筍，每一竿有十數筍繞之，如雞抱子。

象牙竹——李衎《竹譜》：象牙竹，出會稽山中，大概與常竹不異，但筍出肥壯，微彎曲且純白，狀如象牙，故名。筍味甚佳，嘉禾境內，亦時或有之。

鹿竹——《抱樸子內篇》仙藥卷：鹿竹一名菟竹，處處有之。高不過一尺二三寸，二月始生，一枝多葉，狀如竹而短，根如荻，及菖蒲，[禾既]節而平直，或云即黃精之別種。

白鹿竹——李衎《竹譜》：白鹿竹，亦名白竹，又名遺竹，出連州抱腹山為多。莖色白，節間微有綠。土人待出筍後，隉籜放梢，乃採之，以炭煮水浸，作竹布鞋。或搥一節作箒，謂之竹拂。成布一疋，才重數兩。

鹿頭竹——李衎《竹譜》：見范旻邕管記。

貓頭竹——李衎《竹譜》：貓頭竹，一名貓彈竹，處處有之。江淮之間生者，高一二丈，徑五六寸。衡湘之間者，徑二尺許。其節下極密，上漸稀，枝葉繁細，筍充庖饌絕佳。此筍出時，若近地堅硬，或礙磚石，則無間遠近，但遇可出處，即穿土而出，猶狸首鑽隙、無不通透也，故寓此名。亦有高止一丈許者，下半特無枝葉，人家庭院栽植，枝葉扶踈，清陰滿地，殊可愛悅。然竹身下龕上細，竿大葉小，不宜圖畫。廣中出者，筍味不佳。江西及衡湘間，人入冬視其下地縫裂處掘食之，謂之冬筍，甚美。留不取，至春亦腐朽，別生春筍為竹。福州人訛為麻頭竹……

蟲竹——李衎《竹譜》：蟲竹生七閩山中，叢生如蘆。每節生一蟲，如新蟬之未翼者。外無竅隙，隨竹而生。竹將老，乃穴其傍而出。今婺州東陽山中亦有之。

茅竹——李衎《竹譜》：茅竹一名鬼竹，在處有之。似茅而小，概節分明，宜與菖蒲並植於水石間……

沉竹——李衎《竹譜》：沉竹生延平山谷，質重，易沉。削為小弩箭，投水亦沉。遇風不為歆側，射者取焉。

箭竹——李衎《竹譜》：箭竹，又名狹竹，又名扶老竹，又名慈悲竹。凡二種，出西蜀。《廣志》云，出廣南邛都縣。近地一兩節，多屈折如狗腳狀，節極大而莖細瘦，高節實中，狀若人刻，俗謂之扶老竹。《山海經》，龜山多扶竹，注云，邛竹也，高節實中，名扶老竹。南中僧人，取作柱杖甚佳。然不可擊掊，擊則隨節斷折，故

此亦謂之慈悲，枝葉與常竹無異。昔張騫西至大夏，見峨嵋山中一種細如箭籍，人呼為佛拄竹。遊人攜歸，置於佛所。蜀都賦……《硯譜》云，西域以此竹節為硯。竹之堪杖，莫向於節……

筰竹──李衎《竹譜》：筰竹出筰都，今黎州是也。其高參天，常起嵐霧。邛筰人穴山數十丈，用此竹去節，牝牡相禦為井，謂之卓筒。牝者為筧，牡者為潢，以取鹹泉煮鹽。張得之譜，別出潢竹者，恐非。

毬竹──李衎《竹譜》：毬竹，每於杭州街市人家見之。植盆檻中，高不過一二尺，下獨竿，上叢密，別無種類，人力為之，以筍初解籜時，折去上『稍』，則竿杪雜出小枝無數，三二年後，枝葉轉密，盤欝團圓，如毬之狀，繁細可愛，故名。

寸金竹──李衎《竹譜》：寸金竹，生欝林等處山中。枝葉一如淡竹，但節節勻密，相去二寸許，從根至梢，圓正衝直，作釣竿黏竿最妙。

胡孫竹──李衎《竹譜》：胡孫竹生江西吉贛間，在處有之，與常竹同。但節梢平，日中無隔礙，兒童戲取作角吹之，嗚嗚有聲，空通故也。

羅漢杖竹──李衎《竹譜》：羅漢杖竹生紹熙府，即古榮州也。東有榮黎山，山中產此，屈曲如龍虵之狀。

弔根竹──李衎《竹譜》：吊根竹，又名扶根竹，出溫州氵公海山中。蓋取釣絲竹根上有小枝葉者，漸漸出土，移入盆檻中，以竹杖扶持懸起，為幾案之玩，非別有種也。

曲竹──李衎《竹譜》：曲竹叢生，每個必存曲勢，無有直者。朱丞相勝非閒居錄云，太學感化齋堂後貯廊東西，各有叢竹，勢無不曲，自是一種也。郭仲產《湘中記》云，昭州平樂縣縈山多曲竹。《臨安志》云，安隱院在桐扣地有曲竹，竹根有數節曲處，僧多取以為杖。林公麟詩云……

　　雪竹──李衎《竹譜》：雪竹生江西，枝葉如筀竹而稀踈，每節
長二尺許，其薄比江蘆差堅厚，筍色純白，故名。或云孟宗冬月哭
而生筍者，即此竹也。張得之譜云，出清源，深冬生筍冒雪，一雲
即江南竹筍之早出者……

　　䈴竹──李衎《竹譜》：䈴竹，生賓州遷江縣山中，湖湘間亦有之。
大如筆管，高不過五七尺，節平色黃，如籐梢杪，枝葉叢生，葉短如
桃，劈篾織簟，極細滑，不減籐簟，土人亦甚貴重，細篾亦可織笠。

　　「竹無」竹──李衎《竹譜》：「竹無」竹，生廣西安南邕州，
崑崙關中尤多。張得之譜云，[竹無]竹墨皮有文，每節生三枝葉，秀
媚婆娑可愛，一如苦竹。大者可為柱，小者亦堪雜用。

　　「竹要」竹──李衎《竹譜》：「竹要」竹生廣西山中，大概如[竹
無]竹，其用亦與之同。

　　「竹保」竹──李衎《竹譜》：「竹保」竹生安南山中，亦如[竹
無]竹。但枝葉圓長，綠淨可喜。

　　篁竹──李衎《竹譜》：篁竹生賓象山中，及浙東諸郡。枝葉如
常竹，每節長四五（缺字）或倍之，圍至一尺許。出博羅縣者，節
及二丈，作篾最靭，且色白，人取織笠，五月出筍……

　　笐竹──李衎《竹譜》：笐竹……有此竹，土人煮以為布，《吳
都賦》云……（字有殘缺）

　　簞竹──李衎《竹譜》：簞竹出（九真），葉踈而大，每節相去
六七尺，土人取嫩者，鎚浸紡績為布，名竹踈布，或云彼中亦名簞
竹。戴凱之《竹譜》云，單體虛長，注云，單竹大如腓，虛細長[爽
一]。嶺南夷人取其筍末及竹者，炭煮以為布，精者如穀。《番禺志》
云，簞竹每天旱，竹上有蟲蛀眼子即死矣。中有物青白相雜，如骨
炭狀，是謂天竹黃。按天竹黃本出於鏞竹，雖相迷竹亦有黃，作凡
力減，則知此竹所出，當亦不及鏞竹也。

　　案《永樂大典》殘缺，我們也只能舉列到這裏。《大典》中記竹的內容大概還不止這些，但因為殘缺，我們看到的暫時有限。不過殘存的部分已足以說明，古人對竹子已經有了相當程度的瞭解，資源比較豐富。很清楚，《永樂大典》中既有對竹子的物理性狀的記錄、分類，也有對歷史典章文獻、地方方志、物產風俗的摘錄，包括前人對竹子的思考、文學藝術上的援用，以及竹子的產地、性質、特徵、性狀、用途，甚至軍事方面的使用等等，不一而述。所以我們很自然首先要問的是：王陽明格竹子，他到底想做什麼？這是頭一個問題。古人是怎麼格竹的，我們可以看得十分清楚。前人的工作做得很細，足見格竹子並不是沒有多少內容可挖的事情。當然，《永樂大典》作為皇帝之書，束之高閣，即使是本朝的王陽明也很難見到。所以朱熹說，讀書為第一格物之法，足見其嚴重。孔子說，吾嘗終日而思焉，不如須臾之學也；又說思而不學則殆，這些都應在王陽明身上了。這說明，歷史中的低級錯誤是會循環重複的，因為人類的學識累積不可能現成的移交給後人，所以這裏是一個問題。《永樂大典》的宗旨其實就是一個宇宙精神，毫無疑問，這是合乎朱熹格物論的。明成祖朱棣說：「凡書契以來經、史、子、集百家之書，至於天文、地志、陰陽、醫蔔、僧道、技藝之言，備輯為一書，毋厭浩繁。」並以為「包括宇宙之廣，統會古今之異同，巨細精粗，粲然明備。」（御制序）這就是以宇宙為一整部大書：一書在手，宇宙如觀紋矣！除了明成祖有這樣的氣魄，找不出第二個人。難怪全祖望說《永樂大典》乃「世所未見之書，」實「宇宙之鴻寶」也。不僅第一，而且唯一。

　　據王陽明《年譜》云：「是年為宋儒格物之學。先生始侍龍山公於京師，遍求考亭遺書讀之。一日思先儒謂眾物必有表裏精粗，一草一木，皆涵至理。官署中多竹，即取竹格之。沉思其理不得，遂

遇疾。先生自委聖賢有分，乃隨世就辭章之學。」這是王陽明 21 歲時候的事情。我們不禁要問：王陽明格竹子，他到底要做什麼？他想幹什麼？這一點在源頭處是模糊的。如果說他是想通過具體的例子來體證聖人為學之方，求取至理，那麼具體的為學辦法也是失當的。因為王陽明用的是沉思的辦法，這無異於用冥想來格物，也就是在用玄學的辦法求實學的知識，這不是完全悖謬又是什麼呢？我們知道，知識學問是不會像天上掉餡餅一樣落到盤子裏的，學問知識不會自己送上門。所以，王陽明的沉思格物乃是知識上的守株待兔。也就是說，他連自己到底想知道什麼本身都不知道、不清楚，只是模糊、朦朧地想求一個至理，但至理是不會自己送上門的。所以我們說，王陽明不知類，他的方法完全錯誤。儘管那時候王陽明還很年輕，但這件事似乎影響了他一生，所以我們就不得不做全程觀了。其實格物是簡單而明白的，並不玄妙，除了玄學。好比說我想知道竹子有多少節，那麼數一數就得了。又比如說我想知道竹子有多少種類，那麼去統計調查、搜集採集好了。竹子裏面是什麼，剖開看得了。諸如此類，都說明格物是一個必須耐煩的工作。顯然，王陽明的格竹子是不知所云的，這是格物法上的問題。

但就是這樣的陰差陽錯，卻導出了後來的陽明學。可見歷史人文思想學說的關鍵，不在於一時的知識上的簡單對錯，而在於學派能否自圓其說，影響於世。王陽明的思想學說，在《大學問》和《傳習錄》中有最直接的表達。王陽明說：「大人者，以天地萬物為一體者也，其視天下猶一家，中國猶一人焉；若夫間形骸而分爾我者，小人矣。大人之能以天地萬物為一體也，非意之也，其心之仁本若是；其與天地萬物而為一也。豈惟大人，雖小人之心，亦莫不然，彼顧自小之耳。」（《大學問》）這種民胞物與式的思維在宋、明之學中是最普通的，已經沒有多少深說的餘地。我們只要知道，王陽明

作為軍政首腦，如何最高效、迅速地齊平天下，在他來說一定是最優先的問題。也就是說，人心主題是左右性的考慮，而人心須本以仁、以仁為本。但是，正如我們說過的，聖人是不好把握的——聖人路線必然會導入「道德捕捉」；只有賢人路線才切實可行。所以，儒學對全民的道德總動員只能夠到賢人地段為止。王陽明的理想主義與人性之本然有出入，因為人的本性還是希望與他人保持距離、彼此隔斷的。儘管世人也有泛愛的精神要求，但那只是最外表的一種要求，在具體落實上便發生問題，成了另外一回事。因此，王陽明的一體本然說顯然是政教話語，與日常人性有距離。同時我們還應該看到，正是理學家的天地人我一體之意結，諸如滿街聖人、萬民同體等等，造成和推動了儒學社會化的歷史努力，這是「從上到下」的人文思維所決定的。同時，我們經常說的一般性與一律性之爭，擱到滿街聖人之說裏面，也大可討論。畢竟，一律性與社會化的歷史關係也是顯然的。

王陽明舉例說：「是故見孺子之入井，而必有怵惕惻隱之心焉，是其仁之與孺子而為一體也。孺子猶同類者也；見鳥獸之哀鳴觳觫，而必有不忍之心焉，是其仁之與鳥獸而為一體也。鳥獸猶有知覺者也；見草木之摧折，而必有憫恤之心焉，是其仁之與草木而為一體也。草木猶有生意者也；見瓦石之毀壞，而必有顧惜之心焉，是其仁之與瓦石而為一體也。」（《大學問》）這裏用的就是層層推進的說法、不斷剝到底線。仁物之心，人皆有之，何況賢人乎？王陽明所循的是一個通見的理路，如果一個人不去做、為「一體仁」，不是他不能，而是他不願。所以理學有一個思路，就是如何利用人類普遍都有的心理，比如羞惡心理，來達成實際的道德流行？我們說過，理學中有一個問題，就是貪彼功為此有的情況，也就是「功能借換」。比如說，不在公共場合大小便，是因為人的害羞心理，這並不需要

什麼道德感。但無可否認的是，道德卻在人類心理當中實實在在的得了好處、達成了什麼。那麼，是否可以貪心理之功為道德所有呢？為什麼理學家那麼津津於心理營為，不是沒有原因的。所以，道德與心理、與修養、與某某等等，便都需要別同異。我們畫個圖（幾邊形）：

我們需要別幾項同異，就要畫幾邊形的圖。很明顯，王陽明是以一體之仁為明德的。「是其一體之仁者，雖小人之心，亦必有之，是乃根於天命之性，而自然靈昭不昧者也，是故謂之明德。小人之心，既已分隔隘陋矣，而其一體之仁，猶能不昧若此者，是其未動於欲，而未蔽於私之時也；及其動於欲，蔽於私，而利害相攻，忿怒相激，則將戕物圯類，無所不為。其甚至有骨肉相殘者，而一體之仁亡矣。是故苟無私欲之蔽，則雖小人之心，而其一體之仁猶大人也；一有私欲之蔽，則雖大人之心，而其分隔隘陋猶小人矣。故夫為大人之學者，亦惟去其私欲之蔽，以自明其明德，復其天地萬物一體之本然而已耳；非能於本體之外，而有所增益之也。」（《大學問》）

顯然，王陽明是把明德與同然性基礎結合了。我們知道，像聖人這樣的名目，在上古時代是專指領袖人物的。比如說伏羲、黃帝、堯等等。後來聖人成了一種境界，普通化了，人人都可以通過自我修為進於聖。明德在王陽明這裏顯然也有同樣的變化，畢竟明德在

古時是王者之事，而這裏卻成了個人道德擴充之舉，所謂自明明德是也。所以大人、小人的二分在這裏已經沒有意義了，關鍵是看仁之本體如何，也就是要去蔽。所謂蔽，就是指被私欲給蒙住了。人一旦被私欲蒙住，就無所謂大人、小人了，統統都是只有利害心與情緒化的單位，所以必須要複其道德本然。這顯然是「複性」的思維格式。而且，王陽明指明一點，本體原本是完足的，不存在額外增益的問題，僅僅是一個「復返」的問題。所以在這裏，返回與增加，乃是兩個關鍵的、一定要區分的名，這是王學的思考特點。即：僅僅是把本來就有的加以還原，而後天的改進，其實都被看成了還原的具體過程，這其中的命定是各不相同的。由此，從這個「仁本心」發出去，就是所謂外王。明德是內聖、是體，親民是外王、是用。王陽明說：「明明德者，立其天地萬物一體之體也；親民者，達其天地萬物一體之用也。故明明德必在於親民，而親民乃所以明其明德也。是故親吾之父，以及人之父，以及天下人之父，而後吾之仁實與吾之父、人之父與天下人之父而為一體矣。實與之為一體，而後孝之明德始明矣。親吾之兄，以及人之兄，以及天下人之兄，而後吾之仁實與吾之兄、人之兄與天下人之兄而為一體矣。實與之為一體，而後弟之明德始明矣。君臣也、夫婦也、朋友也，以至於山川、鬼神、鳥獸、草木也，莫不實有以親之，以達吾一體之仁，然後吾之明德始無不明，而真能以天地萬物為一體矣。夫是之謂明明德於天下，是之謂家齊、國治而天下平。是之謂盡性。」（《大學問》）

　　十分明顯，王陽明的仁體路線已經把宇宙萬物整個兒地包括在了裏面，無一遺漏。所以，王學在一體化上已經推向了極致。從仁物來說，也就是親物原則──泛愛萬物而親之，這在人的心理上是有其依託的。比如說愛惜、心疼東西，把這個心理擴充開去，就是

政教所要的、所期望的實際效果。如果天下人都愛惜東西，則財用不匱，諸如此類等等。作為治者，「親之」之道就是治道，親民之道也就是王道。所以王陽明宣講的完全是治者之學，是非常務實、非常實際、實在的政治實學。那麼如何親呢？就是用這一個「仁體」去親之，這就是用，所以內聖外王的關係就是體用關係。王陽明講的「大學學」，義理上本身並沒有多少玄機，文面很平實，但它卻是總的綱領，其重要即在於此。通過仁人、仁物而達於治，這是儒家傳統的路數，在王陽明那裏又一次的啟動了。這就是歷史思想的湧動。

　　王陽明對大學的解釋，其實是在闡發自己的主張，這是必然的，畢竟《大學》講的就是為政。王陽明說：「至善者，明德、親民之極則也。天命之性，粹然至善，其靈昭不昧者，此其至善之發見，是乃明德之本體，而即所謂良知也。至善之發見，是而是焉，非而非焉，輕重厚薄，隨感隨應，變動不居，而亦莫不自有天然之中，是乃民彞物則之極，而不容少有擬議增損於其間也；少有擬議增損於其間，則是私意小智，而非至善之謂矣。自非慎獨之至，惟精惟一者，其孰能與於此乎？後之人，惟其不知至善之在吾心，而用其私智以揣摸測度於其外，以為事事物物各有定理也。是以昧其是非之則，支離決裂，人欲肆而天理亡，明德、親民之學，遂大亂於天下。蓋昔之人固有欲明其明德者矣，然惟不知止於至善，而騖其私心於過高，是以失之虛罔空寂，而無有乎家國天下之施，則二氏之流是矣；固有欲親其民者矣，然惟不知止於至善，而溺其私心於卑瑣，是以失之權謀智術，而無有乎仁愛惻怛之誠，則五伯功利之徒是矣；是皆不知止於至善之過也。故止至善之於明德、親民也，猶之規矩之於方圓也，尺度之於長短也，權衡之於輕重也。故方圓而不止於規矩，爽其則矣；長短而不止於尺度，乖其劑矣；輕重而不止於權

衡，失其準矣；明明德、親民而不止於至善，亡其本矣。故止於至善以親民，而明其明德，是之謂大人之學。」（《大學問》）

　　王陽明在這裏舉的例子已經足夠清楚了，就是凡事都要講一個則。《春秋》就是歷史政治之則，不能不講的。所以像什麼理想主義之類的指責，在名理上也是一個明顯的錯誤，不能成立的。也就是把「則」與「想」混淆了。則是理，理是不能缺的。想是欲，欲是多種多樣的。理上無商量，欲上論正當。道理一定要有，欲想正當就行。所以，道理不考慮可行性標準，只考慮應該。王陽明所說的私智，和戴震講的意見是相通的。定理定則，這是不能少的。像規矩、尺度、權衡、則、劑、准、本等等，都是對應於方圓、長短、輕重等萬物萬事的。射箭也是如此，中的才是目標，所以用射來明中庸，一切都是個定則問題。因此，至善作為明德、親民的定則，乃是不可動搖的。至善之發見即良知，可見，良知之立說在王學中有核心、統一的地位。所謂良知良能者，也就是本知本能，就是不學而會的。學是後天的，不學而能，這當然是先天的。有了良知，人才能仁；由此仁體，才可望進於治域。這樣看來，王學的理路是極其清晰、簡要的，層次、環節很分明。另外還有一層，如果說至善只是講明德親民、內聖外王的終極程度──能夠達到的至高，那麼在《大學》的三綱八目中，至善就應該是在另外一層、在一個單獨的層上；而實際上只有明德、親民二者單獨為一層、在一個層上。這是從王學的理解路子去看。

　　王陽明說：「人惟不知至善之在吾心，而求之於其外，以為事事物物皆有定理也，而求至善於事事物物之中，是以支離決裂，錯雜紛紜，而莫知有一定之向。今焉，既知至善之在吾心，而不假於外求，則志有定向，而無支離決裂錯雜紛紜之患矣；無支離決裂錯雜紛紜之患，則心不妄動，而能靜矣；心不妄動而能靜，則其日用之

間，從容閒暇，而能安矣；能安，則凡一念之發，一事之感，其為至善乎？其非至善乎？吾心之良知自有以詳審精察之，而能慮矣；能慮，則擇之無不精，慮之無不當，而至善於是乎可得矣。」（《大學問》）

我們說過，學問知識的統一體例是陰陽，有了陰陽體例，人就不會迷惘。王陽明顯然沒有「發見」這一點，他不像朱子那樣有過深研易理的經歷，所以在學識上便表現得很不同。王陽明找出的統領方案是良知，而不是陰陽，這一點是須說明的，因為它對我們乃是一個關鍵的提醒。其實《大學》中講定、安之道，原本是很樸實的，就是居靜、主靜的道理。因為人必須安靜才能思考，否則就不能思考。所以，古今中外的學問都是閒出來的。不悠閒，就不能從事學問；不優遊，就不能做學問。為什麼清代大師那麼多，達到了歷史的最高峰，每一個人都很強，就是因為生活安定、清閒，沒有打擾，又有信念，所以容易出學問。繁忙的人只能做項目，不能做學問。生性躁動、不好靜的人，不適合於做學問、從事思考，躁人不能夠過讀書生活。所以安靜才能持恒、才能思考，《大學》已經講得沒有餘地。王陽明的解釋當然是心學的，但人心中所有的，並不一定都是好的。像戴震所說的，人心中也充滿、充斥、充盈著意見，而且這些意見是殺人不見血的，所謂以理殺人者，實際上是意見殺人。所以，致良知的活動，可能導致「致意見」的結果，於是成了良知殺人。我們看王陽明在這裏的發論，其實引出了理學的一個根本的問題，就是關於理到底在哪裏的爭論。理在哪裏呢？這是每一個理學家都繞不過去的問題。歸結一下，理學家的意見大致不出三條──理在事上、理在物中、理在心裏。理就在事、物、心，這可以說是理學的三大端。所謂的理學與心學的爭議，其實都直接表現為「理在物」與「理在心」的拔河。而「理在事」似乎是一個中間

緩衝的地帶。所謂事外無理、理外無事，物外無理、理外無物，心外無理、理外無心等等，其實都是要說理、事、物、心「四者三在」的一個意思。從這裏來看，理學是高度整齊、嚴整的。至於說具體每個學人意見不合，那是枝節問題。由此推之，至善、定理等等，不是都和理學的情況一樣嗎？那麼，對於「支離」這一老舊的指責，我們應該如何把握呢？可以說，唯有用知識體例去把握。有了體例，就不可能存在王陽明、陸象山所指的那種紛紜之患。宇宙無非是一個類問題，類書已經很好的說明、解決了這個問題，用實際行動。像《永樂大典》這樣的類書就是。所謂宇宙之全，盡賅於一部、一編。這就是知識體例、學問體例的功效，並不只是一個心而已。

　　從「三在」來說，格物、格事、格心不可能是外求。王陽明就是沒有把格物與格心分開，而要用格心的方法去「代」格物的效果，實際上只能是「檢心」（一種檢索）。檢心與格心是不一樣的，檢不是格。王陽明說：「終始之說，大略是矣；即以新民為親民，而曰明德為本，親民為末，其說亦未為不可；但不當分本末為兩物耳。夫木之幹謂之本，木之梢謂之末，惟其一物也，是以謂之本末；苟曰兩物，則既為兩物矣，又何可以言本末乎？新民之意，既與親民不同，則明德之功，自與新民為二；若知明明德以親其民，而親民以明其明德，則明德親民，焉可析而為兩乎？先儒之說，是蓋不知明德、親民之本為一事，而認以為兩事，是以雖知本末之當為一物，而亦不得不分為兩物也。」（《大學問》）

　　這就是本末一體之論。在王陽明看來，只要是政教之事，都不允許割裂，這就是軍政首腦的態度。但應該說，明德、親民在上古都是王者之事，要正的也是王心，不是一般的普通人心。所以就從人心上說，也還是有一個上下之別。王陽明說：「蓋身、心、意、知、物者，是其工夫所用之條理，雖亦各有其所，而其實只是一物；格、

致、誠、正、修者，是其條理所用之工夫，雖亦皆有其名，而其實只是一事。何謂身？心之形體運用之謂也。何謂心？身之靈明主宰之謂也。何謂修身？為善而去惡之謂也。吾身自能為善而去惡乎？必其靈明主宰者欲為善而去惡，然後其形體運用者始能為善而去惡也；故欲修其身者，必在於先正其心也。」（《大學問》）十分清楚，關於個人之事，王陽明歸結為一條，就是為善去惡，這就是道德改進，也就是政教改良。儘管我們可以說，為善就是去惡、去惡就是為善，但那樣畢竟有文字遊戲之嫌，所以從篤厚原則來說，此類意思可以不提。需要說明的是，修身本是一個統一的說法、是一個整體的說法，古人並不是一定要著意地將身與心對舉；機械地分說，反失古義。所以說，不以文害意，我們要看、要直指的乃是有機的、古人真正想說出和表達的意思。人心是一切的主控，這一點王陽明講得很明白，所以他把一切都擱在心學上就是十分自然的。「然心之本體，則性也；性無不善，則心之本體本無不正也，何從而用其正之之功乎？蓋心之本體本無不正，自其意念發動而後有不正。故欲正其心者，必就其意念之所發而正之：凡其發一念而善也，好之真如好好色；發一念而惡也，惡之真如惡惡臭。則意無不誠，而心可正矣。」（《大學問》）

可見王學並不是要研究人心，而是要「格正」人心。王陽明在這裏講的意念，比意見更飄忽不定、更難以把捉。而且對善、惡意念的檢查，搞得有點像黑白豆了。「然意之所發有善有惡，不有以明其善惡之分，亦將真妄錯雜，雖欲誠之，不可得而誠矣；故欲誠其意者，必在於致知焉。致者至也，如云『喪致乎哀』之致；易言『知至至之』，知至者，知也，至之者，致也，致知云者，非若後儒所謂充廣其知識之謂也，致吾心之良知焉耳。良知者，孟子所謂『是非之心，人皆有之』者也。是非之心，不待慮而知，不待學而能，是

故謂之良知；是乃天命之性，吾心之本體，自然靈昭明覺者也。」（《大學問》）可見，王陽明的致知是專門限定過的，也就是專門局限到致良知上，即道德之知，這是一種歷史狹義化的動向。所謂致也者，就是達成的意思。所以王陽明想要達成的，乃是道德良知。但我們知道，知是一個共名，而良知是一個別名。王陽明的致道德之知、達成道德之知，道德之知的達成，其實是一個歷史的下降，即由共名下降到別名，這種狹化後來終於遭來實學的反對。而且王陽明講的不待學、慮而知、能，也是根本成問題的，這樣就等於確立了道德是非無知化、道德是非本能化的路向，而道德是非的本能化，也就是道德是非的原始化，把事情看得太簡單了。實際上，小孩吃奶當然是不學而會的本能，但別同異是那麼簡單的嗎？是可以不學的嗎？所以說，王陽明把道德與是非等問題原始本能化了，而不是堅持這些必須以學識為根基、為基礎。簡單的說，一個人不是想好就好得起來的，無知者到了一定的地步，他就好不上去了，因為他不會好、不知道應該怎樣好。這就像解算術題，不是說我想解就能解得出來的，必須要有一定的訓練。所以我們說，與朱熹相比，王學走的是一條感動路線。也就是靠精神、靠對人心的感化作用、感召力量來達成道德完成。因此，人類的道德路線就有兩大分派：一是靠精神即人心的作用來求得完成；一是靠知識基礎來達成，認為道德是一個知識問題，而不是主觀良好願望、良好意願的問題。毫無疑問，人類的天性總是本能地倒向和選擇前者，這就是為什麼壞政治總是能夠成功的根源性原因。因為人類感情幼稚，所以廉價政治總能廉價利用廉價感情而廉價地成功。

　　王陽明說：「凡意念之發，吾心之良知無有不自知者，其善歟？惟吾心之良知自知之；其不善歟？亦惟吾心之良知自知之；是皆無所與於他人者也。故雖小人之為不善，既已無所不至，然其見君子，

則必厭然掩其不善，而著其善者，是亦可以見其良知之有不容於自昧者也。今欲別善惡以誠其意，惟在致其良知之所知焉爾。何則？意念之發，吾心之良知既知其為善矣，使其不能誠有以好之，而複背而去之，則是以善為惡，而自昧其知善之良知矣；意念之所發，吾之良知既知其為不善矣，使其不能誠有以惡之，而復蹈而為之，則是以惡為善，而自昧其知惡之良知矣。若是，則雖曰知之，猶不知也；意其可得而誠乎？今於良知所知之善惡者，無不誠好而誠惡之，則不自欺其良知，而意可誠也已。」（《大學問》）這裏講的是一個根本的問題。好比一個人心裏確實知道這樣不好、不對，但還是禁不住要去做它，對這個應該怎麼看？能不能說，人的知道（真知、確實知道）與慾望總是不合一的，能否這樣說呢？或者解釋成：如果不能照著去做，還是因為沒有真知，否則知道與行為一定是合一的。比如說知道偷竊不好，還是偷了一顆鑽石，這不是因為貪財的慾望太強烈，而是因為並不、還不真知道偷鑽石不好，但卻自以為已經完全知道了。所以，這後一種情況，就是把一切都歸約為「誠知」問題，誠意主題就是為了要解決這個。王陽明說：「然欲致其良知，亦豈影響恍惚而懸空無實之謂乎？是必實有其事矣，故致知必在於格物。物者事也，凡意之所發，必有其事，意所在之事，謂之物；格者正也，正其不正，以歸於正之謂也；正其不正者，去惡之謂也，歸於正也，為善之謂也，夫是之謂格。書言格於上下、格於文祖、格其非心，格物之格，實兼其義也。」（《大學問》）

王陽明講的格正一義，當然不能算錯。但是正如前面說的，此義是專門狹化過的。把意跟事掛在一起，似乎發生了一個有趣的變轉──格物成了格事，格事成了格意，格意成了正意，正意就是（在於）誠意。「良知所知之善，雖誠欲好之矣，苟不即其意之所在之物而實有以為之，則是物有未格，而好之之意猶為未誠也；良知所知

之惡，雖誠欲惡之矣，苟不即其意之所在之物而實有以去之，則是物有未格，而惡之之意猶為未誠也。今焉，於其良知所知之善者，即其意之所在之物而實為之，無有乎不盡；於其良知所知之惡者，即其意之所在之物而實去之，無有乎不盡；然後物無不格，而吾良知之所知者，無有虧缺障蔽，而得以極其至矣。夫然後吾心快然，無復餘憾而自慊矣；夫然後意之所發者始無自欺，而可以謂之誠矣。故曰：物格而後知至，知至而後意誠，意誠而後心正，心正而後身修，蓋其功夫條理雖有先後次序之可言，而其體之惟一，實無先後次序之可分；其條理功夫，雖無先後次序之可分，而其用之惟精，固有纖毫不可得而缺焉者。此格致誠正之說，所以闡堯舜之正傳，而為孔氏之心印也。」（《大學問》）

　　所以，王陽明講誠意，就是說人要真的好善去惡，這樣才能與善同體。由此，人心所發的每一意念、每個念頭都是善念，天下就好治理了，這就是人心的中和。但問題是，王陽明在這裏講的還只是一個基本的態度、只是一般的空的原則，至於具體的辦法、技術環節，也要能切實地填充才行。如果我們僅僅是到一般原則為止，難免會發生王學空洞的印象。所以，討論王陽明所立的鄉約，作為一個案例去觀察，對王學的實學性的認識就是必不可少的。案《南贛鄉約》云：「民俗之善惡，豈不由於積習使然哉！往者新民蓋常棄其宗族，畔其鄉里，四出而為暴，豈獨其性之異，其人之罪哉？亦由我有司治之無道，教之無方。爾父老子弟所以訓誨戒飭於家庭者不早，薰陶漸染於里閈者無素，誘掖獎勸之不行，連屬葉和之無具，又或憤怨相激，狡偽相殘，故遂使之靡然日流於惡，則我有司與爾父老子弟皆宜分受其責。嗚呼！往者不可及，來者猶可追。故今特為鄉約，以協和爾民，自今凡爾同約之民，皆宜孝爾父母，敬爾兄長，教訓爾子孫，和順爾鄉里。死喪相助，患難相恤，善相勸勉，

惡相告戒，息訟罷爭，講信修睦，務為良善之民，共成仁厚之俗。嗚呼！人雖至愚，責人則明；雖有聰明，責己則昏。爾等父老子弟毋念新民之舊惡而不與其善，彼一念而善，即善人矣；毋自恃為良民而不修其身，爾一念而惡，即惡人矣；人之善惡，由於一念之間，爾等慎思吾言，毋忽！」

　　我們說，鄉約就是約法，所謂以鄉觀鄉，以國觀國，按照修齊治平的「推圓」模式，鄉約擴而充之就能成為國約、天下約。王陽明認為，民之善惡是由於積習，這是中肯之言，也就是所謂習慣、風俗，所以說習慣決定一切、重於一切。人群的習慣在歷史中積澱、沉積下來，就成了所謂的積習。通常，人們在反省事理時不太注意「傳統」與「習慣」二者的區別。實際上，習慣與傳統是不同的。習慣更是一種自然的沉積，而傳統則是某種規劃過的東西。一個是有意的，一個是無意的。墨子講得很明白，人類並沒有什麼既成性，而只有「所染性」。被什麼樣的環境和條件「染就」，就表現為什麼性質。王陽明的意見也是一樣，所以他制立鄉約，就是為了要造成一種人文環境，教化「新民」。所以，從政教責任來說，地方政府首當其衝。即王陽明講的，有司與父老子弟要分受其責，也就是雙方都有責任。所以，鄉約的作用，就是要造成講信修睦的社會，這是《禮運》中早講過的，即大同、小康。日新而非日惡，用同約之民，共成仁厚之俗。因為每個人責求別人都是很明白的，所以他人正可以作為一種道理的提示，這就是通常所謂的他人不允許什麼、以他人代道德。王陽明說得明白，念頭是善與惡的分水嶺，善惡都是具體的。也就是說，善惡是揣分的，是以念頭為單位的。念頭能揣分到哪一步──單個的念頭，善惡就具體到哪一步。

　　王陽明制定的具體辦法是，「同約中推年高有德、為眾所敬服者一人為約長，二人為約副。又推公直果斷者四人為約正，通達明察

者四人為約史，精健廉幹者四人為知約，禮儀習熟者二人為約贊。
置文簿三扇：其一扇備寫同約姓名，及日逐出入所為，知約司之；
其二扇一書彰善，一書糾過，約長司之。」這裏用的是推舉的辦法。
王陽明這麼做，就是在為地方立法、為地方約法，這種做法與《周
禮》是一樣的，僅僅有規模大小的問題。儒家的性質、性格在這裏
表現得一覽無餘。為鄉里立規矩，地方才好治理。簡單的說，一個
是要有方向，一個是要能持續，而持續為難。從約長、約副、約正、
約史、知約到約贊，設置可謂齊全，於是乃可以治約民。同時，我
們還可以看到歷史法度在這裏的運用。像《春秋》，就是責其善惡的。
只是要管制最高政治，遠較治民為難罷了。中國的所謂史，就是要
明善惡的。

　　王陽明又說：「同約之人每一會，人出銀三分，送知約，具飲食，
毋大奢，取免饑渴而已。」這是一種相恤互助的辦法。約民自己集
會、聚會，成本須自具。古代的鄉人飲酒之義，在這裏又被王陽明
啟動了。鄉黨聯誼，本來是講信修睦、互通聲氣的好辦法。王陽明
說：「會期以月之望，若有疾病事故不及赴者，許先期遣人告知約；
無故不赴者，以過惡書，仍罰銀一兩公用。」看來聚會是每月定期
舉行的，這是一種有效的管理辦法，可以把散放的鄉民團在一起，
可見，古人已經看到了基層社會組織動員的問題，所以我們說，宋、
明理學是在做一個社會化的工作，絲毫不過分。鄉約規定，有事不
能參加的，必須請假，否則要給以相應的處罰，所罰的銀兩充作公
用，並且還要記過。這種過犯的記錄，就好像病歷的作用，能夠幫
助地方把握、瞭解每一個人的情況。實際上，王陽明所行的辦法，
使得地方上對每一個人都起到了管起來的作用，無一遺漏。照此例
推之，中國社會如果普遍約化，那麼地方動亂也就消弭、不存在了。
因為任何人只要稍微有所動作，馬上都可以像檢索目錄那樣，頓時

察得。所以，中國基層社會的管理辦法，已經在王陽明那裏建立起來了，剩下的只是擴充問題。但是，像王陽明這樣的軍政首腦畢竟是少之又少，所以其作用究竟有限。故而，唯一的辦法就是要造成多個王陽明。如果每一個或者每若干個地方有一個王陽明，那麼整個國家就會安若磐石。所以，士人要做仕人、學者要成仕者，這是必須的。當然，管制並不只是防暴亂，約民的死活也在管制之列，這是雙向的。從王陽明制立的辦法來看，如每月一會，還是相當寬鬆的。這只是一個最底線的要求，絲毫不會妨礙大家平時的行動。而從人性方面來講，完全不聚會，則生寂寞。

王陽明的辦法雖然好，卻只停留在點，沒有到面再到體。所以，以後應該是做的問題，而不是說和探討。事理就這麼些，大體上已經飽和了，而這就是治術，道在其中矣。王陽明說：「立約所於道裏均平之處，擇寺觀寬大者為之。一彰善者，其辭顯而決；糾過者，其辭隱而婉；亦忠厚之道也。」這裏所說的，就是所謂忠厚政治，即政教。一切都以忠厚為本，強調正面的善的建設。表揚肯定他人，要慷慨痛快，不要打折扣，因為從人性來說，說別人一句好是需要勇氣和度量、胸懷的。而規勸過失則要盡可能委婉，點到為止。因為事實是，人們的過激行為往往是由下不來台引起的。所以，王陽明在這裏對政教修辭很有要求，這些都屬於治道的微觀部分，但是很關鍵。約所要寬大，眾人聚會的場所要選擇寬大的地方，因為公眾活動的區域，小了不行。王陽明說：「如有人不弟，毋直曰不弟，但雲聞某於事兄敬長之禮，頗有未盡；某未敢以為信，姑案之以俟；凡糾過惡皆例此。若有難改之惡，且勿糾，使無所容，或激而遂肆其惡矣。約長副等，須先期陰與之言，使當自首，眾共誘掖獎勸之，以興其善念，姑使書之，使其可改；若不能改，然後糾而書之；又不能改，然後白之官；又不能改，同約之人執送之官，明正其罪；

勢不能執，戮力協謀官府請兵滅之。」這裏所說的，也是普遍的問題，就是凡事大帽扣頭，王陽明顯然不喜歡這種做法，認為會把事情惡化。而另一方面，俗語云清官不斷家務，但儒家卻動輒滑入家務之中，這是很費力不討好的。所以，怎麼樣立一個辦法，就是必務之急。應該說，最好的辦法乃是對家進行捶分——只有隔斷，才能分禮。像上古那樣，為了鼓勵人丁繁衍，男十八歲就要獨立、另立門戶，實際上就是一種很好的辦法。當然古代社會也有很多極端的例子，比如拒不蒙教的，並且還層層升級，對其處置辦法，王陽明講得也很清楚。

　　我們說，講信修睦、忠厚之道，只適合於治內，像王陽明所擬的，只是一種對內組織法。至於對他國和別國，則不能以忠厚之道處之，而是要以「直」道處之了。這是一個必要的分別。王陽明說：「通約之人，凡有危疑難處之事，皆須約長會同約之人與之裁處區畫，必當於理、濟於事而後已；不得坐視推託，陷人於惡，罪坐約長約正諸人。」可見，約長、約正等人是要直接負責任的，出了事故還得受處罰，所以推諉是不可能的。對於疑難的、不好處理的事情，通常的辦法是眾人在一起集議，原則是：道理與可行性要兼顧，基本的辦法還是協商解決。所以，王陽明擬定的鄉約，是以軟為主，雖然配備了硬處置。政教人文雖然恩威並用，但在一般的儒家那裏，威只是一個底線的、後備的防禦手段，正面的營建還是要靠「仁和」生長發育出來。王陽明專門講到，「寄莊人戶，多於納糧當差之時躲回原籍，往往負累同甲；今後約長等勸令及期完納應承，如蹈前弊，告官懲治，削去寄莊。」從民間社會本身來說，歷史中從來就有一些靈活移動的人口，很難管理。而且這些外來戶很狡猾，經常鑽空子，讓本地人吃虧，造成一種「各不管」的局面，對於地方治理，害莫大焉。對此，王陽明嚴加整飭，這就是民間社會的公平原則。

所以，各個地方如果都能建立起完備的對外來人口、人戶的管理辦法、管領制度，那麼，各不管的局面就會一變而為多重性的、都管的局面。對於完全不守法度的，則要取消其籍。

又說：「本地大戶，異境客商，放債收息，合依常例，毋得磊算；或有貧難不能償者，亦宜以理量寬；有等不仁之徒，輒便捉鎖磊取，挾寫田地，致令窮民無告，去而為之盜。今後有此告，諸約長等與之明白，償不及數者，勸令寬捨；取已過數者，力與追還；如或恃強不聽，率同約之人鳴之官司。」「親族鄉鄰，往往有因小忿投賊復仇，殘害良善，釀成大患；今後一應鬥毆不平之事，鳴之約長等公論是非；或約長聞之，即與曉諭解釋；敢有仍前妄為者，率諸同約呈官誅殄。」「軍民人等若有陽為良善，陰通賊情，販買牛馬，走傳消息，歸利一己，殃及萬民者，約長等率同約諸人指實勸戒，不悛，呈官究治。」「吏書、義民、總甲、裏老、百長、弓兵、機快人等若攬差下鄉，索求齎發者，約長率同呈官追究。」「各寨居民，昔被新民之害，誠不忍言；但今既許其自新，所占田產，已令退還，毋得再懷前仇，致擾地方；約長等常宜曉諭，令各守本分，有不聽者，呈官治罪。」「投招新民，因爾一念之善，貸爾之罪；當痛自克責，改過自新，勤耕勤織，平買平賣，思同良民，無以前日名目，甘心下流，自取滅絕；約長等各宜時時提撕曉諭，如踵前非者，呈官懲治。」

雖然欠債還錢是一般道理，但是民間的奸猾卻往往利用償還致使人家破產，所以王陽明才要嚴飭之。而且，鄉黨常常因為相互報復，與賊盜暗中勾連，造成地方治安的大患。因此，王陽明規定，以後鄉里糾紛，都要交由同約公論，通過加固社會基礎，消絕地方隱患。對於私通盜賊的，還是先勸後懲。對已經歸順者，王陽明採用安撫的原則。儒家說既往不咎，這是因為既往難咎，而且還有個法如何責眾的問題。所以，民眾之間也不許再糾纏前怨，致使地方

又起紛亂。應該說，王陽明所能做的，也算到了極限。關於民間喪葬嫁娶，王陽明也約以明文，曰：「男女長成，各宜及時嫁娶；往往女家責聘禮不充，男家責嫁妝不豐，遂致愆期；約長等其各省諭諸人，自今其稱家之有無，隨時婚嫁。」老百姓因為斤斤計較財禮，所以耽誤、妨礙了結婚。而老百姓婚嫁的直接政教功能，就是穩定地方社會。所以王陽明堅決要求鄉民量力而行，及時結婚。因為有了家口之後，動亂之源就被遏住了，這些也成了約長的事。「父母喪葬，衣衾棺槨，但盡誠孝，稱家有無而行；此外或大作佛事，或盛設宴樂，傾家費財，俱於死者無益；約長等其各省諭約內之人，一遵禮制；有仍蹈前非者，即與糾惡簿內書以不孝。」這就很明白，喪葬必須量力而行，約民對此都要遵守。可以注意的是，上古助喪相禮是儒者的事，可是佛教傳入以後，紅白喜事都成了僧、道攬財的手段。歷史社會的變遷，其跡象也如此，結果儒家不得不出來重新爭奪。

關於為學的討論，王陽明及門人弟子的問答都集中記錄在《傳習錄》中。王陽明講良知，當然是為了一個「良行」，因為他認為知行本來是合一的、應該合一。按照這種整齊的一一對應，「行」上面有不善，肯定是「知」上面出了問題，所以一切其實都已經被知通約了。確實，我們很難想像無知之行，因為那樣一來，行就跟夢遊差不多了。王陽明論知行合一，說，今人以知與行分明是兩件，「此已被私欲隔斷，不是知、行的本體了。未有知而不行者，知而不行，只是未知。」（《傳習錄》上）說得非常清楚、肯定。不能夠行，還是因為沒有真正的知。「聖賢教人知行，正是要複那本體，不是著你只恁的便罷。故《大學》指個真知行與人看，說，如好好色，如惡惡臭。見好色屬知，好好色屬行，只見那好色時已自好了，不是見了後又立個心去好；聞惡臭屬知，惡惡臭屬行，只聞那惡臭時已自

惡了，不是聞了後別立個心去惡。如鼻塞，人雖見惡臭在前，鼻中不曾聞得，便亦不甚惡，亦只是不曾知臭。就如稱某人知孝，某人知弟，必是其人已曾行孝行弟，方可稱他知孝知弟，不成只是曉得說些孝弟的話，便可稱為知孝弟。又如知痛，必已自痛了，方知痛，知寒必已自寒了，知饑必已自饑了，知行如何分得開？此便是知行的本體，不曾有私意隔斷的。聖人教人，必要是如此，方可謂之知，不然只是不曾知。此卻是何等緊切著實的工夫，如今苦苦定要說知、行做兩個是甚麼意，某要說做一個是甚麼意。若不知立言宗旨，只管說一個兩個，亦有甚用？」「某嘗說知是行的主意，行是知的功夫；知是行之始，行是知之成。若會得時，只說一個知，已自有行在，只說一個行，已自有知在。古人所以既說一個知，又說一個行者，只為世間有一種人，懵懵懂懂的任意去做，全不解思惟省察，也只是個冥行妄作，所以必說個知方才行得是。又有一種人，茫茫蕩蕩懸空去思索，全不肯著實躬行，也只是個揣摸影響，所以必說一個行，方才知得真。此是古人不得已補偏救弊的說話，若見得這個意時，即一言而足。今人卻就將知、行分作兩件去做，以為必先知了，然後能行，我如今且去講習討論做知的工夫，待知得真了方去做行的工夫，故遂終身不行，亦遂終身不知，此不是小病痛，其來已非一日矣。某今說個知、行合一，正是對病的藥，又不是某鑿空杜撰，知、行本體，原是如此。今若知得宗旨時，即說兩個亦不妨，亦只是一個；若不會宗旨，便說一個，亦濟得甚事，只是閒說話。」（《傳習錄》上）

王陽明講知、行，與《論語》講學、思，正好是一對。正如王陽明自己指出的，知、行問題是一個歷史問題，不是小事。所以王陽明自己也說，知行合一論首先是病理的事情，而不是生理的事情。所謂冥行妄作者，就是指胡亂行事，與夢遊無二。而懸空思索又成

了另一個反端，與冥行妄作正好是一對。其實說實話，王陽明年輕時格竹子，又何嘗不是懸空思索？所以看到什麼，與自己就是怎樣，這中間本來是有距離的。其實，王陽明在這裏所說的知就是親知、實知，也就是墨辯中講的身躬、親。王陽明論知、行，看來是嚴格一一對應的，因為他是軍政首腦，所以必然關心「落實情況」。實際上，古人講學問思辨行時，知、行的關係就已經定得很死。我們說過，王陽明講滿街聖人，很容易被人指為空洞。那麼，如果講滿街賢人，就馬上落實成了切實的人文政治，這是顯然的。因為賢人是一個輕重的提法，賢還可以更賢，而不賢也是顯然的，不會模棱兩可。可以說，王陽明自己對懸空思索就是有切身體會的。這裏有一個問題，就是，如果我們不認同什麼，是否可以直接歸之於知上出了問題呢？人的認識是各不相同的，一個人的認同，一定與他最根本的認識相對應，我們很難找出這之外的情況，即使找得出來，也非常少。所以，一切行上面的問題，都要從知的根源上究詰，這是符合《大學》以知為本的路線的。但是，王學為什麼沒有導出朱子學那樣的知識徑路呢？因為王陽明把知限定在了良知。歷史人文中的知行論，無論知難行易、知易行難……等等，其實都不能脫出知行對應這一條律。之所以會有所謂的知而不能行，一定是因為這個人的知還停留在某一段落的緣故。比如說他的知還滯留在宏觀的水平，沒有進入微觀等等。至於表面上曲順別人的情況（人事方面的），我們則不考慮。王陽明用知進行了通約以後，問題明顯簡單明瞭了、明朗化了。他舉的例子——好好色與惡惡臭，顯然都是人的本能。我們說過本能與道德的關係問題，比如心理的與人類本能的東西，可能會帶來一些實際的道德好處等等。那麼，儒家在為學中就不能不注意拉攏、利用這些好功用。所以王陽明講好色、惡臭，便是很典範的實例。知與行是一一對應的，比如說聞到了臭覺得討厭，這

是人的本能反應和表示。但如果感冒鼻塞了，就會嗅覺不靈，聞不
到臭味，也就不會有什麼強烈的反應和表示了，這正是知的決定作
用。在沒有知的情況下，人只能是一片空白，是談不到什麼行的。
像夢遊，那只是病理反應。須說明的是，古人講知，乃是一個共名，
範圍很寬，它下面還有許多別名，如知道、知曉、知識、知覺運動
等等，有很多分派區別。雖然這裏是以知覺運動為例，但是推及到
知識等問題，情況也是一樣的。而最主要的，當然是道德知行。像
孝弟，無論在哪一邊對應不上，都肯定是知上有問題，這就是王陽
明的思路。但是，王陽明說古人只是不得已才這樣說，卻是有問題
的。因為知行合一實質上就是知行對應，對應的知行是不可能分開
的，只要說，知與行肯定會關聯到一起。所以在古人那裏，立言常
常只是出乎自然，而不是什麼不得已。古人不一定碰到後人那樣的
機關，當然古人有古人的機關。王陽明說得很清楚，世人有兩種病
──盲目地做與空洞地說，自己的知行合一論就是要對症下藥的，
所以我們說王陽明的知行論首先是病理上的，還不是生理上的，這
是從歷史情節去看。這一點，後來的唐甄也講到了──他說「正直
只行」和「性學只談」，就是歷史的活寫照。而事實是，沒有躬行，
知只能是像七巧板那樣拼來搭去。

　　王陽明說：「知是心之本體，心自然會知。見父自然知孝，見
兄自然知弟，見孺子入井，自然知惻隱，此便是良知，不假外求。
若良知之發，更無私意障礙，即所謂充其惻隱之心，而仁不可勝用
矣。然在常人，不能無私意障礙，所以須用致知格物之功，勝私復
理，即心之良知更無障礙，得以充塞流行，便是致其知，知致則意
誠。」（《傳習錄》上）所謂致其知，就是知的擴充，正如無私意障
礙的「流行」就是仁的擴充一樣，也就是仁知仁行。所謂不假外求
者，人的本能就是。小孩一生下來就要吃奶，這是先天的，不需要

學的，先天的都是不假外求的。知是心之本體，這就是認為，知是先天的，是人的本能。但良知只是知的一部分，所以王陽明的知論，只是對知的選擇、限定。這種選擇限定，從他講「格」之一義就能看出來。王陽明說：「格物如孟子大人格君心之格，是去其心之不正，以全其本體之正。但意念所在，即要去其不正以全其正，即無時無處不是存天理，即是窮理。天理即是明德，窮理即是明明德。」（《傳習錄》上）

　　足見格物之格，在王陽明那裏是突顯了「格正」方面的涵義。也就是說，格之、知之，明顯是往「正之」的方嚮導引了。所以和朱子學相比，王學的道德動員意義更大於知識求學意義了。所以我們說，王學的格物，首先是求善，而不是求知，這從王陽明津津樂道、講至善就很明白。我們可以看這樣一個例子，「蔡希淵問：文公《大學》新本先格致而後誠意工夫，似與首章次第相合。若如先生從舊本之說，即誠意反在格致之前，於此尚未釋然。」（《傳習錄》上）很明顯，關於朱、王路線之異同，當代人已經看到了。通過對《大學》的解詮，就能夠反映得很清楚。朱熹是以格致為先，也就是以知為本，這是《大學》古來固有的順序。但是王陽明之學是要突出、強調誠意的，也就是，從強調知轉到更強調善的路徑。因此，問者自然會有疑問，在學理上如何疏通，就成了繞不過去、必須交待的環節。王陽明為什麼會突顯「誠意」一邊呢？他說得好，「《大學》工夫即是明明德，明明德只是個誠意，誠意的工夫只是格物致知。若以誠意為主，去用格物致知的工夫，即工夫始有下落，即為善去惡，無非是誠意的事。如新本先去窮格事物之理，即茫茫蕩蕩都無著落處，須用添個敬字，方才牽扯得向身心上來，然終是沒根源。若須用添個敬字，緣何孔門倒將一個最緊要的字落了？直待千餘年後要人來補出？正謂以誠意為主，即不須添敬字，所以提出個

誠意來說，正是學問的大頭腦處。於此不察，真所謂毫釐之差，千里之『繆』。大抵《中庸》工夫只是誠身，誠身之極便是至誠；《大學》工夫只是誠意，誠意之極便是至善，工夫總是一般。今說這裏補個敬字，那裏補個誠字，未免畫蛇添足。」（《傳習錄》上）

可見，王陽明最關心的是學說的「下落處」，也就是要把格致「著落」到善上來，這才是根源性的。但是很明顯，無論怎麼辯說，王陽明的解釋都顯得勉強，不是很天然。這就說明，宣講一種思想，可以逕自宣講，其實是沒有必要牽附章句的，那樣反而搞得不自然。而且，儒家經典本來很多，這裏沒講到的，那裏講了，非要以《大學》為不二的經典，完全就是出於人的作為，顯然是有礙統體觀照的。我們看王陽明講儒學，也很能理解為什麼時人和後人會指責王學是狂禪，這裏面確實有很多問題。我們可以舉典型的一個例子，曰：「蕭惠好仙釋，先生警之曰：吾亦自幼篤志二氏，自謂既有所得，謂儒者為不足學。其後居夷三載，見得聖人之學，若是其簡易廣大，始自歎悔錯用了三十年氣力。大抵二氏之學，其妙與聖人只有毫釐之間。汝今所學乃其土苴，輒自信自好若此，真鳥竊腐鼠耳。惠請問二氏之妙，先生曰：向汝說聖人之學簡易廣大，汝卻不問我悟的，只問我悔的。惠慚謝，請問聖人之學，先生曰：汝今只是了人事問，待汝辦個真要求為聖人的心，來與汝說。惠再三請，先生曰：已與汝一句道盡，汝尚自不會。」（《傳習錄》上）

顯然，這樣去講儒學是有問題的——這是在用「悟」的方法講儒學。悟屬於玄學方法，文學可以用悟，儒學是實學，重在義理，怎麼可以這樣用悟去講呢？而且王陽明講話，也像禪家的機鋒，非儒學之正。從這裏我們就可以清楚的看到，王陽明還是沒有最終擺脫掉他格竹子的怪圈。其實儒學在王陽明的一生中，始終就是某種程度上的「竹子」。我們說王陽明是「竹儒」，也不算過分。因此，

王學既有其篤實可取之處，也有漫無收檢處，對這些我們都要做到心中有數。很明顯的例子，就以佛教本身來說，玄奘的學問是最大了，而慧能卻是個文盲，這兩人構成了佛教中奇異的對比。試想，如果是儒學，一個不識字的人能夠成為大師嗎？絕對不能！這是由儒學本身的知識特性決定的。同樣，佛教的知識特性卻幫了慧能的忙──不立文字也可以。所以，人類人文的知識分類是很不一樣的，其知識類性有別。玄學與實學無論如何不可能搞到一起，它們是格格不入的兩個套路。王陽明，包括很多理學家在內，就是因為沒有分清楚這一點，所以話語總是囉嗦不明。也許我們可以將王陽明的做作視為一種教學法或者開示法，其話語習慣及風格完全就像禪宗的機鋒、話頭。王陽明自己也承認曾經多年醉心於佛、老。實際上，悟就是猜，是猜的方法。像文學，因為要想像、要發散思維，所以正好可以講悟。但為學卻是要求精準的，一悟就耽誤事了。悟往往會無謂地耗費掉人們很多年的寶貴的心力，卻沒有多少結果，這是大大不宜的。所以儒學教人之方，還是在於把道理直接講透，絕不是虛玄一路可以解釋、代替的。

王陽明之學，問題固然極多，比如，「有一學者病目，戚戚甚憂。先生曰：爾乃貴目賤心。」（《傳習錄》上）這裏的說話便完全沒有道理，人愛護、心疼自己的眼睛是天性，這個世界就是一個視覺的世界，看不見東西，人活著就了無生趣了。所以王陽明說話，於情理完全不通。從這裏就可以看到，王學並不是純正的儒學。儒家講拂人之性等等問題，都應驗在了王陽明身上。「惟乾問知，如何是心之本體？先生曰：知是理之靈處，就其主宰處說，便謂之心；就其稟賦處說，便謂之性。孩提之童，無不知愛其親，無不知敬其兄，只是這個靈能不為私欲遮隔，充拓得盡，便完完是他本體，便與天地合德。自聖人以下，不能無蔽，故須格物以致其知。」（《傳習錄》

上）本體是完全的，這裏的說法很可討論、商榷。王陽明講到孩提之童，人在小時候是本能居多。比如說小時候都依賴大人、害怕大的等等，這些是不學而然的。如果說這就是與天地合德，那也只能是一種自然暗合，而明明德是要「明合」的。道德學能否寄託在暗合的基礎上呢？比如說人有某種本能，暗合地達成了什麼實際的好效果，於是就大力張揚、提倡這種東西。那樣一來，道德學的基礎是否顯得太幼稚而脆弱了呢？這無疑是一個大的問題。孩提沒有私欲，是因為他還沒有發育起來，不是什麼道德擴充的結果和效果。如果是以本能性的東西為本體，那麼這個本體也不怎麼樣。所以我們說，王學在源頭處有問題──它總是陷於本能論，也就不是空穴來風了。這就是說，王陽明講本體，講心體、性德等等，都沾上了本能化的傾向。但是，這裏有一點是明白的，就是王陽明仍然是從理去講知，是把知放在理上說。而且有一層分得很清楚：心是主宰，性是稟賦，這是性與心的不同。心、性在理學中是最容易混淆、糾纏不清的。我們總說稟性，就因為性是稟賦的結果。比如說天生有理，人性當中必然會稟有理性等等。而格物致知，也是要就著外物去知理。

「問世道日降，太古時氣象如何復見得？先生曰：一日便是一元。人平旦時起坐，未與物接，此心清明景象，便如在伏羲時遊一般。」（《傳習錄》上）這裏講的完全是想像。遠古的事情，後人沒有直感的接觸，如何能夠知道呢？只是王陽明在這裏所說的其實並不錯，因為上古確實是一派清明通透的景象。畢竟遠古的生活是極為簡單的，所以其本色都是清朗的，不會有太多的複雜。但是當人群社會發育起來以後，就要用名物制度去考論了。這時候如果還用心學的工夫氣象去懸揣，就顯得太疏闊了。「問名物度數亦須先講求否？先生曰：人只要成就自家心體，則用在其中。如養得心體，果

有未發之中，自然有發而中節之和，自然無施不可。苟無是心，雖預先講得世上許多名物度數，與己原不相干，只是裝綴，臨時自行不去，亦不是將名物度數全然不理，只要知所先後則近道。又曰：人要隨才成就，才是其所能為。如夔之樂，稷之種，是他資性合下便如此。成就之者，亦只是要他心體純乎天理。其運用處，皆從天理上發來，然後謂之才。到得純乎天理處，亦能不器。使夔、稷易藝而為，當亦能之。又曰：如素富貴行乎富貴，素患難行乎患難，皆是不器，此惟養得心體正者能之。」(《傳習錄》上)

　　王陽明是說得起這話的，因為他經受過很多患難，而且最後平衡了自己的內心。名物度數，說白了，就是前代留下的一切跡象，都是後人藉以窺見、瞭解前代的途徑。所以名物度數屬於歷史格物、歷史格致。顯然，王陽明是以心體掛帥、用心體統領一切的。這與陰陽體例的統領法、即統類法有所不同。王學是放到心上面去講，簡單的說，就是名物度數如果沒有心去統領，至多只是一堆散放、堆砌的材料。博學而無統領，就有這個問題──學識是死的而不是活的。所以王陽明從人心去講，也不能說不對。因此，在王學中首先就有一個先後的問題，即先要立其心體之大，然後再格物，便有了依歸和寄託。王陽明說的隨才成就，其實就是「齊物社會」。也就是每一個人都能盡其「資性」，終身工作與興趣相合一，發揮出才能。是愛一行幹一行，而不是幹一行愛一行。從這裏來說，也是只有「愛理」才能成就「理」，而人性中都有「愛理」的一面，只不過平時這個人愛的是這一塊，那個人可能感興趣那一塊罷了，所以說賢人的可行性要大於聖人。像聖人那樣的大全的要求，便不切實際了。王陽明說得明白，心學的歸宿和目的就是要做到都從理上發用，因此，心體最終也還是個「理體」的問題。之所以要加個「天」字來修飾，是因為理本來很多，比如「有理性」，而專門要強調的，當

然還是「善的理」那一邊。雖然要講「才」，但才也得是理的。理為統領，這是一切的道德基礎。所謂「純乎天理」，其實也就是「全乎天理」。關於君子不器，其實這裏面的要求顯然是太高了，因為君子不器差不多是對聖人的要求了，不是對一般人的。像小老百姓，倒是得具備器的精神，得要一些終身素其位的精神。比如說世代做瓷器的、或者製茶葉的、做裁縫的等等。老百姓並不要求那麼貫通，否則心大了，便難以專一。所以，王學在講道德治心的時候，也應該考慮一些可能的「旁及因素」。

關於道德對知的遏止作用，我們從這樣的例子中大概也能窺見。「問心要逐物，如何則可？先生曰：人君端拱清穆，六卿分職，天下乃治。心統五官，亦要如此。今眼要視時，心便逐在色上，耳要聽時，心便逐在聲上。如人君要選官時，便自去坐在吏部，要調軍時，便自去坐在兵部，如此豈惟失卻君體，六卿亦皆不得其職。」（《傳習錄》上）這裏的譬喻，我們先不論合不合適、恰不恰當，王陽明主張要有一個統領的意思，卻是一目了然的。關鍵是，我們要問，為什麼人心自然會逐物？回答只能有一個：這是人類的本能和天性。只要是外部世界，就會吸引人，引發他的好奇心。正是這個好奇心，創造出了人類的一切知識成果。所以在這裏有一個兩分，即明確的與不明確的。所謂明確的，比如說目標、目的、意圖、意向等等，它會引導人朝一個方向走，就是為什麼要做這個；而不明確的，作為人性的一種自然情況，也應該順應它。比如喜歡玩蛐蛐，說不上為什麼，就是喜歡，覺得有意思。這種逐物，其實也與道德無關，只要不影響別人、妨礙生計就行。所以在這裏有一個上限問題，王陽明似乎缺乏必要的交待，沒有講清楚，就是：逐物到底有什麼不對或者不好？其實說白了很簡單，王陽明就是要大家專一用心於政教，沒有別的。所以對自己的心應該怎麼管理，王陽明的主

張在道理上是有問題的。怎樣才算不失職，這要因人而異。就說逐物，像徐霞客那樣旅行，也能夠開出、導出真知。因此，「為德」雖然是直接為「為政」服務的，所謂為政以德，但是專一強調為德，對其他的事情產生了阻斷的負面作用，卻也是顯然的，這是理學留給後人的最大的問題，因為知識都是逐物的。

王學對一般物理的忽略態度，從這樣的細節大概也能看出來。「問律呂新書，先生曰：學者當務為急，算得此數熟，亦恐未有用，必須心中先具禮樂之本方可。且如其書說多用管以候氣，然至冬至那一刻時，管灰炭之飛或有先後須臾之間，焉知那管正值冬至之刻？須自心中先曉得冬至之刻始得。此便有不通處，學者須先從禮樂本原上用功。」（《傳習錄》上）的確，有很多東西自己是很難親身實驗的。但是王陽明以人心為物理之主宰的態度卻也不容懷疑、非常明確。「問道之精粗，先生曰：道無精粗，人之所見有精粗。如這一間房，人初進來，只見一個大規模如此，處久便柱壁之類，一一看得明白，再久如柱上有些文藻，細細都看出來，然只是一間房。」（《傳習錄》上）這就是儒家見道入微的意思，也就是要沉下去。道理是自足的，如果有什麼問題，也一定是人的認識的問題，道理本身永遠不會有問題。換句話說，錯的只是人，道理是沒有錯的。道就是這麼多，在一定的範圍內，細處自然會越來越顯露、變得越來越「宏大」，這就是人心沉靜的作用。所以說，世人不見道，只是因為心粗，是因為氣質之性上浮，沉不下來的緣故。因此，思考就是要有充分打開的時間，為什麼古今成就學問之道都是在於優遊二字，就因為思想、學問都是閒出來的，沒有第二條道路。繁忙的人只能做項目，不能做學問。所以人太能幹、太聰明了不行，那樣就不適合於搞修身的學問了。王陽明說得很明白，道無精粗，人有精粗，這精粗就在人觀、在於人的見識。但是，修養是不能傳遞的，前代的個體達到的程度

再高，在後世也可能成為絕響。因此，所謂道的傳承，實際上相當脆弱，往往是懸於一線，即一線性。這個怎麼解決，乃是理學最大的問題。同時也說明，差異、差距都是後天形而下的，毫無意義。比如說一個人算學不行，老是算錯，他的進步退步對數理本身、對算學家顯然是沒有意義的，僅僅對他自己和相關的人有意義。

王陽明的心學工夫，最講究在關鍵時驗證。比如這一段就很典型，曰：「澄在鴻臚寺倉居，忽家信至，言兒病危，澄心甚憂悶不能堪。先生曰：此時正宜用功，若此時放過，閒時講學何用？人正要在此等時磨練。父之愛子，自是至情，然天理亦自有個中和處，過即是私意。人於此處多認做天理當憂，則一向憂苦，不知已是有所憂患，不得其正。大抵七情所感多只是過，少不及者，才過便非，心之本體必須調停適中始得。就如父母之喪，人才豈不欲一哭便死，方快於心？然卻曰：毀不滅性，非聖人強制之也。天理本體自有分限，不可過也。人但要識得心體，自然增減分毫不得。」（《傳習錄》上）由此可見，王陽明講心學工夫，是培養軍政首腦的辦法，所以才要克心忍性，時時考驗，這一套對尋常百姓家顯然是沒有多少意義的。所以說王學骨子裏是軍政之學，雖然它與道德心理學糾葛在一起，但是其政教用功卻是唯一的。應該說，當人群危難時，能夠有幾個關鍵的人物支撐便足夠了。但這種人物的造就，恐怕就得靠王學所講的辦法，雖然不全靠王學。畢竟，關鍵人物是歷史的一種儲備。實際上，中國在以前能夠度過危難，就是得力於這種關鍵人物，這是人文中最可注意的。從另一面來說，遇到災難、痛苦時，人都要面對如何處置的難題，王學認為，這時候唯有心學工夫才能解決問題。從這裏來說，心學也可以成為一般人的選擇。

理學家考慮問題，事無巨細，包括一些很庸俗的事情，也進行討論。比如這一段，「澄問有人夜怕鬼者奈何？先生曰：只是平日不

能集義，而心有所慊，故怕。若素行合於神明，何怕之有？子莘曰：正直之鬼不須怕，恐邪鬼不管人善惡，故未免怕。先生曰：豈有邪鬼能迷正人乎？只此一怕，即是心邪。故有迷之者，非鬼迷也，心自迷耳。如人好色，即是色鬼迷，好貨，即是貨鬼迷，怒所不當怒，是怒鬼迷，懼所不當懼，是懼鬼迷也。」（《傳習錄》上）怕鬼、怕黑、迷信等等，這都是人類的正常心理，是一種很自然的反應，屬於天性本能，本來用不著難為情。因為怕黑並不說明這個人就相信黑，在認識上就迷信黑、相信鬼。正如人也會喜歡黑一樣，比如晚上睡覺討厭有光、要安靜等等。因此，在這裏就有一個學問門類分工、劃定的問題。比如說該生理學負責的，結果卻由心學負責了，這就是非類。而心學，包括心理學，如果要插手生理上的事，也只能是作生理上的說明、澄清，即擺明道理。所以，這裏歸根結底還是一個學理的問題。從這裏就可以看出，在心學看來，一切自然生性方面的東西都是不當的，應該克制、清理掉。

其實，陽明之學是相當想當然的，它絕不是以學問為基礎，而是以「當然」為理由，王學的魅力也在於此，就是生動活潑，不受陳套的約束。比如，王陽明論孔子正名一節，就編製了一個動人的故事，簡直像一篇短小的情感小說。「問孔子正名。先儒說上告天子，下告方伯，廢輒立郢，此意如何？先生曰：恐難如此，豈有一人致敬盡禮待我而為政，我就先去廢他，豈人情天理？孔子既肯與輒為政，必已是他能傾心委國而聽。聖人盛德至誠，必已感化衛輒，使知無父之不可以為人，必將痛哭奔走，往迎其父。父子之愛本於天性，輒能悔痛真切如此，蒯聵豈不感動底豫？」（《傳習錄》上）這裏有一個問題，既然我們說了，道德會沾心理的光，那麼反過來，道德也會受心理的害。比如說，人跟人之間只是一個感覺問題、只是合得來與合不來的問題。儒家非要把人際關係固定

下來，成為倫常關係，好比一家人關係本來不好，也要強迫好嗎？這樣一來，就使道德背起了心理的負擔，這是必要的、是划算的嗎？另外，儒家對天性的態度，完全是一種政治的態度——可用的便極力弘揚，不利的便肆意抹殺，所以，所謂人本主義者，其實只是人政主義的。

　　我們說過，朱子學與陽明學的爭執，都可以用陰陽體例化解。陰陽是決定一切的，其靈魂就是二分法。所以，二分律在名理上也是最根本的一個條律。只要細心一點，我們就會發現，籠罩一切的，其實也就是二分倒亂（顛倒錯亂）。亦即：各個二分組之間，彼此互相不別同異，相互冒充、替代、僭奪對方。比如說同異混淆於有無、有無與是非混淆、是非與對錯混淆、對錯與深淺混淆、對錯與難易混淆等等。也就是說，陰陽鏈上的任何一組二分之名，都有可能彼此互串。這些名目在人文學說中常被混淆在一起，如果我們排列一下這些混淆，就可以把所有的、整個的古今思想學說最基本、最根本的錯誤厘清。所以，對二分法要時時處處檢正之。比如說同異與有無的糾纏：除了這種思想，其他的都不叫、都不算思想。所以，只是在朱子這裏才有思想、才有道統，在其他學者那裏都沒有思想。這就是以有無混淆同異的案例。我們只能說：其他人的思想是不同於朱熹的思想，不能說純無思想、不是思想，那樣豈不是荒謬！所以接下來就是：

　　同異與是非相混——比如說，除了這種文化才是文化以外，其他的文化都不叫文化、都不是文化，皆非文化；但我們說，其他的文化只是各種不同的文化罷了，與這種文化相比。不同、相異與本身就不是，乃是兩回事。這是以同異混淆是非的例子。

　　難易與對錯混——比如說，簡單容易的就是不對的，只有深晦才是被重視的，這是把對錯和難易「串想」了，造成不當的思維定

式。我們不能說，1＋1＝2簡單，它就有什麼不對。對錯與難易是兩回事。常人的心理，容易崇難輕易，所以總有毛病。

　　深淺與對錯混──與上例大同小異。比如史書中常有的，某人見識怎樣，而另一個人又高於他。於是讀史者的習慣就是──只選一個！甚至於辯論說，某某淺者是錯的，根本就不對。這是我們經常會遇到、會撞見的通病。見識淺不一定就是錯的，見識深還可以再深，這是一個挖掘問題。所以，深、淺與對、錯二組，在日用思維中也經常相混淆。

　　有無與是非混──最明顯的例子就是孟、荀之爭。我們說過，人性中有善，與人性本身就是善的，這是兩回事。人性中有惡的成分，與人性就是惡的，也是兩回事。所以，有無與是不是，這兩者混淆在一起了，沒有別同異，所以現在一定要正之。比如說一個人有錢，與這個人就是富的，乃是兩回事。有一分錢也是有錢。

　　輕重與有無混──唐甄講到慈幼育嬰堂的事，這說明明、清兩代有慈善機構。慈善在中國不是有無的問題，而是如何擴充的問題。是一個輕重的問題、量的問題，也就是夠不夠。這是以輕重與有無相混淆的例子。

　　輕重與是非混──唐甄講到的慈幼育嬰堂，是明、清兩代的慈善機構。這些機構確是慈善機構，而不是別的。如果因為歷史發育不夠，而就說那不是，顯然不公正，這就是以輕重與是非相混淆了。又比如收復領土，不是說有槍炮就要，有匕首就丟，這不是實力問題，而是權益問題。是就是、非就非，只是一個應該怎樣。所以很多人沒有把法權原則搞清楚，輕重混淆於是非了。

　　強弱與高低相混淆──比如蒙古很強，建立了蒙古大帝國。但是蒙古的社會形態卻很低，不能因為它軍力上的強，就說其發展形態高。在衡論人類歷史社會及當代時，往往有這方面的問題。

宇宙、時空上的混淆——四方上下曰宇，古往今來曰宙。像古代著名的論題——龜長於蛇，就是時、空相混的好例子。烏龜活得久，這是時間上的；蛇長是空間上的，龜長於蛇，顯然是倒錯了時空關係。另外，龜長於蛇這一論題，與玄武的意象也有關。

多少與難易相混淆——比如說民眾捨不得用錢、不消費，這是因為錢來得太艱難辛苦；如果錢來得太容易，那麼錢再少，大家也會消費。所以刺激消費不在於錢的多少，而在於錢來得是否容易。因此，官方的努力方向應該是放在難易上，強化建設方便社會、方便經濟，而不是傻傻的給民發錢。所以我們說，治國者沒有搞清楚難易與多少二者。

此外還有各種混淆，如對錯與是非混、前後與上下混等等。我們不妨畫一個圖（六邊形甚至萬邊形），可以作為例子來說明問題，以便舉一反三、依類推之，如下：

由此看來，「二」就是庖丁之刃、是名刀。正是二這把刀，才能解一切牛——蒙蔽。所以，二分律、二分組、二分倒亂等等，歸結到最後，一切都是一個二——二是根結問題。而各個二分組的倒亂，是可以借算術的排列組合公式算出來的。由此可見，當幾組混淆疊在一起時，人類便永遠想不清楚事情、分不清楚問題了！

　　說到公式，這裏還須補充一點交待。老子講為天下式，我們說，這個式是有很多劃分的。一般地講，都是式子，但是具體地分，卻有共別之不同。有共式，也有別式。比如說公式，就是共式，因為它不僅僅適用於一個對象。但是，如果僅僅是對應於一個對象的，那就是別式了，亦即單獨的形式。形式與公式是不同的，雖然它們都是式子。可以說，任何事與物，都有它自屬和專屬的形式。當然，所謂的共，通約與重複也是不同的。比如說算圓的公式，它雖然可以不斷重複地算各種圓，但它只是一個，本質上；它不能算方，也不能算橢圓。這就不是通約，所以算圓公式實際上還是一個別式。可見形而下的量與形而上的式是無關的。只能說，給出了單位量、資料，如徑長三尺或二寸等等，就能用一定的式子進行計算。但是這能夠說明什麼呢？僅僅是重複，量的重複，而不是理的。給了一定的量數，然後代入算（圓公）式運行，算出圓的面積、體積等等。而這些現實資料、量，都是形而下的，實際上不說明多少問題。例如：

1＋1＝2（算式）

理＋氣＝物（公式）

　　各種各樣的式子相當多，對它們別同異極為必要。比如句子就有句式，而這些式子只是語言的形式，是千差萬別的，是不太通約的，是標準的別式。比如這句話──我吃飯；蘋果是水果等等。列一下就是：

（　）→（　）（句式）

　　宇宙中各類式子海洋，都需要我們去統計。從中國古代的算術來說，它側重的似乎不是式子，而是告訴別人具體的解法。是法，

而不是式，這裏面有一個法、式之別。比如說圓，應該如何去算之，不是機械地拿公式，所以中國算術著重的是算例，即算術案例。算術與數學相較，便有法、式之異。數學是概念化的。

那麼說到法，它有什麼分別呢？起碼，辦法與方法是有所不同的。我們舉一個例子，比如八股取士。八股文是辦法，科舉是方法，但是科舉這個方法卻被臭辦法給毀了。所謂公平選拔，這個原則、原理和意思無論如何是好的，是最優化的。但是，具體怎麼搞、怎麼操作，用八股和用策論，兩者之間卻有著天大的懸殊。足見辦法與方法是不同的，二者如果不相一，後果可以想見。所以辦法與方法肯定是各異的，必須分清。好的方法會被壞的辦法葬送，而壞的方法又可能得好的辦法的便宜。所以方法與辦法之間有一個不等關係，一切都是不一定的，並不「正比對應」，而往往是反比對應的。因此，在成因論和原因論上，我們千萬不可感情幼稚！人類容易上當受騙，總緣於上述各因素。

附圖

陽

…　…
同　異
是　非
輕　重
大　小
長　短
有　無
高　低
胖　瘦
成　亡
動　靜
曲　直
宇　宙
多　少
分　合
成　敗
興　亡
知　行
難　易
好　壞
優　劣
男　女
死　活
貧　富
緩　急
古　今
善　惡
美　醜
旱　澇

亂暫暗俗濕兵火外賤卑下實雄私別多淺錯止少後往北西右邪後退母我物白植硬空客……

治久明雅乾禮水內貴尊上虛雌公共一深對行老先來南東左正前進公人心黑動軟時主……

陰

陽

　　　　進退　　　前後
　　　　輕重　　　　大小
　　　　長短　　　　　人我
　　　高低　　　　　　胖瘦
　　　成亡　　　　　　動靜
　　曲直　　　　　　　宇宙
　　多少　　　　　　　分合
　成敗　　　　　　　　興亡
知行　　　　　　　　　心物
　　　　　……
好壞　　　　　　　　　優劣
　　　　　……
男女　　　　　　　　　死活
　　　　　……
貧富　　　　　　　　　來往
　　　　　……
緩急　　　　　　　　　古今
　　　　　……
善惡　　　　　　　　　美醜
　　　　　……
旱澇　　　　　　　　　治亂
　　　　　……
久暫　　　　　　　　　明暗
　　　　　……
雅俗　　　　　　　　　乾濕
禮兵　　　　　　　　　水火
　內外　　　　　　　　貴賤
　　尊卑　　　　　　上下
　　虛實　　　　　雌雄
　　公私　　　　共別
　　一多　　　正邪
　黑白　　　行止
　　老少　　先後

陰

第二章
實學

第一節　名教

　　明末思想是相當豐富而有深度的，明末三大師黃宗羲、顧炎武、王夫之固不用說，其他很多思想家如唐甄等，也都有獨到的思考。案顧炎武《名教》曰：「漢人以名為治，故人材盛。今人以法為治，故人材衰。」（《日知錄》）我們說，所謂實學，就是關於治理的學問，也就是經世致用之學，所以顧炎武的話可謂說到了根本上。那就是，法治不如名治。任何人，很少有人認識到「名」的嚴重價值。黃汝成曰：「先生著述閎通，是書理道尤博，學術政治，皆綜隆替，」「先生負經世之志，著資治之書，舉措更張，言尤慨切。」（《日知錄集釋》敘）可見，顧炎武的思想就是最傳統的經世思想，其價值完全在於細節（這些技術細節充分表現在《日知錄》一書中）。《集釋》中說：「明士氣之盛，為兩宋程、朱之學所蘊而發。」這就說到了一個基本事實，就是：歷史中的人文成果，往往是當代人植樹，而後代人乘涼。明、清兩代綱紀不墜，完全是理學的維繫。尤其是有明一代，朝廷如此荼毒大臣，而烈士始終不絕，正說明理學、名教的信念猶在。這些都是歷史「名治」的成果，但卻一再慘遭摧折。可以說，名治永遠是人文政治的不二法門，今後能不能恢復治理，就看名治在歷史中的運程如何。顧炎武說：「後之為治者，宜何術之操？曰：

唯名可以勝之。名之所在，上之所庸，而忠信廉潔者顯榮於世；名之所去，上之所擯，而怙侈貪得者廢錮於家。即不無一二矯偽之徒，猶愈於肆然而為利者。《南史》有云：漢世士務修身，故忠孝成俗，至於乘軒服冕，非此莫由。晉、宋以來，風衰義缺，故昔人之言曰名教、曰名節、曰功名，不能使天下之人以義為利，而猶使之以名為利，雖非純王之風，亦可以救積洿之俗矣。」（《日知錄名教》）

我們說，名節、功名等詞因為意思很多，容易引起歧義、誤解，所以還是避開的好。注中說：「楊氏曰：三代以下，唯恐其不好名，為此也。」可見名的重要，是很多人最基本、最一般的認識，並不是哪一個人的特見，而名學就是專為名服務的。顧炎武說得明白，名治即使不能保證一個「濫人」都沒有，但至少、無論如何也比壞政治強，要好得多了。這就是《大學》講的，為治要不以利為利，而以義為利，即義利合一。更明白的說，就是要以名為利。唯有名治，才可以、才能夠勝任治理。名之所在即治之所在，名之不在即亂之所在，這一層顧炎武講得十分清楚。當然，顧炎武是結合了歷史中的事實情況來講說名的要緊的，他說：「司馬遷作《史記貨殖傳》，謂自廊廟、朝廷、岩穴之士，無不歸於富厚，等而下之，至於吏士，舞文弄法，刻章偽書，不避刀鋸之誅者，沒於賂遺。而仲長敖《核性賦》謂：裸蟲三百，人最為劣，爪牙皮毛不足自衛，唯賴詐偽，迭相嚼齧。等而下之，至於台隸僮豎，唯盜唯竊。乃以今觀之，則無官不賂遺，而人人皆吏士之為矣；無守不盜竊，而人人皆僮豎之為矣。自其束發讀書之時，所以勸之者，不過所謂千鍾粟、黃金屋。而一旦服官，即求其所大欲。君臣上下，懷利以相接，遂成風流，不可複製。」（《日知錄》）

正是在這樣的歷史場景下，顧炎武提出了名治的主張。我們說，這純粹是一種人文政治、歷史政治的主張。從一般人性來說，人人

都是好利的。說白了，人不可能不愛錢。尤其是中國，作為一個農本帝國，它的國民、人民更是離不開錢的。農民最重視的就是收成，國家農民性是每一個歷史中國人最基本的性質。因此，問題就是：任何一個人做了官都會搞錢，他們只有小貪與巨貪、明貪和隱貪的區別，如此而已，那只是一個輕重問題。所以，如果說中國的歷史政治不行，根本原因還是因為每一個在位置上的用事者不行；即使有一兩個好的，也左右不了全局。這樣一來，歷史政治就只能是、必然是壞的。所以僅僅怨怪皇帝是怪不上的，因為最壞的皇帝，也只是觸媒意義上的角色。所謂的壞皇帝，只是引發出不好的人群罷了，正如所謂的好皇帝引發出好人群一樣。官吏群體不是性善、性惡二分法所能簡單了事的，還是《大學》講的，引發了善，人群就會掩蓋不善；引發了惡，人群就會暴露不善。所謂官員，就是取得了某種職位、一定職位的人民。所以人民怎樣，官吏就怎樣；官吏怎樣，人民就怎樣。他們是一回事，不存在另一種特殊的東西、特別的感受。要想把官員與民眾在人類本性上作根本不同的兩種處理，就好像水中隔水一樣困難。所以政治指控與教育指責應該是相一的，這就是學、政永遠一一對應的宿命與無情。因此，不要徒勞而廉價地辱罵政治，那只是罵自己，只是自欺。士應該勇敢地從政，也就是不折不扣地做自己，這才是誠實的態度，也就是誠意。意誠了，一個人才可能是認真負責的。人性只是相近的「中性」，關鍵是看往哪一邊繼之。所謂的好、壞政治，只是一個往哪邊引發的問題。所以，我們不能說人群是善的，這很危險。在歷史中，很長久的時期內，人們讀書只是為了求取功名，作為達成自己慾望的階梯，所以讀書跟理義沒有關係，跟政治也沒有關係，因為真正的政治只能是理義的，也就是——要在人文上做什麼？由此，實際上中國的歷史政治是由一群和政治、與人文毫無關係的人領導著，是由一幫只

和忙生活、過日子掛鉤的人控制著，而後人還要來討究它的成敗，哀感它的得失，是不是太難了呢？就像老子說的那樣，惟其不善，何言之有！

就像顧炎武說的，每一個官員都略遭，那麼有什麼辦法、怎麼辦？通觀人文歷史，除了名治，沒有別的辦法。我們只要比較一下，為什麼在古代國家人們都會做的事情，在現代國家大家卻不好意思幹了（很多事情都是這樣，不用枚舉）？這是因為人們的念頭變了。正是因為這些看似極軟的念頭的變遷、沿革，我們才目睹了人文社會的進化，從而有了一點希望與信心。而促成人類念頭變化的，就是名──各種各樣的名、名目。比如民國以後的公共性、共同體諸義，各種各樣多如繁星的公義等等，在古代是達不到或者達不成的。包括全民旅遊這樣日常生活中的事情，明代有可能提出嗎？朱元璋先生會不會關心──萬民之旅遊乎？會不會對下屬說──吾未見百姓之旅遊也！所以，古代社會、古代生活是有限度的。由於這種限度，直接的一點就是：官員的被殺風險很高。如果是現在，即使朱元璋先生當政，還可不可能像以前那樣殺人呢？這是很明白的。所以，古代社會與古代生活的限度，其實就是名的限度。名的有限，註定了人們念頭的局限，所以古代是沒有希望的。即使好，也只能是「慶倖」意義上的，而不是「三然」意義上的，不是本分的。可以說，我們在這裏講的，很多都是事後話。但是，事後話就是無意義的嗎？可以肯定的說，決定人類未來生活能否改進的，就是事後思維。所謂事後思維，也就是「讀史」。事後話只對一個對象無可奈何，那就是歷史，是歷史本身。除了歷史，事後對一切都是「有奈」的。它使我們不二過，提供給我們一種安全保障。所以，未來就是在事後中建立起來的。

可以說，歷代賢人所討論的問題都是一個中心，就是德位理論。這個德位理論的波及面是廣泛的，不是說只有帝王才面臨德位

問題，每一個做事的人都面對具體的德位問題。像聖人一名，其實就是一個德位指稱，它指古代人群的首領、領袖。比如伏羲、堯就被認為是有德有位，把自己比作太陽的夏桀被認為是有位無德，把自己比作狗（喪家之犬）的孔子就被認為是有德無位等等。所以，在古代德是自由的，而位是不自由的。所以後人做的最要緊的一件事，就是努力讓位成為自由的——使德位的一一對應成為自由的，而不是分離的。也不是「輕重地」讓它們儘量對應。所以，從歷史大勢來說，後代的儒者、儒家要比前代的儒家、儒者自由，他們的條件更多、更好了。因此，他們的工作也應該日新月進，如果反而退化了，那就是名上出了問題（比如說「儒」這個名沒有了等等）。顧炎武說：「《舊唐書》：薛謙光為左補闕，上疏言，臣竊窺古之取士，實異於今。先觀名行之源，考其鄉邑之譽，崇禮讓以屬己，顯節義以標信，以敦樸為先最，以雕蟲為後科。故人崇勸讓之風，士去輕浮之行，希仕者必修貞確不拔之操，行難進易退之規。眾議已定其高下，郡將難誣其曲直。故計貢之賢愚，即州將之榮辱。假有穢行之彰露，亦鄉人之厚顏。是以李陵降而隴西慚，幹木隱而西河美。故名勝於利，則小人之道消；利勝於名，則貪暴之風扇。自七國之季，雖雜縱橫，而漢代求才，猶徵百行。是以禮節之士，敏德自修，閭裏推高，然後為府寺所辟。今之舉人，有乖事實，鄉議決小人之筆，行修無長者之論，策第喧競於州府，祈恩不勝於拜伏。或明制才出，試遣搜敭，驅馳府寺之門，出入王公之第，上啟陳詩，唯希咳唾之澤，摩頂至足，冀荷提攜之恩。故俗號舉人，皆稱覓舉，覓者，自求之稱也。夫徇己之心切，則至公之理乖；貪仕之性彰，則廉潔之風薄。是知府命雖高，異叔度勤勤之讓；黃門已貴，無秦嘉耿耿之辭。縱不能把已推賢，亦不肯待於三命。故選司補置，喧然於禮闈；州貢賓王，爭訟於階闥。謗議紛合，漸以成風。夫競榮

者必有爭利之心，謙遜者亦無貪賄之累。自非上智，焉能不移？在於中人，理由習俗。若重謹厚之士，則懷祿者必崇德以修名；若開趨競之門，則徼幸者皆戚施而附會。附會則百姓罹其弊，修名則兆庶蒙其福。風化之漸，靡不由茲。嗟乎此言，可謂切中今時之弊矣！」（《日知錄》）

古代舉拔人才的制度和辦法，經過千百年的打磨，不斷有所改進，最後科舉制度的定型乃是必然的。但科舉有其局限，就是它的一次性太強，而對一個人的認識是不可能決於一次的。所以比較之下，更古的辦法，如漢代的舉賢良、推舉制度就顯出了它的可取性。因為推舉賢良有一個公認基礎做保證，相對科舉而言。因此，歷史中的優選制度應該更加多元，互為補充，這樣就更穩妥可靠。尤其是，做官與功利的關係很難擺平，最顯著的當然是貪污問題。要想不貪，僅靠道德的力量是難以為濟、難以湊效的。所以，制定可行的辦法才是為政的第一關鍵。直接的參考是，漢代選賢良的辦法很多，其中有一種「算貲」的辦法，很具啟示意義。比如說家產有兩千萬的，為人又賢良，便可以出來做官、為國家做事情。後來覺得這個門檻太高，有很多士雖然賢明，但是財產沒有那麼多，便被擋在了門外。所以後來就降低門檻，家財有四百萬便可以。當然，這個門檻也不能太低，因為太低了就會魚目混雜、良莠不齊。算貲這個辦法應該說是最優的，因為它真正的把做官與功利分開了。通常，歷史上的從政者可以分為兩大類，就是：成就型從政和利益型從政。成就型從政就是只想做事的人，利益型從政就是營求利益最大化的人。所以，根據德位理論，成就型用事則富強立待，利益型用事則衰亡可俟。天理昭然，無可逃遁！因此，算貲的辦法，正可以把政治引導到做事而不是牟利的道路上去。簡單的說，有一定經濟基礎的賢人任職，他可以不要工資，自然更不可能貪污（連工資都不要

了，其財物來源自然更會受到公私社會的監控，會變得非常敏感而暴露）。於是，出仕便與生計徹底脫離了關係，變成了完全為公共社會做事。由此，國家的政治成本便可以大大縮減：越是高官，工資越少，或者乾脆不要工資。一句話，生活都還成問題，做什麼官呢？行有餘力，乃可以為人。如果嫌窮，可以不仕。這樣，很多弊端自然就消匿、革除了。

拿歷史中的科舉來說，很多人考試是和自己的生計相關的，是為了改變自己的生存處境，而不是為了修齊治平的事業。也就是說，絕大多數人都是在忙生活，而不是在忙政教、忙不朽。世人是行無餘力、而以學文，做官之後，以前窮很了，哪有不貪的呢？這是一個根源問題。其實，出仕是一種人類職責，而不是一種謀生手段。是要為人群做事的，而不是為自己做事。如果是謀生，盡可以從事於三百六十行，何必通過做官呢？要做官，無非是來財快。今絕其致財之道，參考算貲辦法，才是真正的治本。做官不是一種職業，而是要幹事情，所以官員（高官）嚴格來講是不應該發薪水的。因此，真正的人文政治是沒有政治成本的，行政成本應該最低直至沒有。說白了，生活還成問題，做官完全就是害人，所以這裏有一個資格問題。只有生活無憂、行有餘力、可以來憂天下的人，才有資格做官。比如家產兩千萬的，他可以不要工資，自己養活自己，這就可以出仕了。像民國時候的胡適，就是不拿雙薪的。因此，越是高官，越不應該帶薪、拿工資，這應該成為國家定制。想發財、弄錢，可以去幹別的，用不著「幹官」，做官就是要幹事的。這樣，國家政治自然日清。漢代能維持四百多年，沒有相當的優點是辦不到的。所以，往往是政治古義、古義政治能夠挽救國家，算貲制度正是如此，我們可以得到很多啟發。簡言之，從上到下，層層降低，越是居高位的，越是無薪──自己以家產自給。越是基層的，帶薪

但有限制。所以，像高薪養廉這樣的思路完全就是標本倒置。就職期間，當然不能有任何財物上的關係、往來，就是一個小禮物也不能收。如果覺得拘束，可以辭官不做。至於對饋遺者的處罰，就像顧炎武說的，可以記名、登名造冊，從此與賢良無緣，這種軟處理最厲害。應該說，顧炎武就是符合算貲辦法的人選。首先，顧炎武是大學者，學而優則仕，理所當然。其次，顧炎武很能幹，他想做事，因此也應該出仕。另外，顧炎武善於治財、家資巨萬，讓他一分錢不拿、薪水全部放棄，也無所謂。再者，顧炎武賢良，他絕不會貪污。綜上所述，像顧炎武這樣的人出任最高官長應該是沒有問題的。只是顧炎武生不逢時，當明、清之交，一個名節就足以把他捆死。所以，人文歷史總是遺憾居多。

但是有一點，有資財的人如果不讀書，也是不能從政的。科舉考試的優勝者往往是苦孩子出身，越苦越會考，所以科舉制度也使得社會上的一些沉渣泛起，這個不可不注意，且只能用算貲法、賢良策去防之。畢竟從大家出來的人與從小家出來的人不一樣，現代優生學、優化學已經證實了這一點。所以，高官最好是由「積厚之家」出來比較可靠，而財物則是一個硬指標。比如說四百萬就比赤貧為好，朱元璋先生最苦，所以他也最暴，就是因為「缺養」的緣故。他的很多做法，如剝皮塞草之類，都是很底層的搞法，完全不是人文的，很不體面，絲毫沒有人的尊嚴和尊貴，沒有政治優遊之趣，這些顯然都要靠算貲制度補救。有恆產才有恆心，有恆心方有恆政。有家產的人學而優，便具備了雙重的、多重的優點和優勢，不為政何待？不尊重人類財富的政治，輕財的政治，與好利、唯利的政治一樣不可取。所以家產是對人類的一個必要提醒，告訴他們也要致力於財富，否則不能自立立人、自利利人、自達達人。比較起來，算貲辦法是人類有史以來最好的辦法，也是最樸實無華、最

親切平易的辦法。如果算賃與科舉相配合，必能造就最人文之政治。舉賢良策，說白了，就是學、財相資，行有餘力，可以為政的意思。歷代高官重祿，從思維與道理上論之，可以說正好把事情做反了——沒有明白一陰一陽之謂道，本來應該正過來。這樣，仕者便多是理義的。每一個做官的人，都是為了某種理想、為了自我實現而做事，並非為了某種心術、意圖、目的或者生計而做事。當然，資財達到一定的量，便不再是頭等重要的了。比如，有一億資財的人不一定就比只有一千萬的賢明。但是有一千億的，則必須重視之，不論這千億是如何得來。這些都是顯然的。

顧炎武說：「宋范文正《上晏元獻書》曰：夫名教不崇，則為人君者謂堯、舜不足法，桀、紂不足畏；為人臣者謂八元不足尚，四凶不足恥。天下豈複有善人乎？人不愛名，則聖人之權去矣。」（《日知錄》）這裏所講的，其實就是名上的管制，《春秋》就是管名的，所以人人以為懼。後來的人都以為《春秋》是空名，於是政治上也就無所不為了。其實，這都是因為沒有認識到名的嚴重，而很多惡人正希望如此。顧炎武在這裏講的，乃是名法的關鍵。所謂聖人，其實只是以名為治，是以名治天下。如果沒有了名，聖人也就無可為了。我們看歷史政治中總是在爭一個名，那還是懂名的，至於不懂的，連名也不會去爭了。朱熹之所以對司馬光有意見，也是因為認為其史未經正名——沒有正名過的史不叫史。比如蜀漢的名分問題、名權問題等等。顧炎武寫道：「今日所以變化人心、蕩滌污俗者，莫急於勸學、獎廉二事。天下之士，有能篤信好學，至老不倦，卓然可當方正有道之舉者，官之以翰林、國子之秩，而聽其出處，則人皆知向學而不競於科目矣。庶司之官，有能潔己愛民，以禮告老，而家無擔石之儲者，賜之以五頃十頃之地，以為子孫世業，而除其租賦，復其丁徭，則人皆知自守而不貪於貨賂矣。豈待酇川再遣，

方收牧豕之儒；優孟陳言，始錄負薪之胤。而扶風之子，特賜黃金，涿郡之賢，常頒羊酒。遂使名高處士，德表具僚，當時懷稽古之榮，沒世仰遺清之澤，不愈於科名、爵祿勸人，使之干進而饕利者哉！以名為治，必自此塗始矣。」（《日知錄》）

這裏用公孫弘、公孫敖、尹翁歸、韓福為例來說明，顯然，顧炎武還是以「學政」為歸的。為學進道要與功利徹底地分切、隔斷，比如科目、科名、爵祿等等。而且，對不貪貨賂的官員，包括他們的後代，都要給以獎勵與撫恤，比如免去賦稅、徭役等等。這些意見，顯然都關係到一個核心主題，就是政治如何在不與利的情況下搞好？我們說，顧炎武的考慮並沒有達到歷史中的最優化，在具體辦法上，雖然他用心很好。無疑，算貲制度或辦法明顯的更好一些。按照顧炎武的方案，對有德的獎勵，還是涉及物質方面了。而一切饕利，實多起於獎勵道德。因此，顧炎武的辦法容易導入一種不好的歷史循環，這是最明顯的問題。大概顧炎武自己也清楚這一點，只是他沒有更好的辦法。而且，像服徭役這種事，在清代已經有了很大的變化。張之洞說，清代是政府出錢雇傭人進行各種公共建設，不是赤裸裸地直接徵收人力，這是與前代、與歷代最大的不同。所以，就是在帝制時代，中國的人文社會也不是沒有進化、也不是不能進展。至於天下蠲免的事就更多了。我們要問的是，為學為什麼總是要政府獎勵呢？精神中的最高活動，難道不應該是基於簡單的絕對自我嗎？學怎麼能像風、草那樣自上而下地制定呢？雖然這在政府是一種高姿態。由此看來，中國歷代的所謂向學，其本身就是缺乏精神自性的，這恐怕是世風易移的真實原因。真有自我的，令之不移，唯理是從。但是，顧炎武名治的主張卻是絲毫不動搖的。

由此看來，在顧炎武的實學思考中，道德性始終是貫穿著的，也就是名俗。所謂風俗、政俗之厚，都是一個俗而已。俗就是習慣

成自然，政治的習慣重於方法，習慣是不能輕忽的。顧炎武舉例說：「漢平帝元始中詔曰：漢興以來，股肱在位，身行儉約，輕財重義，未有若公孫弘者也。位在宰相，封侯，而為布被脫粟之飯，奉祿以給故人賓客，無有所餘，可謂減於制度而率下篤俗者也。與內富厚而外為詭服、以釣虛譽者殊科。其賜弘後子孫之次見為嫡者，爵關內侯，食邑三百戶。」（《日知錄》）公孫弘的爵祿由其直系後裔繼承，這當然是一種獎勵。正像孔子說的，為什麼要拒絕高薪厚祿呢？可以用來接濟周圍的人嘛！注中說：「存者賜之以先生之號，歿者則加之以諡。」所以諡號亦屬於名法。名似乎是人爵，其實是天爵，因為最終的名都正於公論，不是人為可以制定的。歷史就是一個正名的過程，所以，如果有人問：歷史是什麼？我們就這樣回答：歷史就是正名。關於繼承名、對名的繼承，顧炎武舉了兩個例子。他說：「《唐書》：牛僧孺，隋仆射奇章公弘之裔，幼孤，下杜樊鄉有賜田數頃，依以為生。則知隋之賜田，至唐二百年，而猶其子孫守之。若金帛之頒，廩祿之惠，則早已化為塵土矣。國朝正統中，以武進田賜禮部尚書胡濙，其子孫亦至今守之。故竊以為獎廉之典，莫善於此。」（《日知錄》）這就是歷史中特殊的信譽和信用──名信（不管事實是什麼原因造成的）。

由此可見，顧炎武還是認為，維持名的最好辦法仍然是獎廉，所以不憚其煩地舉例。我們說，像朱熹、王陽明這樣的人會貪污嗎？這是顯然的。所以，人要完成一個基本──得有了一個起碼的樣子，才談得到下面的。其實，顧炎武對當時社會的總體風氣已經有了相當的觀察，他說：「今日人情有三反，曰：彌謙彌偽，彌親彌泛，彌奢彌吝。」（《日知錄三反》）「巧召殺，忮召殺，吝召殺。」（《日知錄召殺》）「江南之士，輕薄奢淫，梁、陳諸帝之遺風也。河北之人，鬥很劫殺，安、史諸凶之餘化也。」（《日知錄南北風化之失》）「飽

食終日，無所用心，難矣哉！今日北方之學者是也。群居終日，言不及義，好行小慧，難矣哉！今日南方之學者是也。」（《日知錄南北學者之病》）這就深入到了各地的民性，皆非泛空之言。顧炎武認為，南朝、唐以來的壞影響一直都還在。

對明末士群來講，最前端的一個問題就是滿洲的問題。無論王夫之、黃宗羲、方以智還是顧炎武等等，只要是明末一代人、明末之人，無不面對著這個最根本的正名問題。根據學案體例，我們也可以用歷史中的「政案」來說問題，那就是：最直接的一個先例、《論語》中的例子──孔子對季氏的看法，我們可以從這一段中反觀滿清問題。〈季氏〉曰：「季氏將伐顓臾，冉有、季路見於孔子曰：季氏將有事於顓臾。孔子曰：求，無乃爾是過與！夫顓臾，昔者先王以為東蒙主，且在邦域之中矣，是社稷之臣也，何以伐為？」案注疏所說：顓臾伏羲之後，風姓之國，本魯之附庸，當時臣屬魯。季氏貪其土地，欲滅而取之。魯七百里之封，顓臾為附庸，在其域中，先王使主祭蒙山。顓臾已屬魯，為社稷之臣，何用滅之為？所以，季氏將伐顓臾，正說明魯臣季氏專恣。天下無道，政在大夫，故孔子陳其正道，揚其衰失。〈季氏〉云：「孔子曰：天下有道，則禮樂征伐自天子出。天下無道，則禮樂征伐自諸侯出。自諸侯出，蓋十世希不失矣。自大夫出，五世希不失矣。陪臣執國命，三世希不失矣。天下有道，則政不在大夫。天下有道，則庶人不議。」可見禮樂政教應該是出於天子，下面不得僭奪。但凡人民運動搞得熱鬧的，都是天下無道的表現。〈子張〉曰：「子貢曰：君子之過也，如日月之食焉。過也人皆見之，更也人皆仰之。」這就明白指出：君子的重心不在「無過」，而在「改之」。就像日食、月食，人都看得見，明白昭然。人不可能天生不犯錯，人類史本來就是一個學而習之的過程。犯錯是人類的本分，不犯錯是人類的情分。所以關鍵是在改，

而不是無。當然故意犯的錯除外。因此，對於過，用不著有不安、諱飾的心理，這樣反而害事。而這就是儒家的改進思想，凡事都經不起改進。所以對過失是根本不用多顧慮、多糾纏的，不過才奇怪了。過失是人的本分，所以對「過」本能地感到緊張是不對的，也沒有必要。與改過相配合的是君子不二過之論，知過不改為過。治理得好的政治，百姓沒話可說。因為政治上了軌道，人們就不再關心它了，而只專注於日用生活，所以國人無非謗謗議，這是孔子不越政教名分的直接表達。所謂人平不語、水平不流者，說的也是這個意思。

　　於是，從上述例子我們就得到了一個明白的標準，即：滿洲原為大明社稷之臣，像努爾哈赤的家族，便是世為明朝守邊，整個大東北在大明統治下兩百多年，充其量只是明朝的一個地方行政區劃，與外國根本不同，這個一定要正名。所以明、清交接，只能看作是明的一個地方勢力又重新統一、整合了全國，而不能視為是外國征服了中國，這個一定要正清楚，是不容混淆的。所以，具體的民族雖然不同，但那是國內的事。就像歷史上任何地方都有可能統一全國，或者是西北，或者是南方等等，不一而述。好比新疆統一了全國，我們能說是外國侵略嗎？湖南統一全國，我們不會多想、往別處想，新疆自然也一樣，滿洲當然亦是如此。至於明末滿洲叛明，地方勢力總是這樣的。李自成、張獻忠都一樣，都屬於地方勢力叛亂。所以留給晚明士大夫的，是朝代名節的難題，俗所謂改朝換代，不為貳臣，而不是外國侵略的問題。大處既立，源頭處正了，我們再來考量以明末三大師為代表的一大群學人，就有了清楚的座標，這是必須說明的。從歷史來看，中國始終是一個農牧社會，農、牧二者如何整合、協調，一直是中國的歷史難題，這個疑難直到現在也沒有解決。農牧社會的性質與現實，帶來的就是農牧政權的循

環、混雜與交替。只是古人不用此名，他們看不破這一層，所以也就不可能有辦法解決了。古人想不出辦法——根本的歷史性解決辦法。大家不可能坐下來和平地協商出一個終極方案，無論漢族、蒙族、匈奴等等，包括其他民族，大大小小、林林總總，都沒有這個意識可能。但是，以後的人有了明確的意識，如果還不能做事，那就只能是自己的原因了。實際上，我們看史書中很多具體的、栩栩如生的細節，就能夠知道，歷史中的事情本來未必不可能，只是因為當時的人沒有找到要點，所以事情不能有根本的改進。像也先和明英宗的對話就說明，歷史中的北方民族是可以內附的，遊牧社會的自身性質決定了這一點。問題是，農本社會的接受心理和對待態度。到了民國，中國開始由農牧社會向工商社會轉變，農牧二元性從主件變成了必要件，這個趨勢是改變不了的。所以明、清接替就是歷史中的最後一次農牧大動移。黃宗羲的《明夷待訪錄》對歷史農牧政治作了最後的思考。

第二節　治法

建都——原君——原臣——置相——原法——學校——兵制——治賦——井田——格君——任相——更幣——無助

　　黃宗羲是明末主要的思想家，《明夷待訪錄》更是經典。但因為黃宗羲為人機關，所以該書十分簡短。黃宗羲感歎說：「余常疑孟子一治一亂之言，何三代而下之有亂無治也？乃觀胡翰所謂十二運者，起周敬王甲子以至於今，皆在一亂之運。向後二十年交入大壯，

始得一治，則三代之盛猶未絕望也。前年壬寅夏，條具為治大法，未卒數章，遇火而止。今年自藍水返於故居，整理殘帙，此卷猶未失落於擔頭艙底，兒子某某請完之。冬十月，雨窗削筆，喟然而歎曰：昔王冕倣《周禮》，著書一卷，自謂吾未即死，持此以遇明主，伊、呂事業不難致也，終不得少試以死。」「吾雖老矣，如箕子之見訪，或庶幾焉。」（〈題辭〉）可見，《明夷待訪錄》寫的是為治之方。看來黃宗羲對此稿是隨身攜帶、極為珍視的。而且他認為，中國歷史雖長，但真正治理好的時候卻極少，所以一部中國史，是以亂為主導的。這是典型的儒家的意見——所謂儒道未得一日行於天下者也。同時，這裏也反映了一個普遍的問題，就是：中國傳統的士人都是幻想家，總有一種依附心理。他們總是指望別人，為什麼不指望自己呢？因為有很多事情是只能夠獨任、只能夠當仁不讓的。如果指望別人，永遠不會有希望，即使兌現，也不徹底。當然，黃宗羲所處的時代很特別，也很尷尬，他確實是沒有條件的。但是像洪秀全這樣不得意的讀書人，荼毒殘害天下，又走向了另外一個極端。所以，讀書人怎樣得其政治宿命之中庸，乃是歷史中最關鍵的問題。清季孫文也是讀書人，後來成為職業革命人。毛是小知識份子出身，也不用多說。所有這些，都需要我們思考。一句話，清高總是假的，重要的是篤行。

　　黃宗羲專門談了建都的問題，很值得注意。因為怎樣建都、如何建，直接關係到一個國家是否滅亡，這不是小事情。黃宗羲說：「或問：北都之亡忽焉，其故何也？曰：亡之道不一，而建都失算，所以不可救也。夫國祚中危，何代無之！安祿山之禍，玄宗幸蜀；土蕃之難，代宗幸陝；朱泚之亂，德宗幸奉天；以汴京中原四達，就使有急而形勢無所阻。當李賊之圍京城也，毅宗亦欲南下，而孤懸絕北，音塵不貫，一時既不能出，出亦不能必達，故不得已而身殉社稷。向非都燕，何遽不及三宗之事乎！」（〈建都〉）

可以說，這裏完全是糊塗暗昧之言。以黃宗羲的身份，為什麼會說出這樣的昏話呢？就因為他心裏有一個意思不好，有個不好的意思：他希望崇禎逃出來。正如理學家講的，一個人心裏一旦被什麼堵住了，雖智大迷。亦即，心有意圖，則其心不正。實際上，當初明成祖定都北京是很有戰略眼光的。他死後埋在前沿以激勵後人，更表現了非常的決心，此為歷代帝王所無。實際上，朱元璋一直在考慮定都、遷都的問題。他對南京很不滿意，因為南京根本就不能建都。歷史上但凡在南京建都的王朝都很衰弱，南京這地方不好。包括河南也不行，河南的古都最多，但是在河南建都必衰，因為河南這地方容易魚爛、濫化。當年朱元璋親自到河南視察，非常不滿意。因為河南地勢平曠，無險可守，朱元璋是有眼光的。因此，中國只有兩個地方適合於建都，一是西安，一是北京——東北、西北一條線。我們看黃宗羲的議論，就感覺好像女人買東西，挑來揀去（還是這個好、還是那個強），這不是終極辦法。像北京、西安，到底哪一個好呢？其實，這就是定式思維——非要挑一個，但是並不可靠。像遊牧民族，比如遼、蒙元等等，一般都選擇幾個地方建都。比如遼之五京，上京、中京、南京等等。所以中國完全可以實行連都，不必拘於一地。而事實是，有明一代，北京、南京兩地都有行政設置。從歷史教訓來講，李自成起兵，是從西北往東北方向打；唐安史之亂，安祿山從范陽起兵，是從東北往西北方向打。如果西安、北京連都，好似鐵板一塊，那麼，歷史二過就可以避免了，而這也就是連都的講究和必要。大致說來，中古以前，中國的古都是以西安為首，中古以後則是北京。但凡在西安建都的時候，國勢相對較好，因為秦人整肅，較易為力。當年朱元璋也考慮過西安，但因為營建太費而作罷。其實他不知道，定都在哪裏，老百姓自己就會聚攏過來，只要政府有耐心，把經營區域劃好，老百姓自己就

會建起一座城市，不用太傷耗的，何況西安本來就有歷史基礎。黃宗羲的眼光在於，他認識到建都對國家的至關重要，關係到國脈。但是，黃宗羲的具體觀點卻是失當的，這是因為，黃宗羲在大處雖然很有眼光，但落實到技術細節上，卻為意願所蔽。所以，黃宗羲當國亡而怨都燕，完全就是狂說。

　　事實是，幸而明成祖遷都北京，否則明祚早就亡了。黃宗羲說：「或曰：自永樂都燕，歷十有四代，豈可以一代之失，遂議始謀之不善乎？曰：昔人之治天下也，以治天下為事，不以失天下為事者也。有明都燕不過二百年，而英宗狩於土木，武宗困於陽和。景泰初京城受圍，嘉靖二十八年受圍，四十三年邊人闌入，崇禎間京城歲歲戒嚴。上下精神敝於寇至，日以失天下為事，而禮樂政教猶足觀乎？江南之民命竭於輸輓，大府之金錢靡於河道，皆都燕之為害也。」（〈建都〉）這裏的論說完全是不講道理，對照清代就可以知道，將政治上的治理不得法，而「狂歸」於地方位置不好，這完全是一種過當。從農牧社會的歷史性質來說，中國與遊牧民族的接觸是不可避免的。中國歷史上正是因為南渡苟安的危害太大，所以明成祖下定決心堅決要在北京建都。正因為在北京建都，所以昏君、暴君們才能拖那麼久，否則早完蛋了。黃宗羲不看這些因素，反而說出一些南渡的昏話，講什麼經濟上的耗費，作為一代大儒，何其愚也！其實，他對明代的判斷也是錯的。明祚之所以維持二百多年，就因為有明一代的數起數落。諸如張居正的振作，明武宗的用兵，以及王陽明的平亂等等。由此可見黃宗羲論事之不當。

　　黃宗羲的論議，不能不讓我們深自省察：就是像明末三大師那樣的，也還是這個樣子，為士之真見識，其可靠性何在？現在看來，基本上可以說，如果是黃宗羲用事，情況並不見得就一定會比崇禎好多少，儘管這是令人驚歎和遺憾的。也是從這裏來看，歷史最終

其實是公平的，它一定是遵循一個法則：最優者「出顯」，總體上。我們可以說，也只能說：北方已經淪陷，只好暫退南京，以圖恢復。可以在學術上為這個做輿論配合和準備，而且南京本來就是原先的舊都。但是，如果倒過來，真的就從心裏認為南京很理想，這樣的所謂大治之法，還是不要兌現的好。簡言之，心裏有了一個「如果結」，思、理都會往上面湊，怎麼還能有的當的思考結果呢？黃宗羲居然說：「或曰：有王者起，將複何都？曰：金陵。或曰：古之言形勝者，以關中為上，金陵不與焉，何也？曰：時不同也。秦、漢之時，關中風氣會聚，田野開闢，人物殷盛；吳、楚方脫蠻夷之號，風氣樸略，故金陵不能與之爭勝。今關中人物不及吳、會久矣，又經流寇之亂，煙火聚落，十無二三，生聚教訓，故非一日之所能移也。而東南粟帛，灌輸天下，天下之有吳、會，猶富室之有倉庫匱篋也。今夫千金之子，其倉庫匱篋必身親守之，而門庭則以委之僕妾。舍金陵而勿都，是委僕妾以倉庫匱篋。昔日之都燕，則身守夫門庭矣。曾謂治天下而智不千金之子若與？」（〈建都〉）

帝王怎麼就不能以身先之呢？從歷史經驗來說，基本上是有北有南、無北無南。戰爭是以北方為要，南方其實用不著打仗，所以都城非放在北方不可。所謂建都，它首先是一個戰略考慮，只是一個行政辦公機構的設置，不是謀求經濟地帶。所以很多人沒有把概念搞清楚。像東晉那樣的苟安，本不為國人所接受。從政治上說，南渡就是棄民，也就是對一半以上的國家、老百姓不管了、不再負責。用現在的標準，這麼做肯定是政犯。也許從能力上來說，南渡棄民是不得不棄。如果是這樣，我們便有理由把一切事情搞糟，因為那都是能力問題，不是態度問題。其實，黃宗羲對這些常識性的東西何嘗不知，從他虛擬的問者的話語中我們就能看到這一點。只是黃宗羲被他的「成心」蒙住了，所以非要論證金陵建都不可，而

給出的理由卻很虛弱。另外，黃宗羲的比方也不恰當。從這些地方都可以看到黃宗羲的「明本」思想，他不甘心明朝就這樣結束了。也正是從這裏來說，黃宗羲不可能沒有補天的意結。顧炎武是不同意黃宗羲的建都方案的，他在給黃宗羲的信中說：「炎武以管見為《日知錄》一書，竊自幸其中所論，同於先生者十之六七。唯〈建都〉一策，必在關中，而秣陵僅是偏方之業，非身歷者不能知也。」（〈顧寧人書〉）這就說得很明白，顧炎武是堅決反對在南京建都的。我們說，黃宗羲的建都計畫完全是不恰當的。後來的國民政府是個什麼結果，多少也能夠說明問題。雖然我們不能苛求古人，但一般的常識，古人都應該知道。

黃宗羲關於君主的理論最為人所知，《原君》曰：「有生之初，人各自私也，人各自利也。天下有公利而莫或興之，有公害而莫或除之。有人者出，不以一己之利為利，而使天下受其利；不以一己之害為害，而使天下釋其害。此其人之勤勞必千萬於天下之人。夫以千萬倍之勤勞而己又不享其利，必非天下之人情所欲居也。故古之人君，量而不欲入者，許由、務光是也；人而又去之者，堯、舜是也；初不欲入而不得去者，禹是也。豈古之人有所異哉？好逸惡勞，亦猶夫人之情也。」無論公利公害，都屬於公共問題，即公共利害。墨家早就講過，為天下興利除害而已。可以說，這裏的開場白完全是基於自然人性的思維。也就是，如果沒有好處，人們都不願意為公共服務、為他人做事，除非他有某種偉大的精神，這被黃宗羲解釋為人文的原始。但更多的可能是，原始時代集和力不強，因此，人群處於比較鬆散的結構和狀態。人情都是自私自利的，這是一切賴以出發、發生的根本。所以，那些帶有道德氣味的說辭是否可靠，在成因論上就還須討論。比如黃宗羲講的千萬倍的勤勞，為什麼會有這些勤勞，便不能不問。當然，上古人君得不到後來那

麼多的好處，這是顯然的。黃宗羲說，得不到太多好處是上古人君
去位的一個重要原因，至少它表明，古今的人性都是一樣的。而古
代的人群首領，也演化成了後來的聖人。

黃宗羲說：「後之為人君者不然。以為天下利害之權皆出於
我，我以天下之利盡歸於己，以天下之害盡歸於人，亦無不可。使
天下之人不敢自私，不敢自利，以我之大私為天下之大公。始而慚
焉，久而安焉，視天下為莫大之產業，傳之子孫，受享無窮。漢高
帝所謂某業所就、孰與仲多者，其逐利之情不覺溢之於辭矣。此無
他，古者以天下為主，君為客。凡君之所畢世而經營者，為天下
也。今也以君為主，天下為客，凡天下之無地而得安寧者，為君也。
是以其未得之也，屠毒天下之肝腦，離散天下之子女，以博我一人
之產業，曾不慘然！曰：我固為子孫創業也。其既得之也，敲剝天
下之骨髓，離散天下之子女，以奉我一人之淫樂，視為當然，曰：
此我產業之花息也。然則為天下之大害者，君而已矣。向使無君，
人各得自私也，人各得自利也。嗚呼！豈設君之道固如是乎？」
（〈原君〉）

黃宗羲說話沒有留任何餘地。君為天下大害，而明代尤烈。政
治就是這樣，暴政之下，無政府思想必然抬頭。暴政與無政府就是
雙胞胎，此二者同出而異名，同謂之壞政治。天下的利害與自己的
利害相衝突，而不是合一，帝制時代，皇家的私就是天下的公。天
下就是帝王的產業，天下之財就是帝王的花銷。所以，中國是一個
傳銷社會，每個人都拼命想擠入上線，而沒有人去做基礎的、公共
的建設。社會沒有基礎，生活永遠不能改良，永遠是讓少部分擠出
來的人存活。如果有什麼公共舉措，那一定是整個群體大難臨頭了，
不應付人群都得滅亡。這時候，就會有大量的英雄出來犧牲，而這
就是農牧社會的英雄宿命。英雄就是死亡線上的得救，或者僅只是

救而不得。所以，農牧社會的宿命就是：保持最底線的公共維繫，即死亡線型的公共性。因此，中國的社會不可能有多寬鬆，公共建設永遠是最低限度的。無事、平淡、沒人管就是最寬鬆。但中國社會確實好，因為其他的歷史社會還都不及它。由此，歷史政治只能相對地評價，而不能絕對地評價。所以黃宗羲說君為天下之巨害，這是自然、當然而必然的。黃宗羲所講的，顯然是說帝王以民為客。我們說，歷史中關於民的思想眾多，不一而述。從古代的民貴思想、民客思想、民本思想，直到民初的民主思想、民生思想、民權思想、民治思想、人民思想等等，可謂繁複，它們統一都屬於民思想。其實，黃宗羲在這裏已經觸到了中國歷史政治的命門，就是利己的問題。由於中國的歷史政治自己轉不出合理的利己主義，不能通過合理、正當、合法的方式「公然」利己，所以，公私之辯永遠是夾生的。一旦沒有辦法了，肯定要轉回到道德思維的老路上去，這是一個宿命。而道德思維，恰恰是人類合理、合法利己性的「扼殺劑」。可以說，沒有私己，絕對轉不出、開不出「現代戲」。道德天生是古代！所以古代社會有兩樣東西，就是道德與宗教。公、私、主、客之辯，恰恰說明了這一點。其實無論政治還是道德，它們都是一種「比例」，是一種與他人的比例。我們說過，與其說是道德不允許什麼，不如說是他人不允許什麼。政治亦然。如果地球上只有兩個人，那麼黃宗羲講的「產業」就變得無關緊要了。但如果比例關係是 1：1 億，這個比例越懸殊，政治就越關緊要。明朝人口六千多萬，接近這個比例。

　　黃宗羲說：「古者天下之人愛戴其君，比之如父，擬之如天，誠不為過也。今也天下之人怨惡其君，視之如寇仇，名之為獨夫，固其所也。而小儒規規焉以君臣之義無所逃於天地之間，至桀、紂之暴，猶謂湯、武不當誅之，而妄傳伯夷、叔齊無稽之事，使兆人萬

姓崩潰之血肉，曾不異夫腐鼠。豈天地之大，於兆人萬姓之中，獨私其一人一姓乎？是故武王聖人也，孟子之言，聖人之言也。後世之君，欲以如父如天之空名禁人之窺伺者，皆不便於其言，至廢孟子而不立，非導源於小儒乎！」（〈原君〉）朱元璋先生最討厭孟子，這裏黃宗羲定有指對。君父之名是很古老的，它源於如喪考妣的時代。獨夫之名則源於人心的怨惡寇仇，最為人所厭棄。尤其可惡的是，小儒把所謂君臣者變成了一種思維定式，塞在人的腦筋裏，這最糟糕。以兆姓為豵狗、腐鼠，實際上，小儒們是經營、宣揚、維護了一種拂人的理論。顯然，黃宗羲在這裏認同的是民貴思想。而私家、獨家是不能以空名維繫的。比如說天、君父等等。「雖然，使後之為君者，果能保此產業，傳之無窮，亦無怪乎其私之也。既以產業視之，人之欲得產業，誰不如我？攝緘縢，固扃鐍，一人之智力不能勝天下欲得之者之眾，遠者數世，近者及身，其血肉之崩潰在其子孫矣。昔人願世世無生帝王家，而毅宗之語公主，亦曰：若何為生我家！痛哉斯言！回思創業時，其欲得天下之心，有不廢然摧沮者乎！是故明乎為君之職分，則唐、虞之世，人人能讓，許由、務光非絕塵也；不明乎為君之職分，則市井之間，人人可欲，許由、務光所以曠後世而不聞也。然君之職分難明，以俄頃淫樂不易無窮之悲，雖愚者亦明之矣。」（〈原君〉）

明思宗說話跟放屁差不多，所以不足為例。而且，一個人在滅亡時的哀號，絲毫不妨礙他的欲心，兩者是沒有關係的，並不矛盾。這就像空中的兩條線，永遠沒有交點。雖然每個人都想得到天下，但是只有一個人會得到。所以，這不是慾望問題，而是能力問題，生物性與道德性有必要分清楚。黃宗羲提出的說法，最重要的還不是「政治欲」的問題，而是「政治職分」的問題，這個問題是開放性的。也就是說，到底什麼是為君之職分？怎麼樣才算是盡到了為

君之職分？黃宗羲並沒有能做出令人滿意的回答。他只是推出了為君之職分一說，但很快就煞住了，收住、打住了，這是他機關的一面。由此留給後人一個待正的問題，就是正職分——確正為政的職分。我們完全可以肯定，黃宗羲一定有很激烈、很極端的腹案，只是當時他沒有完全拿出來罷了。十分明顯，對君天下黃宗羲是不認同的，所以，這裏最終面臨的還是辦法問題。即：不要君主，那應該怎麼搞？

　　私天下不能靠智力維持，所以政治職分的劃定不可以在「唯智」的路線上安立，這個意思在老子的時代就講得很清楚了。墨家說，君、臣、萌，通約也，這個概括最根本，無論什麼樣的政治話題，休想脫出此範圍。可以肯定的是，黃宗羲講的理想的政治職分，就是那一個人人都能（禪）讓、許由務光不稀奇的政治。因此，從政治繼承權來說，就不是、不再是家系相傳，而是和平的政治移交與過渡，變成交接權的問題了。古代有很多看似做作的傳說，其實只是表達了人們的認同和所想。這些傳說即使沒有史實價值，也有思想價值。這時候，史實價值並不重要，重要的是思想價值。像許由聽說別人要讓他治理天下，就跑去洗耳朵，清高得夠可以，朱元璋先生顯然就做不到。所以黃宗羲的意思很明白，就是要讓「位」的過渡與移交「非君化」。

　　對君是這樣，對臣又如何呢？黃宗羲說：「有人焉，視於無形，聽於無聲，以事其君，可謂之臣乎？曰：否！殺其身以事其君，可謂之臣乎？曰：否！夫視於無形，聽於無聲，資於事父也；殺其身者，無私之極則也。而猶不足以當之，則臣道如何而後可？曰：緣夫天下之大，非一人之所能治，而分治之以群工。故我之出而仕也，為天下，非為君也；為萬民，非為一姓也。吾以天下萬民起見，非其道，即君以形聲強我，未之敢從也，況於無形無聲乎！非其道，

即立身於其朝，未之敢許也，況於殺其身乎！不然，而以君之一身一姓起見，君有無形無聲之嗜欲，吾從而視之聽之，此宦官宮妾之心也；君為己死而為己亡，吾從而死之亡之，此其私暱者之事也。是乃臣不臣之辨也。」（〈原臣〉）

　　黃宗羲在這裏討論的就是臣道的問題，即探求臣道之極則。殺身成仁的無私，對臣道來說是不夠的。從一般的事理上來說，國家的治理，以事務之繁多而言，一個人是不可能管理得了的。因此，官員的分工就是必不可免的，所謂分治以群工者也。於是，對於出仕，黃宗羲導引出了一個一步到位的、透徹的說明——出仕是為了天下萬民，而不是為了別的，不是為君，僅僅是自己想要做事情，如此而已。接下來，仕者面對的一個最直接的問題就是：如何與君或者上級磨合？如果只是一味迎合、投合君主，那麼，自己認為應該做的事情就會被犧牲掉，後來唐甄也專門談了與君相處的辦法。從這裏來說，君主作為一個普通人，總是受到他身邊、周圍人的影響。因此，君主是否成功，完全取決於他身邊的大臣是否成功。至少大臣這方面的因素佔有相當關鍵的地位。政治關係就是人際關係，人際關係決定於磨合。通常是，與其說人與人的關係是是非、對錯型的，不如說是合不合得來型的。所以，根據二分律，歷史政治的興衰成敗，往往是因為混淆了這樣幾個名目組，如是非、對錯、親疏、合否、好惡等等，而效果完全懸殊。這種情況在朱熹就很明顯。所以，與君主相交有多個方面，一是教育方面，即君主什麼也不懂，如何引導他？一是心理方面，即依照人之常情，如何順應、照顧君。人與人的關係不是一次性的，而是一個太極推手的過程。像朱熹給宋君講經，很快便走路了，就是方法有問題，即，不善於與人主相處。宋君還是比較溫和的，所以須用耐心、而不是赤膽忠心去對待。人的變化往往是潛移默化的，故與君相處，要用慢慢滲

透的辦法，而不是單憑強諫。歷史中關於君臣相處留下了很多案例，需要仔細統計、分剖、歸類，這屬於君臣學的範圍。

　　黃宗羲說：「世之為臣者昧於此義，以謂臣為君而設者也。君分吾以天下而後治之，君授吾以人民而後牧之，視天下人民為人君橐中之私物。今以四方之勞擾，民生之憔悴，足以危吾君也，不得不講治之牧之之術。苟無系於社稷之存亡，則四方之勞擾，民生之憔悴，雖有誠臣，亦以為纖介之疾也。夫古之為臣者，於此乎，於彼乎？」（〈原臣〉）政治中的好的立義，往往為壞的辦法所損害，所以人文學說亟待進入它的微觀領域──辦法討究。人君與人民是一組對舉之名，君不是臣的目的，這裏沒有從屬關係。官員只是為天下的辦事員，而不是別的什麼。但此一要義卻被世臣「昧」掉了。對天下分工來說是治事，對天下人民來說是牧民，治事與牧民是一體的，都是一種職分、分職。請注意這裏的民生思想，也就是說，黃宗羲講得非常極端：只有當民生與「產業」的安危發生一體關係時，才會引起官方的注意，反之，便是無關緊要的。所以，歷史農牧社會根本不可能對民生有怎樣可靠和完全的承諾，尤其是民人的完全，更是無法保證的。因此，中國的歷史社會永遠不可能完全脫離一種自然態，自然態的夾生、殘留始終是根本的、癥結性的問題。在這裏，黃宗羲的治術思想與人民思想是一體關聯的。

　　黃宗羲說：「蓋天下之治亂，不在一姓之興亡，而在萬民之憂樂。是故桀、紂之亡，乃所以為治也；秦政、蒙古之興，乃所以為亂也；晉、宋、齊、梁之興亡，無與於治亂者也。為臣者輕視斯民之水火，即能輔君而興，從君而亡，其於臣道固未嘗不背也。夫治天下猶曳大木然，前者唱邪，後者唱許。君與臣，共曳木之人也。若手不執紼，足不履地，曳木者唯娛笑於曳木者之前，從曳木者以為良，而曳木之職荒矣。」（〈原臣〉）只能說，君主制是人文演進中必不可免

的段落，結束了也就好了。人君與天下的關係是多端的，比如，有的王朝結束了是好事，結束了天下就治理了，或者更好了。這裏明確以萬民為治亂的根本標準，這就是黃宗羲的人民思想。壞的王朝滅亡了是好事，很多王朝的建立不是招來治，而是招來大亂，歷史治亂始終是最根本的問題。興亡與治亂無關，是所謂的第三種情況。所以，黃宗羲在這裏歸結、總結了三大類興亡與治亂的關係，這又是兩組二分名。如黃宗羲所說，晉、南朝的興亡與治亂完全無關。至於有關的，也要分正反兩種對應情況——興對亂與亡對治，興對治與亡對亂。只是我們要問一問，既然治理很好，怎麼會亡的呢？所以，對各種套在一起的關係，也需要釐清、分別討論。黃宗羲說得很明白，即使忠於一姓，如果不以天下民人為念，也還是違背臣道，因為臣道是在人民思想上規定的。他打比方說，治國就像共同曳大木頭，君臣只是分工不同罷了。所以，君臣關係僅僅是一種分工的關係，不再有更多其他的名堂，君臣都是要為天下做事情的。事情是否荒廢，乃是裁判君臣的唯一準則，除此無他。實際上，黃宗羲已經把君壓到了最底線，君完全就是一種沒有辦法的歷史存在。

「嗟乎！後世驕君自恣，不以天下萬民為事。其所求乎草野者，不過欲得奔走服役之人。乃使草野之應於上者，亦不出夫奔走服役，一時免於寒餓，遂感在上之知遇，不復計其禮之備與不備，躋之僕妾之間而以為當然。萬曆初，神宗之待張居正，其禮稍優，此於古之師傅未能百一。當時論者駭然居正之受無人臣禮。夫居正之罪，正坐不能以師傅自待，聽指使於僕妾，而責之反是，何也？是則耳目浸淫於流俗之所謂臣者以為鵠矣！又豈知臣之與君，名異而實同耶？」（〈原臣〉）君臣名異而實同，這一思想是關鍵，它說明君臣僅僅是分工有所不同，如此而已。有一點須說明的，就是人民往往對人民懷有偏見、十分漠然，倒是士大夫反而有一種居高臨下、想當

然的關懷，這種逆反、扭曲的情況不能不注意，事情常常不是單向的。像朱元璋，他對士群和人民就有一種十分雜亂的心理，這個需要分析。總之，朱元璋的思想地道是底層思想的泛起，是對儒家思想的反動。明朝大壞儒道，卻又講理學，有很多事需要仔細評價。黃宗羲毫不客氣地說，後來的執政者，從民間選拔上來大臣，其實都是供他們驅使的僕妾，根本就沒有人臣的尊嚴，只是呼來喝去罷了。並且指明，做官只是一種吃飯的職業。又說：「或曰：臣不與子並稱乎？曰：非也。父子一氣，子分父之身而為身。故孝子雖異身，而能日近其氣，久之無不通矣；不孝之子，分身而後，日遠日疏，久之而氣不相似矣。君臣之名，從天下而有之者也。吾無天下之責，則吾在君為路人。出而仕於君也，不以天下為事，則君之僕妾也，以天下為事，則君之師友也。夫然，謂之臣，其名累變。夫父子固不可變者也。」（〈原臣〉）

　　君父與臣子總是並稱的，這裏透露著一些重要的消息，就是：臣的名實是可變的。為什麼這樣說呢？因為，黃宗羲似乎是在論道理，其實反映了他自己想變、希望變的心理。無論君還是臣，它們的名實最終都是會變的，這是必然的。而且黃宗羲說得明白，君臣這一名實、這個名分，根本上就是要在「天下」之義上「正名」下來的。沒有對天下的責任心，對天下漠不關心，有道義、有氣節的人自然不會與君發生任何關係，因為不出仕，他們和君主當然就是路人，只在民間閒散自在。但是，只要發生關係，這些人就一定是為了做什麼，有想法。這時候，他們與君主就結為共同體，不可能再無關了。所以，出仕而不做事，無異於君的僕妾。對士來說，關鍵是要做君的師友，而不是奴僕。為什麼會有出仕而不做事的情況呢？因為做官的利益、好處使然。正如我們前面說過的，一旦實行算貲辦法，尤其是對高官、上層官員，做官的好處、功利性被阻斷

了，出仕與做事就會更加合一。假如做官還是一種吃飯的法子和途徑、手段，那麼出仕與做事便永遠有間隔，這間隔是一道鴻溝，無法飛渡。所以，人君也是在以利釣天下，選拔僕妾供自己驅使。但是退一萬步說，如果只能是僕妾，別無選擇，那麼要不要做事呢？像明代的閹人，他們就做了不少事，只不過是壞事。中國的歷史政治，就是由大量性別不全、生理氣質性不完整的人控制著，這些人是地道的僕妾。所以，如果不能因陋就簡地以技巧做事，那就只能爛下去，這是古代世界的可悲宿命。至於說做君的師友，原本是有情況分別的：君年小，臣當然可以為師傅，像張居正和萬曆那樣；但是君年高，臣就要以君為長輩而尊事之，像眾人之對待文王；只有是平輩，臣才能以友道對待君。君臣關係，與一般的人際關係並不根本另類。

就臣道來說，最高位置當然是宰相。對此，黃宗羲有專門的論述。〈置相〉說：「有明之無善治，自高皇帝罷丞相始也。」這就明確了態度。「原夫作君之意，所以治天下也。天下不能一人而治，則設官以治之；是官者，分身之君也。孟子曰：天子一位，公一位，侯一位，伯一位，子男同一位，凡五等。君一位，卿一位，大夫一位，上士一位，中士一位，下士一位，凡六等。蓋自外而言之，天子之去公，猶公、侯、伯、子、男之遞相去；自內而言之，君之去卿，猶卿、大夫、士之遞相去。非獨至於天子遂截然無等級也。昔者伊尹、周公之攝政，以宰相而攝天子，亦不殊於大夫之攝卿，士之攝大夫耳。後世君驕臣諂，天子之位始不列於卿、大夫、士之間，而小儒遂河漢其攝位之事。以至君崩子立，忘哭泣衰絰之哀，講禮樂征伐之治，君臣之義未必全，父子之恩已先絕矣。不幸國無長君，委之母后，為宰相者方避嫌而處，寧使其決裂敗壞，貽笑千古，無乃視天子之位過高所致乎？」

　　黃宗羲在這裏講的最關鍵一義就是「攝」，他把君與士群「還平」到了一個歷史平列層。從這裏來說，歷史中其實有一個「集權整合」的問題。就是：在所謂開明的時代，其實只是統治能力還達不到那麼集中強固，可一旦條件有了、允許了，權力便沒有不整合的。就像萬邦最後成為一家那樣，權力集中乃是當然、自然而必然之勢。按「勢」字從力，所以一切都是個人文力學的作用。上古萬邦時代、萬民投奔誰的神話，其實就是一種原始選擇、原始選舉。君是為治而立的，所以它原本是一個功能性的位子。但是根據分工律，官就是君的「分身」，怪不得黃宗羲要說臣與君名異而實同了。在這裏，君臣、名實、同異三組二分名目的關係是不言而明的。實際上，這就是把君與臣放在了同一個平列層。所以說黃宗羲完成了一個理論革命，並不為過。當然，這裏有一些層次需要分清楚。從官是分身的君、即局部的君（官是君的局部）來說，普遍分權制度應該是理所當然的。分權就是分工。從置相來說，包含了更多的約制獨夫之權力的考慮。所以，分工與「分力」二者「同集」在分權論上。這兩者如何不發生混淆、互串，而只是自然地正常相關，乃是最基本的問題。比如吏、戶、禮、兵、刑、工六部的設置，就是一種很完滿、已經飽和的設立。從分工上來說，管軍事的管好軍事，管人民的管好人民，管經濟的管好經濟，管工藝的管好工藝，管教育、學術的管好教學研究等等。這些分工，誰也不能說不對，挑不出什麼毛病。哪一塊出了問題，就找負責的人。六部的分職任事，實際上造成了一種分事而分權的效果，但還不是最後的分權，因為如果皇帝想干涉，他隨時可以干預各部。我們不妨設想，假令教育完全獨立，官方不得干預，那麼，教育權上是獨立了；可是，如果全國的教育完全失控，政府也不再能進行調節，這些顯然都是問題。

　　黃宗羲舉的例子其實也需要釐清。比如說公、侯、伯、子、男五等爵，天下各諸侯國加起來數量很多。諸侯稱君，與天子當然是不一樣的，要低一等。但天子、諸侯都有臣，卻是肯定的，士大夫還有家臣。黃宗羲在這裏是有機關的，究其原因，是因為近世思想的發達、演進，已經到了那一地步。我們要問：置相存不存在僭越的可能？因為歷史上相位乃僭、弒之源。但是在這裏，黃宗羲只用了攝的說法，攝與僭從字面上看顯然是不同的，可以解釋為不同。比如說周公攝政，就不能說他僭越，而只是辦事。黃宗羲又說大夫攝卿、士攝大夫，意向相當明確，就是使攝在理論上普通化、平常化：君主制我沒有辦法，但要變通做事，這卻是繞不開的。你沒用，反而是個禍害，我來代替你，又有僭亂之嫌，說不清。怎麼辦？攝位行事，我不貪權、只做事。但是，如果層層上攝，人人都以此為口實，天下就亂了。因為每個人都可以說別人不行。所以，在黃宗羲的思想中，我們看到的是古人面臨的各種套在一起的尷尬。尤其中國的歷史政治又是不妥協的，因此更難辦、更麻煩。最後不是胡來，就是苟全、姑息。就攝位來說，最直接、最高的，當然是宰相之位，這就是為什麼黃宗羲一定要討論置相問題的關鍵所在。中國傳統的讀書人，普遍都有一個領袖情結。領袖們在一起，誰也降不下來，其結果可想而知。所以，政治鬥爭是不可避免的。在野就是不合作、抗議。所以，很多對傳統士人的指責，都犯了「小化」的毛病，沒有摸清歷史人物的心理。這裏其實已經不是一個道德問題了，而是安全問題。從歷史來說，在有生命危險時，想做事也是不可能的。由此，問題遂一變而為如何保全自己，而不是怎樣有為。因此，前政治的東西太多，人類的負時代便足夠漫長。我們總不能寄望於人人都去做烈士、奮力抗爭吧？畢竟滿街烈士也是不可能的、沒有道理。像朱元璋時代，連辭職都有生命危險，還能說什麼？而權臣巨奸也是代不乏人，結果君權沒能限

制，政局卻是動盪不已。如漢相曹操、宋相蔡京，不用多舉了。所以君權、相權都一樣可惡，用老子的話表達，就是此二者同出而異名；用黃宗羲的話來說，就是君、臣（相）名異而實同。所以，寄望於以相制君的思維，無疑是天真幼稚的。相對來看，與其說黃宗羲是想限制君權，不如說是讀書人想自己用事。

就歷史經驗來說，君、相關係大致可分四類：君剛相柔的，則臣為僕妾；君柔相剛的，則相為僭越；君剛相剛，必致攻殺；君柔相柔，必然濫化。所以，君、相不是相伐，便是狼狽為奸，或者倒向一邊。相互制約、相輔相成的情況絕少。寄望於道義之君、相，與僥倖也沒有多大差別了。這是從政治人性、政治力學去看。黃宗羲的天子之位「無限高化」的歷史觀察是很有見地的，只能說，這種無限高化勢所不免，所以各種政治利害的顧慮就成了左右歷史政治的主導力量。黃宗羲說：「古者君之待臣也，臣拜，君必答拜。秦、漢以後，廢而不講。然丞相進，天子御座為起，在輿為下。宰相既罷，天子更無與為禮者矣。遂謂百官之設，所以事我，能事我者我賢之，不能事我者我否之。設官之意既訛，尚能得作君之意乎？古者不傳子而傳賢，其視天子之位，去留猶夫宰相也。其後天子傳子，宰相不傳子。天子之子不皆賢，尚賴宰相傳賢足相補救，則天子亦不失傳賢之意。宰相既罷，天子之子一不賢；更無與為賢者矣，不亦並傳子之意而失者乎？」（〈置相〉）就拿跪來說，在上古原來是一種坐姿，即所謂跪坐。但是曾幾何時，跪在歷史中演化成一種高度侮辱人的東西，可見歷史禮儀的興廢與變形。宰相可以辭職，但是天子沒有說辭位的。君位都是父傳子的家天下結構，所以黃宗羲明確說這是不對的，不應該是父傳子，而應該是傳賢，這是政治交接要求的根本性改變。在黃宗羲的時代，這種要求顯然還不可能達成，因為條件尚不允許。但是，歷史中的思想與實現之間總是有一個時

間差的，這個並不稀奇。也就是說，要求與想法總是提出得早，但要過相當長一段歷史才可能實現。所以，人們只能抱著功不唐捐的追求。另外，黃宗羲的理論是典型的儒家聖賢論、德位論的翻演和推繹，也就是一切「唯賢」。我們可以注意這樣一個問題，即：標準的儒家治論在歷史中的升降。比如明朝開國，朱元璋所表示的反儒家思想路線是怎樣由民間底層思想的沉渣泛起而達成的？民間底層思想作為治理思想顯然與儒家標準是勢不兩立的。所以，儒家思想在歷史中有一個自我安身立命的抗爭過程。比如黃宗羲的思想學說，就要經歷種種的困難。當然，儒家本身的二分法也需要注意，所謂「君儒」與小儒，小儒就是以逢迎人為事的。宰相之位當然說不上父傳子，雖然爵位、榮譽可以繼承。君對臣無禮節，這個在歷代學者都是關注、討論的問題。比如張之洞認為，清代對大臣的禮數、禮節是歷史中相對最好的，優於前代，比較溫和。像蘇東坡被縛時，驅若豬狗，很傷人格、尊嚴全毀。所以宋朝是很野蠻的，明朝更是猛烈，殺戮動輒以萬計。一個官僚群體，如果沒有起碼的體面，其「格位」、「檔級」可想而知。所以為什麼要講禮呢？因為禮就是有所不為、就是政治廉恥。沒有尊嚴的大臣群，造不成好政治的基礎。當然，君過於溫和軟弱，臣下也容易放肆欺上，這時候就是所謂的無臣禮，處理辦法也很簡單，就是一切按規定辦。所以禮是個雙刃劍，必須為政以禮。政而無禮，能不速朽？這些就是黃宗羲講的「訛奪政治」。古代的天子，去留就像宰相一樣，「致政」當然只是一種理想。黃宗羲說，宰相的設立是對父傳子的一種補救，這是很有道理的。因為子並不都賢，而位是固定的，德卻難期，所以問題恰恰是：不是子不能都賢，而是通常子都不賢。所以，像清朝那樣一連串皇帝都不錯的現象是很古怪、很值得分析的。相對來說，清代的帝王陣容最整齊，這是其他王朝很少有的。所以，中國

的歷史政治在它的最後階段還中了個頭彩。不管清代有怎樣具體的問題，我們說過了，歷史政治只能相對的看。中國歷史完成的標誌，首先就是版圖的完整，這個只有清代做到了。而學術文化上的實力，亦為前代所不及。因此，衡論一個時代的標準，就是看它的文武兩端，事情並不複雜。

黃宗羲說：「或謂後之入閣辦事，無宰相之名，有宰相之實也。曰：不然。入閣辦事者，職在批答，猶開府之書記也。其事既輕，而批答之意，又必自內授之而後擬之，可謂有其實乎？吾以謂有宰相之實者，今之宮奴也。蓋大權不能無所寄，彼宮奴者，見宰相之政事墜地不收，從而設為科條，增其職掌，生殺予奪出自宰相者，次第而盡歸焉。有明之閣下，賢者貸其殘膏剩馥，不賢者假其喜笑怒罵，道路傳之，國史書之，則以為其人之相業矣。故使宮奴有宰相之實者，則罷丞相之過也。閣下之賢者，盡其能事則曰法祖，亦非為祖宗之必足法也。其事位既輕，不得不假祖宗以壓後王，以塞宮奴。祖宗之所行未必皆當，宮奴之黠者又複條舉其疵行，亦曰法祖，而法祖之論荒矣。使宰相不能，自得以古聖哲王之行摩切其主，其主亦有所畏而不敢不從也。」（〈置相〉）

黃宗羲說得明白，凡是入內閣的，其實都只是書記而已，並沒有實權的，不是什麼真正的辦事員。尤其令人痛心的是，宮奴閹宦有宰相之實權，由於廢宰相，相權之實都漸次盡歸於宦官了，這真是中國歷史政治最大的不體面。為什麼會這樣呢？其實很簡單，就是：誰在皇帝身邊歸誰。根據分工律，皇帝做不過來的，或者不想做的，必然要落到他身邊的人手上。所以誰在皇帝身邊，不被他反感，誰就有可能代行君權，這就是政治的君側律。不是宰相就是宦官，不是宦官就是宮女，或者老媽婆子，總之是皇帝之外的第二人、另一個人……可見，政治就是人際關係，而且是最特殊的一種人際

關係——皇際關係！君側律是主宰一切的。所以從名實上來說，與其討論置相，不如討論立「君側」更乾脆、最直截（比如周就是毛側）。這無疑是最本質的政治正名，其他都是皮相。皇帝身邊是哪些人，得他歡心的就可以實際行權、用事。可見，歷史中的很多迂腐討論都是廢話。宰相的位置既然空出來了，那麼必然會有一個填充物替代進去，可見宰相並不是人類的杜撰，而是「三然律」。也就是說，宰相作為一個獨立的名實，它是天經地義的。如果宰相的名被人為廢掉了、拿掉了、作廢了，那麼宰相的實便會被另一個不知道怎樣荒唐、醜怪的東西佔領。這個實，比如說功能性，是人為可以廢得了的嗎？答案是顯然的、肯定的。所以，宰相的名實便與閣臣的名實混亂了。因此，有明一代的政治便成了亂名政治，而不是正名政治。名不正，則政不順。所以閣臣所能做的，充其量只能是抬出祖宗來壓皇帝、閣宦一頭，以為緩衝之計。然而閣宦是一些非常狡黠的人，他們也會搬出祖宗來論辯，於是事情就黃了。黃宗羲說，造成這些問題的，歸根結底是廢宰相的弊端。「宰相一人，參知政事無常員。每日便殿議政，天子南面，宰相、六卿、諫官東西面以次坐。其執事皆用士人。凡章奏進呈，六科給事中主之，給事中以白宰相，宰相以白天子，同議可否。天子批紅。天子不能盡，則宰相批之，下六部施行。更不用呈之御前，轉發閣中票擬，閣中又繳之御前，而後下該衙門，如故事往返，使大權自宮奴出也。」又說：「宰相設政事堂，使新進士主之，或用待詔者。唐張說為相，列五房於政事堂之後：一曰吏房，二曰樞機房，三曰兵房，四曰戶房，五曰刑禮房，分曹以主眾務，此其例也。四方上書言利弊者及待詔之人皆集焉，凡事無不得達。」（〈置相〉）

實際上，黃宗羲在這裏所理想的乃是一種高效的共議機制。凡事當下議決，高效嚴謹，而不是來回牽扯，有空子可鑽，搞不好還

被閹宦把持，徒耽誤事而已。這裏對政事堂的認同與構想很關鍵，從中我們也可以看到，六部的由來是經過了漫長的歷史演進的。歷史人文中的辦法都緣於古人對實際工作的總結與創意，是後人應該繼承的遺產。因為這些辦法切實可行，只需要隨時代情況做一些小的補充與調整即可。像清代的軍機處，就是不壞的構想。可以很明顯的看到，黃宗羲是非常重視具體辦法的，他討論「法」的問題就說明了這一點。說到這裏，中國古代為什麼一定要講孝呢？就因為孝和法聯繫在一起，講孝就是講法，而且是如何對待前代的法，這個尤其關鍵，是最重要的。〈原法〉曰：「論者謂一代有一代之法，子孫以法祖為孝。」說得非常明白，不留一點餘地。孝就是法祖，關係到法的繼承性、連續性、持續性、綿延性、持久性，要保證這些，使法恒久，不失其所，都要靠孝。所以，孝的問題，實際上是法的問題。黃宗羲說：「三代以上有法，三代以下無法。何以言之？二帝、三王知天下之不可無養也，為之授田以耕之；知天下之不可無衣也，為之授地以桑麻之；知天下之不可無教也，為之學校以興之，為之婚姻之禮以防其淫，為之卒乘之賦以防其亂。此三代以上之法也，因未嘗為一己而立也。後之人主，既得天下，唯恐其祚命之不長也，子孫之不能保有也，思患於未然以為之法。然則其所謂法者，一家之法，而非天下之法也。是故秦變封建而為郡縣，以郡縣得私於我也；漢建庶孽，以其可以藩屏於我也；宋解方鎮之兵，以方鎮之不利於我也。此其法何曾有一毫為天下之心哉！而亦可謂之法乎？」（〈原法〉）

可見，婚姻就是合法性生活，是政教必須的。黃宗羲所要討論的是終極法度的問題，他還是堅持那一核心思想：公天下與私天下之分，這是一切討論最基本的出發點。黃宗羲言必稱三代，其實就是指責當代、有明以來之漫無法度。古代授田地以給民，立學校以

教民，教養之義存焉。而賦原本也是為了保證軍用，因為沒有治安，天下容易動亂。所以三代以上之法，立義簡要實用，容易暢行。不像後代之法，繁而寡要，甚至為一己而立，純粹是私法，而不是公法。也就是家法、獨法。這時候就不是齊家、平天下，而是家與天下相衝突。私家與公天下的「干戈」，是人類必須熬過的一個漫長階段、黑暗長夜。從這裏來說，黃宗羲的思想已經一步到位，就是明白了公天下的主張，剩下的只是個實現早晚的問題。歷史上禁止言論，其實是沒有必要的。因為只要有了一種思想、一個想法，尤其是當理的想法，早晚會兌現出來、變為現實。即使不明說，暗中也會活動。所以，對待思想學說的態度，只有聽其表達、以理校之，這才是明達之舉，除此沒有其他的辦法。黃宗羲說：「三代之法，藏天下於天下者也。山澤之利不必其盡取，刑賞之權不疑其旁落，貴不在朝廷也，賤不在草莽也。在後世方議其法之疏，而天下之人不見上之可欲，不見下之可惡，法愈疏而亂愈不作，所謂無法之法也。後世之法，藏天下於筐篋者也。利不欲其遺於下，福必欲其斂於上；用一人焉則疑其自私，而又用一人以制其私；行一事焉則慮其可欺，而又設一事以防其欺。天下之人共知其筐篋之所在，吾亦鰓鰓然日唯筐篋之是虞，故其法不得不密。法愈密而天下之亂即生於法之中，所謂非法之法也。」（〈原法〉）

　　無法之法與非法之法，此二分可謂深刻。這就是說，要把天下還給天下，達到無法之法的境地，看上去好像很疏空，其實都顧到了。這就是老子早講過的天網恢恢、疏而不失的道理。從這裏也可以看出，老子的思想是含有很明顯的「古政」之義的。後代的私家政治、私家之法是鎖在櫃子裏的政治、是鎖在櫃子裏的法。越是防範，越需要防範，而越防範不住。於是，壞政治就像滾雪球一樣，進入了惡性循環。由此，上古本來很好的無法之法，退化成了後世

的非法之法。法越密，可以鑽的空子越多，很多人就是靠玩法來吃飯。其實，人就像老鼠一樣，在迷宮裏，老鼠可以鑽得很開心、極快活；但是，如果把老鼠放在大街上、飛機跑道上，老鼠就要嚇慌了。因為它遮無可遮、藏無可藏。為什麼只有簡易政治才能好，「米鹽政治」為什麼註定了不能好，這在先秦思想家就說得很透徹、很明白。所以黃宗羲說，治亂都生於法中：治生於無法之法，而亂生於非法之法。

老子說的誠善，看來是不易之論。黃宗羲謂：「夫非法之法，前王不勝其利欲之私以創之，後王或不勝其利欲之私以壞之。壞之者固足以害天下，其創之者亦未始非害天下者也。乃必欲周旋於此膠彼漆之中，以博憲章之餘名，此俗儒之剿說也。即論者謂天下之治亂不系於法之存亡。夫古今之變，至秦而一盡，至元而又一盡。經此二盡之後，古聖王之所惻隱愛人而經營者蕩然無具，苟非為之遠思深覽，一一通變，以複井田、封建、學校、卒乘之舊，雖小小更革，生民之戚戚終無已時也。即論者謂有治人無治法，吾以謂有治法而後有治人。自非法之法桎梏天下人之手足，即有能治之人，終不勝其牽挽嫌疑之顧盼。有所設施，亦就其分之所得，安於苟簡，而不能有度外之功名。使先王之法而在，莫不有法外之意存乎其間。其人是也，則可以無不行之意；其人非也，亦不至深刻羅網，反害天下。故曰有治法而後有治人。」（〈原法〉）

黃宗羲的思想是一步到位的思想，治法與治人的理論，政治到此為止，剩下的都是具體技術問題。黃宗羲說得明白，以前的所謂法，其本身都是非法的。所以，即便有人做一點小小的改進，人類也還是在一種半死不活的狀態中拖下去，什麼時候是個解脫呢？可以說，正是這個非法的東西，在歷史中一直桎梏著人們，這個桎梏才是罪魁禍首。黃宗羲說得非常明白，首先是要有法，沒有

這個法，一切都別談。而這個法，就是公天下之法。我們可以看到，中國的這個法的字眼是有輕重性的。比如說商鞅變法、王安石變法，這個法與黃宗羲所說之法便完全不一樣。王安石等人變的是具體的辦法，而黃宗羲想要變的卻是人文歷史最根本的大法。所以，中國的政治思想到了黃宗羲可以說已經完全徹底了，無論是不是還有一點掃尾工作。作為明末三大師，黃宗羲有不可替代的功績。僅此一點便不可替代。可以看到，黃宗羲的理論都是原理性的、是原則性的論定，沒有絲毫含糊。他說得很清楚，政治怎樣才能成為天下益而不是天下害呢？要想政治只對天下有利而不有害（甚至是大害、巨害），就是必須要以治法統御治人，否則一切都談不到。而有了治法，如果得其人，那麼他可以很容易地就創造出歷史輝煌、人文輝煌。退一萬步來講，即使不得其人，至少也會無功無過，即便沒有什麼大的創獲，至少不會有多少損失、傷害，這是肯定的。因此，黃宗羲在這裏所講的治法，首先就包括政治法。政治本身如果沒有法度去管，便很自然的成為「荒政」，這在歷史上教訓相當深刻，不用例舉。荒疏、非法之法是緣於人性的私欲，但人的私欲是會衝突的，前代與後代之間。所以歷史中的法變來變去，並不是有什麼進步，僅僅是在不同類型的人性中循環罷了。所以，中國思想中的人性理論都是關於政治人性的。歷史中的法，無論其壞、立，都不是為了公天下，天下是不足道的。法不足以成為天下之憲章，便是非法之法。所以黃宗羲要求一步到位地「正法」，也就是法約。因為天下治亂直接系於法的存亡，有怎樣的法，便有怎樣的治亂。這種思路，已經不是心性之學的了。黃宗羲認為，就歷史來說，秦代和元代是中國法大壞的兩個時期，好的意思全都蕩然無存了。事實也確實如此，明之代元，朱法大去儒道，對中國可謂影響深遠。

　　我們說，政須以學為本。黃宗羲專門闡述了他的「學」思想，〈學校〉云：「學校，所以養士也。然古之聖王，其意不僅此也，必使治天下之具皆出於學校，而後設學校之意始備。非謂班朝、布令、養老、恤孤、訊馘，大師旅則會將士，大獄訟則期吏民，大祭祀則享始祖，行之自辟雍也。蓋使朝廷之上，閭閻之細，漸摩濡染，莫不有詩書寬大之氣。天子之所是未必是，天子之所非未必非，天子亦遂不敢自為非是，而公其非是於學校。是故養士為學校之一事，而學校不僅為養士而設也。」公是公非，決於學校。中國之為一個完全的人文國家，就從它的學校反映出來。學校是養士的，又不僅僅是養士的，這些士就是政治人才。黃宗羲說得明白，一定要使政治之義都出於學校，這就是學政一體、政學合一的總則。要使、務使朝廷之上，裏巷之下，皆有寬大之氣。這個寬大之氣，就是人文政治社會中正大氣的養成，是下至於庶民的基本風氣。風氣造就政治，風氣成就政治，二者一一對應，誰也不要埋怨對方。由此，是非就不再是天子的是非，而是公天下的是非，是公是公非，而不是私是私非、獨是獨非。可見黃宗羲思想的一貫嚴整性，這個公是非就在學校裏面。因此可以說，學校的功能和作用是全備、包羅性的，不能只用某一端去限制或者狹化它。只要是正面的、有利於人文造就和養成的，就應該在學校這個場所、場合中育養，這是黃宗羲的基本意思和主張。其實，政治應該有完全的信心和安全保證，因為始終有學在一旁保護它、為它把關。所以，要想摧殘人文政治，清一色的都是從摧毀學校開始，而學校的出賣和投降也是不稀奇的。因此，從這裏來說，既然應該有政治法，也就應該有學校法。學權應該是獨立的，即：學應該是一個獨立王國，不受官方政府行政的干預。也就是說，在同一個國家，學與政是並立的，各自管好自己。這可以說是學、政二元的二分法。正像黃宗羲講的，有學校，有治

法，那麼，學、法、政三者便應該是一個三合一的結構關係。學與法畢竟有別，人文政治一般很難脫出此三者的榫接。

黃宗羲說：「三代以下，天下之是非一出於朝廷。天子榮之，則群趨以為是；天子辱之，則群擿以為非。簿書、期會、錢谷、戎獄，一切委之俗吏。時風眾勢之外，稍有人焉，便以為學校中無當於緩急之習氣。而其所謂學校者，科舉囂爭，富貴熏心，亦遂以朝廷之勢利一變其本領。而士之有才能學術者，且往往自拔於草野之間，於學校初無與也，究竟養士一事亦失之矣。」（〈學校〉）這是科舉對學校的收買，以至於真正的讀書種子都是從民間自我艱苦奮鬥出來的，而官方學校中卻儘是些混混兒。從學來講，是非皆出於上；從法來說，規矩悉出於上，這樣的政治社會，貌為人文社會，而其實難副。更有甚者，有人認為學校是迂緩不達的東西，或者就是利用學校進身，由此，學校遂失去了它本來原有的立意和命義，人文最大的損失無過於此。實際上，學校就是為群體社會養成風氣、培植風氣的場所。風氣一墜，一切都完了。所以風氣的穩固系於學校的穩固，最直接的辦法就是講學。

說實話，中國向來不缺乏好的樣本，缺的是好的普及。制度容易飽和，實做總是不足。黃宗羲說：「於是學校變而為書院。有所非也，則朝廷必以為是而榮之；有所是也，則朝廷必以為非而辱之。偽學之禁，書院之毀，必欲以朝廷之權與之爭勝。其不仕者有刑，曰：此率天下士大夫而背朝廷者也。其始也，學校與朝廷無與；其繼也，朝廷與學校相反。不特不能養士，且至於害士，猶然循其名而立之何與？」（〈學校〉）學始終是政治的奴僕，完全以其導向性為依歸標準。書院常常被指為偽學，學校不僅不能養士，結果反而害士，從「名實一」變成了「名實反」。而更相反的是，學校、也就是學，最開始是和政治無關的、不相干，結果到後來二者卻處處相反

——朝廷總是與學校相反對。從無與到相反，政與學的關係，顯然發生了逆轉。黃宗羲認為，學與政應該遵循「無與」的規則。學絕不應該受到政治的影響和管轄，因為政治要「以學為憲」，學是憲章。甚至於，在古代不出仕還被看成是與現政權不合作的表示。學要獨立，這一意思是最主要的。

　　書院眾多是私學發達的表現，培育私學最好的地方就是書院，很容易形成學派，興滅繼絕，都在書院。道喪求諸野，也在書院。黃宗羲談到，東漢太學三萬人，很好地起到了監督政治的作用。如果認為學校有什麼弊端，那也是因為後來學校被破壞了。總之，有學校就比沒有強。這裏有一個問題，就是：如果政治被不當之學引導壞了，那麼「學」是不能辭其咎的。當然，學肯定是必不可缺的。黃宗羲說：「東漢太學三萬人，危言深論，不隱豪強，公卿避其貶議。宋諸生伏闕搥鼓，請起李綱。三代遺風，惟此猶為相近。使當日之在朝廷者，以其所非是為非是，將見盜賊奸邪懾心於正氣霜雪之下！君安而國可保也。乃論者目之為衰世之事，不知其所以亡者，收捕黨人，編管陳、歐，正坐破壞學校所致，而反咎學校之人乎！」又說：「嗟乎！天之生斯民也，以教養託之於君。授田之法廢，民買田而自養，猶賦稅以擾之；學校之法廢，民蚩蚩而失教，猶勢利以誘之。是亦不仁之甚，而以其空名躋之曰君父、君父，則吾誰欺！」（〈學校〉）

　　這裏說得很明白，立君之義，本來是為了要來教養百姓的，結果反而成了民生之巨害。農民如果沒有自己的地，而稅又不免，那就等於稅上加稅、稅乘以稅，是最大的不仁。可見，仁是具體的辦法，不是空名可以湊效的，學校也一樣。「郡縣學官，毋得出自選除。郡縣公議，請名儒主之。自布衣以至宰相之謝事者，皆可當其任，不拘已仕未仕也。其人稍有幹於清議，則諸生得共起而易之，曰：

是不可以為吾師也。其下有五經師，兵法、曆算、醫、射各有師，皆聽學官自擇。凡邑之生童皆裹糧從學，離城煙火聚落之處士人眾多者，亦置經師。民間童子十人以上，則以諸生之老而不仕者充為蒙師。故郡邑無無師之士，而士之學行成者，非主六曹之事，則主分教之務，亦無不用之人。」（〈學校〉）這裏說得很明白，一切都要以公議為基礎，由公議選出。這就是所謂公推、公認的選拔基礎。而且不按照勢利的習慣，而只認實際、實質，無論是平民布衣，還是退了休的宰相，該選誰就選誰，完全公平，完全根據實際需要和要求。所謂主持的名儒，其實就是一個公認基礎。這就是學官的選任辦法。一旦學官有問題，不理想、有劣行，那麼諸生馬上、很快就可以民意更換掉，再改選人。從這裏我們已經可以清楚地看到一點，就是黃宗羲明為討論學官選舉的辦法，實際上是廣泛地指向政治選舉的辦法。因為政以學為本，學尚且如此，政還用說嗎？只是要補充一點，學官必須有一定的任期，否則意見不合，朝立夕廢，豈非兒戲、起哄？所以必須有任期保障。黃宗羲並沒有說具體的時間，只講到突然死亡法，這就是說，如果學官得其人、幹得好，他也可以一直做下去，直到大家要求易之，自然會再來公選。所以學官的省便性，就說明了政治的簡易性。黃宗羲要求學官由地方自主，而更重要的是，他強調天下凡有用的人士沒有一個被閒置——不是在朝做事，就是在野從教，這個意思非常關鍵。實際上，這就是最優化的社會全體組織動員法——靠「學」總動員。沒有一個人不受教，沒有一個人賦閒，所有的人都要被政教有效地管起來。這樣，儒家的理想就達成了。

黃宗羲擬定的嚴密的學政動員法和組織法，其思路可謂深入每一個角落、無孔不入，全部都管起來，而且是國人自己的組織。我們說，社會化是宋、明之學最直接的特徵，一點不為過。具體的教

學內容由學官根據實際情況靈活制定，常規的教學、訓練內容有五經、兵法、曆算、醫、射等科目，分文、武兩道進行。因為古代儒家要學射、御之術，所以後之士生不能僅僅學文，還要有動手能力，就是武道。黃宗羲自己就是技擊高手，屬武當派，這是有歷史記載的。軍事訓練、技擊、騎馬、射箭、駕車等等，都需要演習，以備國用。同時，這些也是必要的修身環節。修身不僅僅是思考問題，還要有身體行動，否則流於空疏。這些在後代的人文生活中如何保持、維繫下去，乃是最大的問題，否則儒道中輟難行。只要是有人聚集的地方，只要是有士生彙聚的場所，就要設置學官、師傅教養之，而師傅精於一科就行了。比如管射箭的只要會射箭就行，不必旁騖。因此，這裏面的分工是非常細的。除非人手不夠，需要因陋就簡，一般是不兼事的，務求專精。學生有十個人以上的，即使地處偏遠，也要設立專門的蒙師，這樣就管得很細了，就可以做到不遺漏一個。士皆有師，無不學之虞，這種辦法真能兌現，人文也就飽和了，剩下來的只是擴充、實行的問題。但是很遺憾，黃宗羲的基本構想直到今天也沒有完成。如果黃宗羲的理想能夠兌現，就真能做到人盡其用，所謂天生我才必有用，人之天性，不患其無薪俸也，患其無所用也──人只有在工作中才能找到尊嚴。所以，治天下是容易的，因為只要有一個「名分編制」，老百姓就不會造反。如果是無名之民，就很容易作亂。像李自成，很多就是漫無編制、沒有名分之民。有了名分編制，即使官方政府一時開不出薪、發不出餉，行政成本不夠，在編人員也不願意有事，因為他的面子、政治心理不一樣。如果他自己有生活來源，他也許會乾脆不稀罕那一點薪俸了。所以在編之民，以名編之、以名編民，就是以名治天下之道，即名治。薪不患少、而患無，象徵性地給一點，亦能延緩下去，所以治國是簡單容易的。黃宗羲說，教育出來的人，不是從政，就

是從教，這兩種安排，概括了一切。以上是從一般、通常的人性來說，當然也有軟硬都不吃的好漢，但那畢竟少。

我們說，天地君親師，天地屬自然，君親師屬人。親是天定的，無法選擇。君是決定的，不許選擇。師是人定的，方便選擇。而天地君親師在儒家理論中是一個獨特的平列結構，黃宗羲正是利用了儒家思想的利便性，引出了一條「選師」的暗流。國人能夠選師，必有一日可以選君，雖然那時候不再叫君了。因此，黃宗羲思想的重要，就在於為後世導引了出路。黃宗羲說：「學宮以外，凡在城在野寺觀庵堂，大者改為書院，經師領之；小者改為小學，蒙師領之，以分處諸生受業。其寺產即隸於學，以瞻諸生之貧者。二氏之徒，分別其有學行者，歸之學宮，其餘則各還其業。」（〈學校〉）由此可見，黃宗羲不喜歡宗教徒眾，認為他們應該還俗為民。所以說，宋、明儒學是在致力於一場搶奪戰——要把佛、道的社會變成儒的社會，也就是儒化社會化。所以宗教必在排除之列。這裏考慮到經濟上對貧苦學生的貼補辦法，可謂細緻周到。實際上，這就是學政的基金構想。因為廟產一般是很多的，善男子、信女人都願意捐錢，這筆財富如何轉化到學政上去，是黃宗羲一直在動的腦筋。書院是負責高端的，小學負責啟蒙。但小學與書院應該分開、隔斷，因為小學也是獨立的，誰也不是誰的附庸。往往功利上的搞法，是喜歡拿所謂低級的初階做跳板，這顯然不對。低不是高的現象，低有低的自性。所以在教育上，人們往往混淆了高、低與本質、現象兩個名目二分組，民國的高考制度最典型的有這個問題。小學就是小學，書院就是書院，誰也不是誰的本質，誰也不是誰的現象。

黃宗羲說：「太學祭酒，推擇當世大儒，其重與宰相等，或宰相退處為之。每朔日，天子臨幸太學，宰相、六卿、諫議皆從之。祭酒南面講學，天子亦就弟子之列。政有缺失，祭酒直言無諱。」（〈學

校〉）怎麼樣，可見黃宗羲的真實意向——大儒與宰相等，〈置相〉中說宰相與君等，宰相行治權；那麼大儒用事，也就是一轉之間的事情了。這就是「儒相合一」論，也就是「君師合一」論，此二者同出而異名、名異而實同。這實際上就是說：中國就應該讓我黃宗羲來治理啊！從孔子以下，儒家都這樣。孟子說：方今能平治天下者，舍我其誰邪？總之，就是當仁不讓律。所以《大學》肯定要成為代表文本。既然能者那麼多，一個個都有成就欲，但是位置只有一個，怎麼辦呢？看來形成閣老制就是不可免的了。所謂院閣辦法，如翰林院、文淵閣之類，先編修，後用事。照黃宗羲所說，選師制度，以祭酒為最高，其與宰相等，或者乾脆宰相退而為之，這充分表達了學政合一、學政一體的思維取向。先秦時代有稷下學宮，黃宗羲一定是沿襲、參考了上古之舊，用其現成，搭建了自己的完整理論和辦法系統，用心不可謂不周密。這樣既開出了未來，又很自然的銜接於傳統固有，這就是思想學說最好的表現了，思想的家法無過於此。祭酒講學，天子為弟子，政有缺失，直言無諱，這是何等氣象！怪不得君主覺得無法接受了。顯然，為政治講學，也就是教化政治之義。學為政師、學為政憲、學為治法等等，學而優則政、政而優則學，辦法已經完全明朗化了——政上面就是學。

　　既然學是政的帽子，不能不戴，那麼，對天子等人的教育具體應該是怎樣呢？「天子之子年至十五，則與大臣之子就學於太學，使知民之情偽，且使之稍習於勞苦，毋得閉置宮中，其所聞見不出宦官宮妾之外，妄自崇大也。」（〈學校〉）這就是說，天子、皇子與普通人沒什麼兩樣，都要上學，到太學院讀書受教，包括大臣的子弟，更不例外。從另外一方面講，能夠擴大生活圈子、交接面，對以後的施政也有好處。知道萬事不易、甘難辛苦。《儀禮》說得明白，天下無生而貴者，就是這樣。黃宗羲把君、臣、民完全擺放在了同

一個平列層，上自天子，下至庶人，都一樣要在太學院受教。太學、學宮、書院、小學等等，全都成了政治的基礎建設。這樣經營建立起來的國家，沒有壞的。議政與講學，原為一體。所以中國以後應該走學政之路，就像黃宗羲所講的那樣。

正如黃宗羲所說，朝廷一對學校干預，學校就壞了。行政越複雜，學術越委頓。「郡縣朔望，大會一邑之縉紳士子。學宮講學，郡縣官就弟子列，北而再拜。師弟子各以疑義相質難。其以簿書期會，不至者罰之。郡縣官政事缺失，小則糾繩，大則伐鼓號於眾。其或僻郡下縣，學宮不能驟得名儒，而郡縣官之學行過之者，則朔望之會，郡縣官南面講學可也。若郡縣官少年無實學，妄自壓老儒而上之者，則士子譁而退之。」（〈學校〉）可以說，黃宗羲在幾百年前能拿出這樣的思想是很難的，可見學與政的節節貫穿。學宮不僅是講學的地方，而且是議政的地方，考論政績得失，都在學宮，而且是定期必會的。凡無故不到的，還要處罰。這使我們想起了王陽明鄉約中的規定，看來宋、明學者的思路是相通的。官吏不得壓儒一等，這個已經作了明確規定，否則眾人群相抵制、抗議。我們說，黃宗羲在這裏講的顯然是官學，如太學、學宮等等，是非常正規的場合。天子、大臣都要定期聽課，而且還要討論，所謂互相以疑義相質難是也。

黃宗羲說：「擇名儒以提督學政，然學官不隸屬於提學，以其學行名輩相師友也。每三年，學官送其俊秀於提學而考之，補博士弟子；送博士弟子於提學而考之，以解禮部，更不別遣考試官。發榜所遺之士，有平日優於學行者，學官咨於提學補入之。其弟子之罷黜，學官以生平定之，而提學不與焉。」（〈學校〉）這裏說得很明白，學是獨立的，不隸屬於政。反過來，政應該受學的引導。層層遞送、舉拔人才，都是學官的事，行政不得干預，學官直接對學負責。而

且，學行是按學科分科考量的。「學歷者能算氣朔，即補博士弟子。其精者同入解額，使禮部考之，官於欽天監。學醫者送提學考之，補博士弟子，方許行術。歲終，稽其生死效否之數，書之於冊，分為三等：下等黜之；中等行術如故；上等解試禮部，入太醫院而官之。」（〈學校〉）黃宗羲在這裏只是舉了兩個例子，其他一切都可照此例推。醫是關係到人之生死的，所以不能胡亂行醫，一定要取得行醫資格，否則出了事不好查對、不好負責。而且每年還要考核行醫業績，治療效果怎樣，痊癒率多少，根據這個分出等級：很壞的就取消其行醫資格，因為安全沒有保障；中間的行醫如故，因為無功亦無過；特優的保送太醫院。這種「田獲三品」似的考績辦法不僅可以激勵人才，而且可以為民間服務，使醫療普及，也就是，民之生死有保證。學天文的就不用說了，優秀的可以送欽天監供職。如果各門各科都能這樣穩健操作，那麼國家所需要的基本的人才也就夠用了。

「凡鄉飲酒，合一郡一縣之縉紳士子。士人年七十以上，生平無玷清議者，庶民年八十以上，無過犯者，皆以齒南面，學官、郡縣官皆北面，憲老乞言。」又說：「凡鄉賢名宦祠，毋得以勢位及子弟為進退。功業氣節則考之國史，文章則稽之傳世，理學則定之言行。此外鄉曲之小譽，時文之聲名，講章之經學，依附之事功，已經入祠者皆罷之。」（〈學校〉）這是以民為憲的意思，像千叟宴那種東西，也是從鄉飲酒禮敬老義化來的。這是國之尊老之義，亦即講信修睦。輿論全在清議，像鄉賢祠，是後人對前代的尊敬，所以國家也應該設立先賢祠，以表彰、紀念國士。鄉賢的論定，當然不是以當代的勢利為基準，而是要求公認基礎，公認才是最持恆的。歷史中的皇帝，現代老百姓已經數不出幾個名字了。但是歷史中的偉人，比如文化名人，現代人卻能數出很多。所以，歷史地位與當

世的權位是不同的。黃宗羲顯然是強調歷史地位的，一為激勵後人，一為公平時人。又說：「凡一邑之名蹟及先賢陵墓祠宇，其修飾表章，皆學官之事。淫祠通行拆毀，但留土穀，設主祀之。故入其境，有違禮之祀，有非法之服，市懸無益之物，土留未掩之喪，優歌在耳，鄙語滿街，則學官之職不修也。」（〈學校〉）陵墓、先賢祠的維護都是學官的事，因為它屬於人文態度的範圍。比如說對歷代皇帝的陵墓怎麼維護，對歷代名人的墓園、墓址怎麼維護等等，只要是知道的。這些都表明了一個群體的涵養，當然不能馬虎。如果人人都對先賢祠一類設施無興趣、漠然處之，那麼，人群的名譽感就不能被激勵。所謂淫祠者，像魏忠賢祠就是。如果風俗中有大量難看、不整肅的跡象存在，那麼是學官的責任，就要追究。所以風俗也屬於學。

〈學校〉曰：「凡郡邑書籍，不論行世藏家，博搜重購。每書鈔印三冊，一冊上秘府，一冊送太學，一冊存本學。時人文集，古文非有師法，語錄非有心得，奏議無裨實用，序事無補史學者，不許傳刻。其時文、小說、詞曲、應酬代筆，已刻者皆追板燒之。士子選場屋之文及私試義策，蠱惑坊市者，弟子員黜革，見任官落職，致仕官奪告身。」這裏的主張要兩說。所謂天下書籍盡皆網羅，無使失傳，這個意思很好。而且歷史中也不止一次地表演這種做法、付諸實行。最典範的如《永樂大典》之撰修，俾使一部在手，宇宙全賅，表現出很大的氣魄及認同。但禁書的想法卻是不好的，無論臭書怎樣危害人類，都不能用禁止、禁絕的辦法去對待處理，而只能用論理的辦法，禁與論這兩者世人總是搞不清楚。而且禁雖然是省事而有效的，但卻是完全無能的。實際上，任何書都不可能禁住，無論正的還是反的。因為人總有好奇心，越是禁，反而越是廣而告之、幫助其流傳。所以禁書之舉無疑是既不當理，亦不明理。可以

說，古人的收藏制度已經完備了，剩下的只是一個不斷細化的問題。比如說太學院藏書、地方本學藏書、書院藏書、國家官方檔案處藏書等等。也許一份還不保險，須兩份以上才行。各省、各處多儲書籍，一為保存人文檔案，一為教化國人，使人人讀書休閒，天下自治。問題是，古人的立意沒有問題，但在擴而充之這一點上卻做得遠遠不夠。像《永樂大典》，僅抄一部，天下不能刊行，連王陽明亦不能見到，遑論平民，結果最終失傳，造成文化史上最大、最慘痛的損失，教訓深刻，不能不記取。因此，藏書制度與學制是關聯在一起的，因為它就是學制的一部分。無論官方藏書還是私家藏書，過去都是中國的一個固定傳統，以後也應該是一個繼續。中國的問題，永遠不在立意，而在擴充。能夠擴充就是成，不能就是敗。意思就那麼多，一下也就飽和了，這一點最主要。黃宗羲的想法，有時候也不免簡單粗暴。實際上，前人與後人的分工應該搞清楚：前人的任務是留，選是後人的事。自然淘汰與流失沒有辦法，但人為損毀卻不可原諒。的確，當代有很多垃圾，精品畢竟永遠是少數。實際上垃圾也是很好的考古資料庫，後人往往根據一些微觀的跡象就能把前代的事情還原、搞清楚，因為消息不論精粗。所以很多事情，前人並不能說死。

　　黃宗羲還說：「民間吉凶，一依朱子家禮行事。庶民未必通諳其喪服之制度，本主之尺寸。衣冠之式，宮室之制，在市肆工藝者，學官定而付之。離城聚落，蒙師相其禮以革習俗。」（〈學校〉）禮不下庶人，這很不利於社會化，尤其是一些好的東西。人文中好的因素和成分，更是亟宜推廣、擴充，否則教化難成。比如說服裝，就是人類生活中首要的問題，此不言自明。服裝是一種制度，即服制，本來是絲毫不能馬虎的，有關治道。比如說人類不再赤身裸體，就是因為有了羞惡之心。所以，服制直接關係到廉恥、修身，這是肯

定的。沒有好的服制，人就不可能過體面的生活。而體面的國民，被屠殺的幾率就低，所以體面與安全之間有一個比例關係。朝臣破衣爛衫，國家便沒有顏面、不成體統。政治有了體面，也就成了體統，就是好政治，好政治就是有禮的政治。所以儒家講，人要盛飾修容，服裝是關鍵。黃宗羲的主張很明確，就是要保留、維持古裝，不能只是時裝。僅僅是當代的衣服，這不行，因為服制、制度往往就保存在古裝當中，時裝裏面沒資訊。所以，穿不同的服裝，社會教化效果完全不一樣，前代儒家很清楚這些道理。形而上者謂之道，形而下者謂之器，服裝作為器，它裏面的道是迥異的（古裝與時裝），所以絲毫不能馬虎。服裝即道，道在服制，服制者，日用之制度也。人不知之，離道豈須臾、斯須哉？就拿古服來說，現代人完全不會制做，穿當然就談不到了。由此，人文生活變得日益乏味、乾枯，多樣性徒為空言。古服成了書本、博物館中的東西，典禮、儀式俱告闕如。民不行禮，其奈人文何？連最起碼、直感的接觸也沒有，禮儀當然談不到了。因此，在國人的日常生活中亟宜恢復古服制，從先秦到漢代，再到唐、明各代，包括各種少數民族的歷史服裝，都宜恢復，或者保存，以供人自由選擇，形成一個真正的盛飾華服的純人文社會。人的感受一發生變化，教化自然寓於其中了。所以修身不是空話，而是要靠大量的器物、文物、技術辦法去實行的。其實，明代去古服已遠，黃宗羲談服制，首先是表達一種理想，也就是儒家格式統一化的人文理想。這裏面所包含的就是習俗革命，而且是天天在革命，即日新、新民。

黃宗羲的構想分文、武兩道，〈兵制〉曰：「有明之兵制，蓋三變矣：衛所之兵，變而為召募，至崇禎、弘光間又變而為大將之屯兵。衛所之弊也，官軍三百十三萬八千三百，皆仰食於民，除西北邊兵三十萬外，其所以禦寇定亂者，不得不別設兵以養之。兵分於

農，然且不可，乃又使軍分於兵，是一天下之民養兩天下之兵也。召募之弊也，如東事之起，安家、行糧、馬匹、甲仗費數百萬金，得兵十余萬而不當三萬之選，天下已騷動矣。大將屯兵之弊也，擁眾自衛，與敵為市，搶殺不可問，宣召不能行，率我所養之兵反而攻我者，即其人也。有明之所以亡，其不在斯三者乎？」

　　歷代的兵制是一個大問題，搞不好就會引起國家的動盪、政權的更迭，所以黃宗羲著力討論兵制問題，也就是當然的了。可以說，兵制一穩定，國家基本上就是安穩的了。但是歷史兵制紛繁複雜，為切實用，黃宗羲只集中討論了有明一代的制度。他指出，明朝的兵制也是經歷了很多變化的，從衛所變為召募，又變為大將屯兵，蓋三變矣。衛所等於是靠民養兵，有三百多萬人，全要靠老百姓吃飯，可實際用場呢？其實派不上什麼大用，還得另外設兵，這等於是多了幾百萬白吃飯的人，其成本支出可想而知。對民生來說，這無疑是一個沉重的負擔。在古代，兵都是從農民來的。但是民分士、農、工、商，為什麼兵不能普遍從四民來呢？像明朝那樣別設兵以養之，這無異於雙重分化，是軍之外又有兵，是讓天下的老百姓養活雙重的兵，其負荷可想而知。所以養兵的辦法在歷史上是最笨的。而招募的辦法，所費直接而且巨大，並且戰鬥力低下，成本奇高而效能奇低，到底能充幾成之用，其可用率有多高都還是一個問題。不用打仗，自己就已經把自己拖死了。大將屯兵的壞處就更大，而且非常危險，等於說是一個獨立王國，根本不服從中央政府的管轄和管理。他們往往成為地方上的巨害，盜化、匪化，無惡不作，甚至與敵人勾結，做生意、賣國等等。一旦成為叛軍，還會反過來倒戈一擊，或者就是成為地方割據勢力。因此，明朝的滅亡，與它的兵制不合理有很大的關係。簡單的說，兵應該有一個最起碼的公私之別，軍隊只能屬於國家。大將屯兵，軍隊就容易私

家化，歷代動亂，皆源於此。一句話，公是正規的，私是不正規的，軍隊與盜匪的區別正在於此，二者很容易互相滑入。而召募是一時的，缺乏有恆的規劃，戰鬥訓練必然低下。至於以兵防兵，則完全是胡搞了。

其實平心而論，冷兵器時代，誰的戰鬥力都不及蒙古高原的遊牧民族，因為遊牧人是戰鬥生活化、生活戰鬥化的。他們沒有什麼繁冗的軍制，不像漢族政權，僅僅是自身行政的冗重就可以把自己拖垮，還不要說加上制度本身的弊端和腐敗。遊牧民族就像一個大頭魚，身子小，只是一張大嘴，就吃盡一切，並不需要別的、更多的複雜。這說明了什麼呢，能夠說明什麼呢？這本身能夠說明：在冷兵器時代，戰爭是一個單獨的事情，它和經濟、政治、社會並沒有什麼關係。就是墨家講的，唯有強股肱！蒙古根本沒有經濟，也談不到什麼文化，社會簡單原始，就是部落，更沒有什麼複雜的政治學、政治意識。所以打仗就是一種單獨的東西，是一種感覺、一種生活，它是非常簡單、直接的，而且蒙古人也沒有什麼複雜的裝備。所以，古代戰爭也不取決於工藝水平，雖然工藝可以加強武備。這樣看來，無論養兵還是雇兵，擁兵更不用說了，這些都不是根本的辦法，這是顯然的。古代用兵無非是兩個方面，對內與對外。從對外來說，明朝的兵是要抵禦、防禦北方遊牧民族的。但是，如果農牧社會打成一片，則此問題亦不存在了，自然消解，那麼兵事是不是可省不少呢？所以對外費兵的根源，還是農牧社會整合的問題。至於對內，在現在看來根本就是不允許的，因為那樣就意味著性質上反國人、反人民、反人類了，而這正是古代社會的悲哀。所以只能退一萬步說：如果治理得好，根本就不會有內亂，用兵對付國民，性質上完全是沒有道理的。因此，所謂兵者，在明朝顯然是沒有擺到位的，更不用說訓練了。

　　因此，「立義」便可以強兵。草原部落能知大義，便可以歸化；民眾知道基本的國家之義，蒙受教育，就會合乎法理地行動，粗俗動亂便永絕於人類史、人文史。當然這些都是事後話，古代國家不可能完全這個，只有等到現代國家去達成。黃宗羲說：「議者曰：衛所之為召募，此不得已而行之者也。召募之為大將屯兵，此勢之所趨而非制也。原夫衛所，其制非不善也。一鎮之兵足守一鎮之地，一軍之田足贍一軍之用，衛所、屯田，蓋相表裏者也。其後軍伍銷耗，耕者無人，則屯糧不足，增以客兵，坐食者眾，則屯糧不足。於是益之以民糧，又益之以鹽糧，又益之以京運，而衛所之制始破壞矣。都燕而後，歲漕四百萬石，十有二總領衛一百四十旗，軍十二萬六千八百人，輪年值運，有月糧，有行糧，一人兼二人之食，是歲有二十五萬三千六百不耕而食之軍矣。此又衛所之制破壞於輪挽者也。中都、大寧、山東、河南附近衛所，輪班上操，春班以三月至八月還，秋班以九月至二月還。有月糧，有行糧，一人兼二人之食，是歲有二十余萬不耕而食之軍矣。此又衛所之制破壞於班操者也。一邊有事則調各邊之軍，應調者食此邊之新餉，其家口又支各邊之舊餉。舊兵不歸，各邊不得不補，補一名又添一名之新餉，是一兵而有三餉也。衛所之制，至是破壞而不可支矣。凡此皆末流之弊，其初制豈若是哉！」（〈兵制〉）

　　應該說，這裏有一些基本的問題需要澄清。正如孫子所說的，守衛、防禦，不是說每一個地方、每一個點都要機械的去防守，只要守在要點上就足夠了。拿中國內地來說，以長江為中分線，北方就守好陝西、河北兩個要點，南方則守好湖南、廣東兩地，以四點為主，其他的地方可以權宜輕重而行。因為陝西守好了、經營好了，西北便不會有問題；河北搞好了，華北就不會有問題；湖南好了，華中便不會有問題；廣東好了，華南就不會有問題。邊省一旦有事，

四地可以呈輻射狀的左右逢源，都照顧得到，這樣用兵就大省了，而且效能最高。明政府顯然是還沒有知道要點，故有諸弊。像山東，其民性多是良民型的，根本不用常設大軍，除非是防倭那樣的對外戰事。而且有河北，也很容易顧到。南方的福建也是一樣，閩人一般還是順民型的，只要天下太平，也不會有什麼事，頂多是一些經濟腐敗，和軍事無關。即使是抗倭，廣東之兵也能顧到。北齊南閩，本無不守的。四川天府之地，巴蜀之人少憂煩，不是政治太壞，根本不可能有事。江、浙就更不用說了。所以，綜觀中國形勢，可安穩的多，不安穩的少。只要民有衣食，兵者本來是措置不用的，靡費何從談起？所以有明之無章法，由此可見矣！

即以漕運來說，從北京到江南，只要充分利用好大運河，亦可以足用、且不須多費的。國家養兵本來是沒有辦法的事，因為防患、備邊是免不了的。如果說士兵的家屬還要食一份餉，那就太沒道理了，因為餉只是用來供給士兵本人的，而且每個士兵不能領雙餉，更不要說三餉或者更多。有人認為養兵改為雇傭是沒有辦法的事，看了這麼多論述方案，我們只能說，根本的解決辦法，除了「學軍」制度，沒有更好的選擇。至於從召募滑落到大將屯兵，則是由勢造成的，不是因為制度、不是制度上的事情。當然，這些都只是一種說法。衛所制度從開始來說是好的，因為衛所與屯田互為表裏。但也許我們更應該說，僅僅是衛所的初衷和想法是好的，別的則很難講。一個地方的兵足以守衛一個地方，而這個地方的屯田又足以供養該地的駐軍，從構想、構劃上來說，真能做到當然也不錯。但軍隊的情況是會隨時變動的，它不是固定僵死的。可以毫不誇張地說，軍隊就像流沙一樣，尤其是在規矩、綱紀廢弛的時候，更是如此。因此，怎樣建立穩定的歷史制度，防風固沙，就是首要的問題。我們說，治沙除了覆以植被之外，沒有更好的辦法，治軍也是這樣。

歷史中的軍人、行伍、士兵一般都沒讀過什麼書，直到上世紀還是如此，而讀書就是植被。就古代而言，如果軍人沒有君父的觀念，便很容易作亂，或者跟著別人跑，在正、邪兩道廝混，而習以為常，因為沒有人會覺得那是難堪、引為廉恥。所以古人常常說一代儒臣，又鼓吹一代儒將，都表示了一種綱紀理想。即以明代來說，于謙、王陽明、戚繼光、袁崇煥等等，都是軍政首腦、軍事統帥、或者一代儒臣，都有君父綱常之教，或者理學根基。像這些人，絕不會有動亂之虞。所以接下來的問題就是，怎樣使袁崇煥變成袁崇煥們？達到了這一點，一切都好做。古代的軍人有一點很麻煩的，就是他們的教育根本沒有到位——連最基本、最起碼的人樣子、尤其是應該具備的軍人樣子都還沒有完全。比如說，自覺劫掠老百姓是不體面的，亂國是不成體統的等等。對很多事情因為沒有臉紅的意識，所以也就不覺得土，不能夠有所不為。所有這些，都要靠學政去打理。有兵而不教之，與豢犬餵豬無異。所以自古兵與學分家、文武兩途，是一個大問題。

　　從歷史國情來說，地域制度也是應該理智考慮的。比如說各地的民性不同、地情不同，那麼各省所行的制度也應該因情況相應而異，以便達成一種總體上的分工合作。像陝西便可以考慮耕戰制度，雖然耕戰是先秦古制，且已絕跡多年，但不是不可以啟動的。因為秦人善戰，所以要麼耕田、要麼打仗的選擇正適合於他們。如果說秦、趙之人把打仗的分工扛起來，那麼全國其他各地的人民便可以解脫。江浙是經濟區，所以江南之民適合於行耕讀制度，即要麼讀書、要麼種地。耕讀與耕戰，正好是一文一武兩端，這就是依「域情」而行的不同制度和辦法。所以，齊物論是最關鍵的，它包括齊地論、齊民論、齊性論等等。讓不能打仗的人去服役，無異於送死。如果是能打的閒在一邊，不能戰的卻萬里苦行役，結果忙的忙死、

閒的閒死、拖的拖死、急的急死，資源配置、利用、安排還有什麼比這個更不合理的呢？拿明末來說，北邊多有湖北之兵，而湖北人是最亂的，根本不適合於軍事上的整肅要求。以清季而論，北洋、南洋海軍多齊、閩之將，北齊南閩，齊人弱、閩人怯，所以山東、福建倭患最重，不只是濱海之故也。古今學者考南人、北人之性，屢屢言之。閩人是華人裏面最軟的，卻要被驅鏖戰，其做事之顛倒、不在要點，家國能無墜乎？所以歷史之成敗往往決於具體操作，而不是書面的空洞概念。司馬溫公早就講過，楚人輕易、閩人狡險，豈虛言哉？以北洋諸將而論，對倭作戰不力，架空上司、要脅主將投降倒很有一手，擇人不地之患，古今同烈。大體上說，秦、趙、湘、粵之人能武（湘人文亦不弱），齊、閩、江浙宜文，河南適合於勞務輸出，而川人文、武皆可用。這裏有一個案例，據《明史文苑一》載：「太祖下金華，召見，命與許元等會食中書省。後侍臣複有薦翰者，召至金陵。時方籍金華民為兵，翰從容進曰：金華人多業儒，鮮習兵，籍之，徒糜餉耳。太祖即罷之。」這個胡翰，黃宗羲專門提到過。雄略如朱元璋先生者，對齊民論、齊性論（地域國民性）還是不知底裏，遑論庸人？可見，按地用民真不是小事情，絕不是簡單的偏方。江南人根本就不能打仗，征他們當兵就是浪費糧餉，不僅人民自己苦不堪言，而且對國家沒任何好處，還不如讓他們去從事文職工作，可以盡其才用。所以，一切都是個具體辦法操作，韓非子講法術勢，可謂根本。不明齊情論，安排調度在宏觀上便很難合理，事情就做不到點子上，耗費還大。

士兵服役若干年就會老化，兵老則不好用。所以服役一般不能超過三年，要形成輪流替換制度，用鏈條傳送的辦法。退役問題、安置問題，都是很大的麻煩和負擔，因為人多。所以，如果士兵各有生業技能，回到鄉里，還可以充實地方上的保安。也就是說，軍、

政都是一樣，都不應該成為一種吃飯的職業。國家安全防務是必須，根本不應該指靠這一領域來安置人，所以歷來人們都犯了一個正名性的錯誤。可以說，軍隊的新陳代謝應該是要求最快的了。尤其冷兵器時代，個人一旦不能保證戰鬥力的「基點」，就要代謝，這是很無情的事實。畢竟冷兵時代靠體力。如果國家還要養活贏老，就等於多背上了一份負擔。所以沒有生活技能、能力的，原則上不宜從軍，因為自己不能營求生業，退役以後安置成問題。古代軍制，為什麼總是會隨著時間的推移而慢慢臃腫化、像滾雪球一樣呢？人浮於事、制度耗散等等，一系列的問題，絕不是哪朝哪代所獨有的。這就像草的生長，過一段時間就得修剪。又好像頭髮，過一段時間總要理髮，制度、規矩也是一樣的，須週期性地整飭。明朝軍隊消耗，慢慢屯田也沒人耕種了，不能做到耕戰傳軍，不僅糧食不足，而且漸漸冗員增多，這是最麻煩的事情。因為這樣一來，坐食必眾。而這些坐食之人，除了混生活，能夠真正的作戰保衛國家嗎？顯然是不行。所以定期修剪隊伍很有必要，這跟剪指甲是一樣的，沒辦法。無論官方還是民間，都要想辦法抽調貼補，這樣一挪扯，老百姓的負擔就大了。因為養兵最費錢糧，還不要說是養幾百萬。這種惡性循環就像長癌，只能拖、不能治，國家入了此竅，大壞只是一個時間問題。所以，用不著遊牧民族來戰，自己就把自己拖垮了。黃宗羲舉了一些數字：定都北京，每年要漕運四百萬石糧，這是一個很大的數字。有十二萬多人輪值運作，這樣，在編制的人員就還要乘以一個二，有二十五萬多人吃飯，這都是要白白供養的。至於輪班上操的，又是一人兼二人之食，有二十幾萬人要供養。至於各地調軍、軍隊調動所費，更是有一人多薪的情況。國家在此「級數增長」面前，就根本不能支對了。所以衛所制度破壞於冗員、輪挽、班操等等，是沒有辦法的事。

　　實際上，歷史中的問題，一定與歷史中的辦法好壞相對應。比如明朝的軍制，存在的問題就相當多，這是顯然的。軍隊與打仗，但凡軍事，是最直截了當的，所以一旦複雜化，肯定就不對了。因為軍隊的事情一複雜，這軍隊肯定戰鬥力低下。敗事有餘的軍隊，還不如沒有的好。所以治理軍隊和一切問題，千萬不能「跟著跑」，那樣會被拖死的。拿中國的歷史國情來說，只要政治穩定、不是太不像話，國內其實沒有什麼用兵的餘地，難道要殺戮老百姓嗎？內政根本是不應該用兵解決的，這是古人早講過的，所以軍隊只是用以防禦外敵。以中國來說，大致可以分為五塊：滿洲、蒙古、新疆、西藏、內地。一部中國史，就是版圖成型史。秦統一天下，內地完成了整合；漢武帝通西域，新疆進入版圖；唐代，蒙古、東北先後進入版圖；元以降，西藏進入版圖。雖然隨著國家的分裂動盪，各地得而復失、失而復得，也不知經歷了多少個來回，但是到了清代，卻變得完整齊全了、最後穩定了下來。所以清代是一個偉大的時代，因為中國在清代最後成型了。清代的文武兩道最全面，版圖最完整，也最整齊好看。所以基本的情況是：文化靠漢人，而版圖靠胡人，這就是中國成型史的文武兩端。總的來說，歷史中的分裂不是道理問題，而是能力問題、人為問題，道理上當然沒有說應該分的。因為中國史就是一部整合史，只要分，馬上會有人出來想重新整合，而且是武力整合，民初還是如此。這就是中國的宿命──分便意味著暴亂的循環輪迴，中國可不是一個容易政治協商的國家。正如前面說的，長江以北，陝西、河北經營好了，北方各省就能左右逢源。長江以南，湖南、廣東控制好了，南方各地便能左右逢源。這就像下圍棋，是要講究落點的。只有辦事得法，才能省事不少。以各地民性較之，秦人整肅，善於進攻，所以要治氣為上，嚴於紀律。燕、趙之人善守，有韌性，但自尊心強，所以要治心為上。湘、粵人實，

要治力為上，以盡其能。只是需要調教，否則會很野。諸如此類等等，都需要因民之性而利導之，國家才能安穩。否則不知己情，天下是治理不好的。

黃宗羲說：「為說者曰：末流之弊，亦由其制之不善所致也。制之不善，則軍民之太分也。凡人膂力不過三十年，以七十為率，則四十年居其老弱也。軍既不得複還為民，則一軍之在伍，其為老弱者亦復四十年，如是而焉得不銷耗乎？鄉井之思，誰則無有？今以謫發充之，遠者萬里，近者千餘里，違其土性，死傷逃竄十常八九，如是而焉得不銷耗乎？且都燕二百餘年，天下之財莫不盡取，以歸京師，使京南之民力竭者，非軍也耶？」（〈兵制〉）顯然，黃宗羲還是把一切原因歸到了制度方面。他算了一筆賬，人的體力是有年限的，到時候就老弱了。軍制的不好，是軍與民分得太過頭了，這是愚蠢。明政府不知道軍、民應該為一。如果軍人不能退伍還為民，那麼首先一個問題、最直接的問題就是軍隊本身的老化、老齡化。一旦老化，軍隊就尾大不掉了。普通人都有思鄉之情，尤其是古代人。所以官方政府正好可以利用這一民性妥善安置還為民之軍人，這樣，一定的當兵年限就是必要的。也就是說，用兵戍守，最好不要超過三年。因為時間一長則兵老，老則不可用矣。無論體力還是心力，超過三年，常人都會引以為苦。而且時間長了，也不利於軍隊新陳代謝，反成其累。所以在服役這一點上，輪換週期還是越短越好、越快越好，三年是最佳的，當然還要依情況而定。時間過長，兵員回鄉安置都是問題。黃宗羲說，當時逃跑的人特別多，畢竟古人不是靠觀念當兵，比如保衛國家什麼的。所以，如何儘量用土人戍守，也是一個問題。比如遠戍漠北，從金華徵兵就是愚蠢的，還不如從秦、趙調發。但是，如果農牧社會真正能夠整合，胡漢可以達成一體，則並此遠戍問題也不煩解決了。唐初萬里疆域、並為州

縣，清代不修長城，都能夠說明問題。總的來說，黃宗羲所列舉的弊端，還是因為明代沒有一套完整、合理的服役、退役辦法。兵、民既然是分而不合，安置諸事自然成了一連串的問題。

關於都燕而歸天下之財的問題，黃宗羲對都燕始終是存有偏見的。其實只要想一下，北京做都城，尤其是在胡人統治之下，已經有千年以上的歷史了。當南北分據之時，南財當然不會北調。那麼，彼時的北京，老百姓是怎麼過的呢？所以問題就簡單了，即：統一以後，大家該怎麼過還是怎麼過，物資只要保證皇家的用度和京城的防務就行了，這個問題在古代也好解決。畢竟都城只是一個戰略、行政地帶（區域劃分），它不是一個經濟帶。而且轉運也有個輕重講究，從廣東往北京運送當然遠，從山東運就近多了。並且京畿自己也應該量力生產，如果全靠外省，那麼與其說是地理問題，不如說是體制問題。北方的老百姓想讓生活富裕一些，也應該自己多盡力營求生業，不能完全依賴、仰給外省之民。至於都城在哪裏，國人自然會往那裏聚攏，則是另外一個問題了。所以黃宗羲的議論，未必的當，還是很有偏見的。倒是他講的軍隊供養的問題確是最大的難題，而且這個難題在明代不好真正的解決。因為古代還不具備現在看來很基本、很起碼的機制。比如說，用軍事基金就可以很好的供養軍隊，至少是能夠極大地緩解壓力。因為《管子》早就講過，藉於鬼神之祀，則國用足。民間捐錢的辦法其實是一個極大的便利，因為老百姓可以量力而行，與其把錢捐到廟裏，不如讓他們捐給軍隊。但是這得有一些條件，就是軍與民要合，亦即一體，不能像黃宗羲說的那樣——太分。但古人是否會有這個意思、念頭呢？這是根本問題。現代人的國家意識與古代是完全不一樣的。其實軍事基金是很好的辦法，一個社會只要實行了普遍基金制，就可以完全自治、自理，而軍隊、軍事方面的一切用度、費用也都可以民間化、

社會化，不用再靠政府撥款，多受牽制。所以，歷史中的有沒有辦法，乃是玄機重重的。

黃宗羲說：「或曰：畿甸之民大半為軍，今計口而給之，故天下有荒歲而畿甸不困，此明知其無益而不可已者也。曰：若是，則非養兵也，乃養民也。天下之民不耕而待養於上，則天下之耕者當何人哉？東南之民奚罪焉！夫以養軍之故至不得不養及於民，猶可謂其制之善與？」（〈兵制〉）可見，養民才是問題的癥結所在。民的基數那麼龐大，如何養得起？怪不得京城對外省的依賴那麼大、漕運的負擔那麼重，這些顯然都是體制問題，必須刪繁去冗。由此可見，明代的供養問題有多大，完全是倒過來了。生產是民之天職和本分，用其他民供養某一些民，這是嚴重的不公，由此而造成的「嬌民」必難用矣，可見明朝制度的弊病之大。一條原始的法則，永遠是：生產的人多於坐食的人，則天下寬鬆；坐食者眾，則天下窘促。這裏面有一個比例關係，就是生產者越多越好、坐食者越少越好。如果坐食仰給的人超過一定的負荷承受限度，天下就沒有不崩潰的。拿軍隊來說，平時的生產勞作應該作為必要的訓練課目固定下來，因為兵一定要能幹於民，否則四體不勤，反而不如普通之民，要兵何用呢？所以靠養之兵必不強幹。畢竟，平時戰事總是少的，所以日常勞作就是一種操練。不打仗的時候，除了軍事訓練，當然不能閒著，也應該儘量自我供應。尤其是古代，情況應該更簡單，兵自農出，斷無偷懶之理，所以生產本身就是一種訓練和實習。簡言之，就是「食養率」一定要合理。

黃宗羲有一大段議論說：「餘以為天下之兵當取之於口，而天下為兵之養當取之於戶。其取之口也，教練之時五十而出二，調發之時五十而出一。其取之戶也，調發之兵十戶而養一，教練之兵則無資於養。如以萬曆六年戶口數目言之，人口六千六十九萬二千八百

五十六，則得兵一百六萬二千一百四十三人矣。夫五十口而出一人，則其役不為重；一十戶而養一人，則其養不為難；而天下之兵滿一百二十余萬，亦不為少矣。王畿之內，以二十萬人更番入衛，然亦不過千里。假如都金陵，其入衛者但盡金陵所屬之郡邑，而他省不與焉。金陵人口一千五十萬二千六百五十一，則得勝兵二十一萬五百，以十萬各守郡邑，以十萬入衛。次年則以守郡邑者入衛，以入衛者歸守郡邑，又次年則調發其同事教練之兵。其已經調發者則住糧歸家，但聽教練而已。夫五十口而出一人，而又四年方一行役。以一人計之，二十歲而入伍，五十歲而出伍，始終三十年，止歷七踐更耳。而又不出千里之遠，則為兵者其任亦不為過勞。國家無養兵之費，則國富，隊伍無老弱之卒，則兵強。人主欲富國強兵，而兵民太分，唐、宋以來但有彼善於此之制，其受兵之害，未嘗不與有明同也。」（〈兵制〉）

　　黃宗羲的辦法可謂簡便，但是它必須有一個條件，就是政府官方對國民要有基本的信任。如果對老百姓不放心，那麼很多事也就做不成了。實際上，古代的很多兵就是用來防民的，所以很多事業當然就不方便做了。黃宗羲講的兵員數是根據當時的人口數按比例算出來的，亦即五十比一，也就是每五十個老百姓出一個兵。這樣，國人供養起來就輕鬆了。按照這個比例，現在的十五億人就可得三千萬兵，員額數可謂龐大，但是並不悖理。這是一種極機動靈活的鏈條傳送、輪換的辦法，而且絕不重複。像這樣操作，如同履帶一樣傳遞，國人不說普遍都受到了軍事訓練，起碼也是相當程度的覆蓋了軍事練習。可見黃宗羲的構想之細密，他對唐、宋、明的評價都很壞。黃宗羲的方案是，按照人口比例徵兵，按照戶口比例養兵。訓練的時候要富裕一點，所以按五十比二的比例教練，也就是每五十個人裏面出兩個人接受訓練。但是調用的時候只取一

半，就是每兩個人裏面調用一個。這樣，訓練數大於使用數，就能夠保證寬裕無虞。可見，黃宗羲考慮得是很周詳的。這樣一來，就等於是藏兵於民了。國家只需要供養調用的兵員，而不用的、只是平時訓練過的人員，則不需要國家專門發餉養活，這樣費用就省下來了，國家不用背上沉重的負擔，而軍事訓練的效果卻達到了，可謂一舉兩得，最為省便。因為明王朝已經具有龐大的人口基數，所以兵源不會有問題。萬曆六年的統計數字是全國 60692856 人，按五十比一，可以出兵 1213857 員。戶口數是 10621436 戶，按照十比一，十戶供養一兵，便可以供養 1062143 兵員。從細節來看，黃宗羲算賬都是往少處算、力求寬鬆富裕的。五十人裏面出一員，兵役不算沉重。十戶供養一人，也不算太困難。而百萬之兵對中國來說卻不算少了，蒙古高原的人口不過百萬而已。從京城的防衛來說，可以保持二十萬軍隊輪流戍守。對各地兵員的調發，一般也不超過千里的路程。雖然是古代，但這樣的里程也能承受。這樣，已經戍守過的兵就可以回家了，國家也不再發餉，只有在崗位上的國家才發餉。如此一來，國家既得到了守衛，防務不成問題，而且所費也可以降至最低。按照黃宗羲的輪流設想，每人每四年行役一次，從二十歲到五十歲，最多也只輪到七次，這樣當兵就不會過勞。國家解脫了養兵的沉重負擔，就會富起來。隊伍避免了老齡化，就會變強。所以要想富國強兵，就不能兵、民太分，而須合一。可以說，黃宗羲的這些構想無疑是最優化的。因為按照這種設計，從二十歲到五十歲有三十年，如果把三十年作為三十級臺階，每級二十萬人，三十級總共就有六百萬兵；如果每級一百萬人，三十級總共就是三千萬兵，這個基數是相當大的。如此一來，全民便能普遍習兵、知兵，這樣去組織動員是很厲害的。但是，從餉額來說卻可以簡省。也就是說，常備軍只要兩百三十萬就足夠

了。像黃宗羲說的，五十出一，天下得兵一百二十餘萬；五十出二，得兵兩百四十多萬，與兩百三十萬之數差不多。兩百三十萬的死額定制，冒餉是不可能的，這樣就避免了軍隊的臃腫化。再結合前面所講的各意思，其實明朝在軍政上可以做得很寬鬆，惜乎古人未曾開竅耳！

黃宗羲還專門論述了學與兵的問題。他說：「國家當承平之時，武人至大帥者，幹謁文臣，即其品級懸絕，亦必戎服，左握刀，右屬弓矢，帕首褲靴，趨入庭拜，其門狀自稱走狗，退而與其仆隸齒。兵興以後，有言於天子者曰：今日不重武臣，故武功不立。於是毅宗皇帝專任大帥，不使文臣節制。不二三年，武臣擁眾，與賊相望，同事虜略。李賊入京師，三輔至於青、齊諸鎮，櫛比而營，天子封公侯結其歡心，終莫肯以一矢入援。嗚呼！毅宗重武之效如此！」（〈兵制〉）武人類皆草莽，不明理義。內無君父綱紀之心，焉有赴死趨節之行？黃宗羲講的情況，在袁崇煥等將領就不會發生。中國傳統的為將觀，從來是文、武兼得型的。說白了，就是坐下能讀書，站起能打仗。平心而論，崇禎反覆無常，擅殺大臣，人自危懼、寒心乃是很正常的。所以當明亡時，將帥無助，情況很複雜，不能偏觀、一概而論。實際上，明朝有很多事沒有擺放到位，比如說人對人基本的尊重。這裏沒有簡單的劃分，什麼文、武，關鍵是看具體的個人。無論是誰為將，都要有個人樣子。原來稱走狗，不被當人尊重，一旦得勢，不成為悍將才怪！畢竟武臣素來缺乏人格生活，所以不能簡單怨怪武臣。明末固然有很多悍將，但是文臣也有大量習氣，雙方都應該深自檢討。簡言之，中國缺乏尊重軍人的傳統，沒有那種為國的榮譽感，所以武人容易有草莽氣，甚至與敵、匪一家。我們說，為將主要是在頭腦，當然體力也要。對黃宗羲的文臣節制說，需要具體的看。但有一點是很重要的，就是：黃宗羲的意

思，是要軍人學化，否則不能死節。像明亡後死節的孫承宗、瞿稆式等，都是一代儒臣。

黃宗羲謂：「然則武固不當重與？曰：毅宗輕武而不重武者也。武之所重者將；湯之伐桀，伊尹為將；武之入商，太公為將；晉作六軍，其為將者皆六卿之選也。有明雖失其制，總兵皆用武人，然必聽節制於督撫或經略。則是督撫、經略，將也；總兵，偏裨也。總兵有將之名而無將之實，然且不可，況竟與之以實乎！夫安國家、全社稷，君子之事也。供指使，用氣力，小人之事也。國家社稷之事，孰有大於將？使小人而優為之，又何貴乎君子耶？今以天下之大託之於小人，為重武耶，為輕武耶？是故與毅宗從死者，皆文臣也。當其時，屬之以一旅，赴賊俱死，尚冀十有一二相全，何至自殊城破之日乎？是故建義於郡縣者，皆文臣及儒生也。當其時，有所藉手以從事，勝負亦未可知，何至驅市人而戰，受其屠醢乎？彼武人之為大帥者，方且飆浮雲起，昔之不敢一當敵者，乘時易幟，各以利刃而齒腐朽，鮑永所謂以其眾幸富貴矣，而後知承平之時待以僕隸者之未為非也。」（〈兵制〉）

黃宗羲的態度，是一種標準的文人政治的東西，這正是中國疏離軍人政治的傳統。其實最直接的辦法還是君親為將，君主不懂軍事，乃國之大殃。歷史上的開國皇帝都是懂軍事的，像明成祖就是很能打仗的。不懂軍事的喜歡瞎指揮、亂干預，如李隆基就是。還有簡直不是人的，比如趙構。拿明代來說，明武宗仗打得很厲害。明英宗雖然不懂，但還有糊塗的勇敢。萬曆也是打仗的，歷史中能戰的皇帝還不少，所以君自作則並不稀奇。所以，節將之道主要還是在於上，在於上面行不行。黃宗羲要講的，就是儒臣原則，即：武將也要理化，而且更應該理化。黃宗羲的意思是要說，如果不懂武，是不可能真正重視武的。實際上，在黃宗羲看來，為將與選相

一樣重要。所謂國家社稷之事，還有什麼比將更大的呢？這就是孫子早說過的，知兵之將，民之司命，國家安危之主也，一個意思。所以在黃宗羲那裏有一個兩分，文臣與武人就如同君子、小人，分勞心與勞力，而武人是供驅使的。但是，與其總是這樣文、武兩途，還不如文、武合一，就是武要文化。亦即，每一個武人都得從學、向學，這就是學軍的辦法，而且是儒學。文臣能夠從死盡節，而小人的武人不能，是因為文化低嗎？文臣是大人，那麼為什麼不把武臣大人化呢？黃宗羲的意思很明白，他希望文臣及儒生手裏有兵，即大儒掌軍。只有軍隊文化、理學化、綱紀化了，才是真正的重武。所以，重武不是我想重武，而是我知道怎樣重武。因此，歷來人們沒有把知與想分清楚、知與想沒有正名。知之事，都作了想之事理會了。讓市民、老百姓去作戰，等於是白白地被屠殺。這就是《論語》中講的，以不教民戰，是謂棄之。而武人呢？他們所做的就是趁亂起事。原來不敢與敵人作戰的，叛國投敵倒是很積極，全無節義。這樣看來，和平的時候，他們被吆來喝去也就是理所當然的了，因為這些人沒有體面和尊嚴。由此可見黃宗羲對武人的意見之巨，所以根本的解決就是學軍，別無他法。武人沒有國家的念頭，未受教育，當然不能有廉恥、體面意識，這又有什麼奇怪呢？軍人不體面，無綱紀體統，是因為國家本身無體面的緣故。這跟小孩無教養，是因為大人沒家教一樣。甚至於軍隊無號衣，與花子大隊無異，所謂的天朝軍隊，原來也不過如此。

黃宗羲說：「然則彭越、鯨布非古之良將與？曰：彭越、鯨布，非漢王將之者也。布、越無所藉於漢王，而漢王藉之，猶治病者之服烏喙藜蘆也。人見彭越、鯨布之有功而欲將武人，亦猶見烏喙藜蘆之愈病而欲以為服食也。彼粗暴之徒，乘世之衰，竊亂天常，吾可以權授之，使之出落鈐鍵也哉！然則叔孫通專言斬將搴旗之士，

儒生無所言進，何也？曰：當是時，漢王已將韓信，彼通之所進者，以首爭首，以力搏力之兵子耳，豈所謂將哉？然則壯健輕死、善擊刺者，非所貴與？曰：壯健輕死善擊刺之在人，猶精緻犀利之在器甲也。弓必欲無ㄚ爵，冶必欲援胡之稱，甲必欲上旅下旅柔續之堅，人必欲壯健輕死善擊刺，其道一也。器甲之精緻犀利，用之者人也；人之壯健輕死善擊刺者，用之者將也。今以壯健輕死善擊刺之人而可使之為將，是精緻犀利之器甲可以不待人而戰也。」（〈兵制〉）

　　可見黃宗羲的為將標準是很高的，也是明確無疑的，有氣力的只能算兵子，算不得大將。武人既然這麼濫，那麼怎樣才能優化呢？說白了就是要學化，不學只能算是兵子，不能算是將。黃宗羲本人精技擊、精儒學，與此大概有關。這些都是他實學思想的表現，一方面固然是興趣、愛好，另外一方面也是認同考慮。黃宗羲舉歷史中的人物為例說，像彭越、鯨布這樣的人，說他們是將還當不起，他們只是被劉邦利用的人。因為實際的功效出來了，人們就以為他們可以為將，這就好像以為偏方可以治大病，是一樣的思維。而事實是，在亂世什麼樣的歪打正著都可能發生，所以這些不足以說明問題。由此可見，黃宗羲的標準是很嚴正、不容商量的。所謂的武人、所謂的粗暴之徒，他們都是沒有定準的，不能為國家社稷之依靠。所以在這裏就有一個二分，即必然與僥幸、利用與依靠之間的區別，務必搞清楚、絕不能混淆。在政治、軍事上，通常認為某某人可以利用，與真正的人類可以指望誰，這兩者之間要相去十萬八千里。前者往往是權術家、權謀者，或者殺人狂，他們的手段和伎倆，不足一論。至於武藝好，那只是工具意義上的事情，是必要的硬體、設施環節。文人也可以習成很好的武藝，如近世的武禹襄是舉人，孫祿堂出身鄉村教師家庭等等。讓武藝好的人為將，以為這樣就可以當大將之任，這跟認為鎧甲能夠自己打仗一樣荒謬。可見，

為將是需要以學專門訓練的，也就是儒家之理學。理學所謂心虛理實，一切都是一個實理。

那麼具體應該怎麼做呢？黃宗羲的方案是，以儒者為將。可見一切都是儒化的──以儒業訓練。從選相、行政操作，到為將，文武高位，合統於儒，這就是黃宗羲的立場。他說：「自儒生久不為將，其視用兵也，一以為尚力之事，當屬之豪健之流；一以為陰謀之事，當屬之傾危之士。夫稱戈比干立矛者，士卒之事而非將帥之事也。即一人以力聞，十人而勝之矣。兵興以來，田野市井之間，膂力稍過人者，當事即以奇士待之，究竟不當一卒之用。萬曆以來之將，掩敗飾功，所以欺其君父者，何所不至？亦可謂之傾危矣。乃止能施之君父，不能施之寇敵。然則今日之所以取敗亡者，非不足力與陰謀可知矣。使文武合為一途，為儒生者知兵書戰策非我分外，習之而知其無過高之論，為武夫者知親上愛民為用武之本，不以驪暴為能，是則皆不可叛之人也。」（〈兵制〉）

這就是儒者掌兵論。比如歷史中的經學大師杜預指揮軍隊，數節而下、勢如破竹，參與完成統一之業，成為很多人的楷模，就是極好的說明。這裏說得很明白，軍人只有接受教化，才能離開粗俗無能，遠離粗鄙的陋習。因為軍隊是國家的屏障和象徵，軍隊不是染缸，而是一種學校，是教化的場所和場合，而不是廁混的地方，是栽培人的，修身洗心以向善，而不是反過來把人變壞、養习了。所以歷代治軍，方向完全錯誤。不是以儒道去正軍，而是漫無綱紀，連君父、國家、人民的念頭和意識也沒有，自然不能與國為體，做了很多不體面的事，甚至成了食餉之匪。其實何止軍隊，歷史上很多王朝本身就是不體面的。比如唐朝，就是完全沒有紀綱的，為曆世儒者所鄙薄，所以唐朝是野朝。唐之盛期不過數十年，長期衰亂、分裂，漫無收拾。由於歷史中儒者長久不統領軍隊，致使他們認為：

軍事國防都是與自己無關的事，而越來越書面化、語文化。或者就是認為軍事難得不得了，是武人的事情。其實，這些全是歷史中的錯誤的定式思維。黃宗羲說得非常清楚、明白，兵就是儒者的本分，乃儒之本業。尤其冷兵器時代，更是如此。如果儒者不統兵、不習兵，將官不儒教化，情況永遠好不了。或者就是認為，軍事只與政治鬥爭、與權術有關，而不從國家安危的正面加以理解。實際上，黃宗羲是對文、武兩邊都提出了嚴厲的批評，認為文、武同樣不力，這一反省是深刻的。所以黃宗羲的基本思想就是文武合一論，對兩邊都是如此，雙方都要往這上面靠。健兒為將不宜，是因為他們只有體力，沒有頭腦。或者就是認為，軍政是陰謀家的事，這種想法等於給壞人騰地方。拿萬曆以來的事說，惡劣的事情不可勝數。如殺民冒功等等，都是欺騙君父、禍亂國家、殃及民人的不赦之行。而要那些軍人去禦侮，卻一無是處，這樣的軍隊，比沒有更壞。

　　所以說，養兵而不教之，便是豢犬餵豬。有時候，國家對軍隊就有一點像姥姥帶孫子。姥姥年紀衰邁了，管不了孫子，任其滿地亂跑、瞎玩。姥姥沒文化，也不知道該怎麼管。孫子跑得快，比小雞還靈活，姥姥逮不住，這是一幅悲哀、淒涼的情景。國事也是一樣。黃宗羲說：「唐宋以來，文、武分為兩途。然其職官，內而樞密，外而閫帥州軍，猶文、武參用。惟有明截然不相出入，文臣之督撫，雖與軍事而專任節制，與兵士離而不屬。是故涖軍者不得計餉，計餉者不得涖軍；節制者不得操兵，操兵者不得節制。方自以犬牙交制，使其勢不可為叛。夫天下有不可叛之人，未嘗有不可叛之法。杜牧所謂聖賢、才能、多聞、博識之士，此不可叛之人也。豪豬健狗之徒，不識禮義，喜虜掠，輕去就，緩則受吾節制，指顧簿書之間；急則擁兵自重，節制之人自然隨之上下。試觀崇禎時，督撫曾有不為大帥驅使者乎？此時法未嘗不在，未見其不可叛也。」〈兵制〉

　　不可叛之法就是禮法，具體操作起來就是學軍辦法。不可叛之人就是名教中人，其不可叛，是因為受教的緣故，所以還是因為先得了儒家之法，才成為不叛之人。因此，永久之計，就是將儒法擴而充之於軍隊，則歷代頑症，一朝解除。這就是以名治軍，即名兵。文、武分途是黃宗羲最不認同的了。但是唐、宋以來依然是文、武混，到了明朝文、武就完全隔斷了。結果是文臣與士兵絕隔不通，明朝制度上這樣安排、設計，其初衷是為了防止叛亂，但後果、效果卻是軍事變得極壞。可見軍政不學必然是制度遭殃。事實是，兵士正宜與儒臣接觸，以蒙被教化，這才是潛移默化、無聲無臭地養軍。真正的養軍不是豢之畜之，僅僅發餉而已，真正的養是教之，即教養。黃宗羲所說的，正是指軍人缺乏綱紀、無禮義，而禮義、綱紀正要靠儒臣去做。如果紀綱、禮義深入每一個毛孔，使軍隊普遍綱紀化、禮義化，完成理學的社會化普及，那麼禮義、義理深入人心，即使命令軍隊叛亂，也是不可能的。這才是最根本的辦法，而不是用人事制度相互節制，實際上是牽扯。儒教之軍，斷不會虜掠民人，殺良冒功。所以黃宗羲說，治軍之要義在於不可叛之法，而不可叛之法即在於成就不可叛之人。比如理學名臣，滿腦子正統念頭、春秋大義，他只會死難，不會作亂。說這話不是因為自信，而是知識。所以，黃宗羲是明確講出了「什麼樣的腦筋決定什麼樣的一切」的道理的人，而腦筋的造就，就得靠學，學軍即在於此。歷史中軍政的得失，就在於首腦們還沒有把道理、原理的要點搞清楚。由此可見，理學是多麼的必要。杜牧講的多學之士，就是指儒生。所以軍人必須儒化，而不是草莽化。明末只有匪兵，沒有儒兵。匪兵是靠不住的、指望不上。這些人被黃宗羲罵成豬狗，他們只會架空、要脅官長。所以，軍隊是古代社會中還沒有完成綱紀化的一個死角區域。本來應該是最重要、優先經營的領域，結果反而最荒

廢、最荒疏，這正是黃宗羲說的本質上的輕武。沒有武備，國家旦夕可亡；沒有文教，國家永遠是一個植物人。緩急之間，同樣都是一死，這就是文與武的宿命關係。

當然，沒有人，法只是一個空殼。國家安危寄於將，也就是武的儒。安危不在於健兒、武夫，這是一次國家軍政正名。黃宗羲謂：「有明武職之制，內設都督府，錦衣衛，外設二十一都司，四百九十三衛，三百五十九所；平時有左右都督、都指揮使、指揮使，各系以同知、僉事及千戶、百戶、鎮撫之級；行伍有總兵、副將、參將、游擊、千把總之名。宜悉罷平時職級，只存行伍。京營之兵，兵部尚書即為總兵，侍郎即為副將，其屬郎官即分任參、遊。設或征討，將自中出，侍郎掛印而總兵事，郎官從之者一如京營。或用巡撫為將，巡撫掛印，即以副將屬之參政，參政屬之郡守。其行間戰將勇略冠軍者，即參用於其間。苟如近世之沈希儀、萬表、俞大猷、戚繼光，又未嘗不可使之內而兵部、外而巡撫也。」（〈兵制〉）可見，黃宗羲是認為：明朝軍事編制方面的名目太多、太亂，需要進一步整合，以期高效、穩妥。這裏講到掛印，實際上反映了一個歷史制度如何保持的問題。比如秦用兵符，用虎符調兵，這種「分符」的制度或辦法很好，它使得權力安穩。可以考慮，用兵時，將虎符分一半給大將，使總領其事。仗打完了，權力交回，君臣兩下安心。古代這種方便、簡省的辦法不知道為什麼沒有在歷史中完整地延續，結果滋生了那麼多的囉嗦。分符制一行，軍權制度其實也就飽和了。兵權方面的分割辦法、原則原理並不複雜。黃宗羲專門提到，像俞大猷、戚繼光這樣可靠的將領，文、武各職可以讓他們自由出入，不會發生任何問題和風險，因為他們都是守禮義、是綱紀化了的。

關於武學，顏元也專門談過，他說：「間論王道，見古聖人之精意良法，萬善皆備。一學校也，教文即以教武；一井田也，治農即

以治兵。故井取乎八而陳亦取乎八。考之他書，類謂其法創自黃帝，備於成周，而以孔明之八陳實祖之。但帝王之成法既不可見，武侯之遺意又不得其傳，後世亦焉得享其用哉！」「竊不自揣，覺於井田法略有一得，敢詳其治賦之要有九，治賦之便有九：」（《存治編治賦》）這裏有幾個相即關係：文武教學相即、耕農治兵相即，顏元具體開列條目如下：

> 一曰預養。饑驥而責千里則愚。上宜菲供膳，薄稅斂，汰冗費，以足民食。
>
> 一曰預服。嬰兒而役責、育則怒。井之賢者為什，什之賢者為長，長之賢者為將，以平民情。
>
> 一曰預教。簡師儒，申孝弟，崇忠義，以保民情。
>
> 一曰預練。農隙之時，聚之於場。時，宰士一較射藝；月，千長一較；十日，百長一較；同井習之不時。
>
> 一曰利兵。甲冑、弓刃精利者，官賞其半直，較藝賢者慶以器。
>
> 一曰養馬。每井馬二，公養之，彷北塞餧法。操則習射，閒則便老行，或十百長有役乘之。
>
> 一曰治衛。每十長，一牌刀率之於前，九人翼之於後。器戰之法具《紀效新書》。
>
> 一曰備羨。八家之中，四騎四步。供役不過各二人。餘則為羨卒，以備病、傷或居守。
>
> 一曰體民心。親老無靠不卒；老弱不卒。出戍給耕，不稅；傷還給耕，不稅。死者官葬。
>
> 九者，治賦之要也。

一曰素練。隴畝皆陣法，民恒習之，不待教而知矣。

一曰親卒。同鄉之人，童友日處，聲氣相喻，情義相結，可共生死。

一曰忠上。邑宰、千百長，無事則教農、教禮、教義，為之父母；有事則執旗、執鼓、執劍，為之將帥。其孰不親上死長！

一曰無兵耗。有事則兵，無事則民，月糧不之費矣。

一曰應卒難。突然有事，隨地即兵，無徵救求援之待。

一曰安業。無逃亡反散之虞。

一曰齊勇。無老弱頂替之弊。

一曰靖奸。無招募異域無憑之疑。

一曰輯侯。無專擁重兵要上之患。

九者，治賦之便也。

可見，對兵的要求，就是得平時訓練有素。古代兵農合一，明末思想家普遍都考慮到了全民的組織、動員問題，這已經不是簡單的藏兵於民了，而是直接的兵民一體、合一，以至於全民皆兵。這樣，不僅應變起來機動、高效、靈活，而且平時的軍費也省了，可以簡略到最低。最實惠的是，退役安置問題也不煩解決了。這樣，按照顏元的設想，如果沒有錢發放給老百姓，可以直接發給他們糧米，進行軍事配給。只要老百姓餓不死，國家就是穩的。因為傳統的中國民性，只要每人每天有一碗稀飯喝，他們就不會造反。

顏元認為，軍事訓練、教學應該用戚繼光《紀效新書》這樣的著作為教材，這是最直接的一種意見和操作辦法。按照這個原則，將中國歷史中的兵書資源整合，就能夠建立起一個牢固的學軍基礎，尤其冷兵器時代更是如此。學軍就是這樣慢慢建立起來的。顏

元的設計，基本上沒有越出《論語》中講的足食足兵、教民戰等道理。而且，我們可以清楚的看到，明末實學思想，各家似乎都有一種共識，這個共識基礎是不能忽略的。從農牧社會的性質來說，如果不進行整合，那麼必然會以歷史性的持續循環內耗為代價。比如說馬匹一項，其中很主要的一個用途就是打仗，尤其是防胡，雖然馬也是交通、役用工具。但是，如果胡、漢打成一片，比如說像清朝那樣全國統一，那麼，按照實物徵收的稅制，像蒙古草原這樣物產有限的地方，就應該每年向國家繳納一定數量的馬匹、牛羊作為稅。按照十一稅法，每年（或者單位時間）每十匹馬要抽交一匹給國家官方政府，當然是成年的馬，而不是馬駒。按照用途來層層分級，每匹馬最開始是作戰馬用，或者快速交通工具。到了一定的年齡，隨著馬的老化，要及時更新，新陳代謝。原來的老馬可以役用的應該充分利用，比如行雜役，或者給老年人做代步工具，交給民人耕作、車駕等等，做一些力所能及的事情，都可以。所謂人盡其才，物盡其用，否則就是浪費。內地所產馬匹不善賓士、驅馳，所以還是用蒙古的好。取之於彼，用之於彼，防之於彼，一舉多得。內地只要政治清明，一般是用不著打仗的。這樣做，於民事最省便，胡、漢兩下相安，各自以不同的、適合於己的方式為國家盡其職分。所以，漢地養馬策總不如「稅馬」之法（向蒙古等產馬的地方直接徵收馬匹）為好，這是肯定的。當然，漢地養馬，如果是出於單純的民用、農墾，亦無不可，就像農家養牛那樣。這是一點。

明末的軍制是極其混亂的，甚至於乞丐冒充軍兵。顏元說：「慨自兵、農分而中國弱，雖唐有府兵，明有衛制，固欲一之。迨於其衰，頂名應雙，皆乞丐、滑棍，或一人而買數糧；支點食銀，人人皆兵；臨陣遇敵，萬人皆散。嗚呼！可謂無兵矣，豈止分之雲乎！即其盛時，明君賢將理之有法，亦用之一時，非久道也。況兵將不

相習，威令所攝，其為忠勇幾何哉！」（〈治賦〉）顏元在這裏所說的，與黃宗羲之論正可以互相參證。顏元之所謂久道，除了學軍辦法，沒有別的出路，所以非加強管理不可。顏元說：「為治不法三代，終苟道也。然欲法三代，宜何如哉？井田、封建、學校，皆斟酌復之，則無一民一物之不得其所，是之謂王道。不然者不治。」（〈存治編〉）顏元的總結是相當清楚、明晰的，都成板塊化，就是分三大項，歸宿明確，不留餘地。首先是地土問題，因為這個最直接關係到民生。有人說上古井田之制不宜於今世，顏元說：「夫言不宜者，類謂奪富民田，或謂人眾而地寡耳。豈不思天地間田宜天地間人共用之，若順彼富民之心，即盡萬人之產而給一人，所不厭也。王道之順人情，固如是乎？況一人而數十百頃，或數十百人而不一頃，為父母者，使一子富而諸子貧，可乎？」（〈井田〉）

可見，井田問題實際上是一個人性問題。顯然，這裏首先就挑出了土地均分的想法。歷史中土地分配不均，是最費牽扯的問題。從原則上說，農民沒有地則無法生存，所以土地的所占比有一個上下限。比如說每一個人都有地養活自己，那麼土地所占多寡無非是涉及貧富，還沒有多大妨礙。可一旦有的民人完全沒有了土地，情況一旦突破了可容忍的限度，社會的安穩就成問題了。所以，國家對土地的干預，不是去限制上限，而是要確保下限。比如每人或每戶不能少於兩畝地等等。每戶有了兩畝地，或者更多一點，細心打理，就能夠養家活口。在此基礎上，多出來的土地、開地，即使有人兼併、吞食，社會也不會動盪。如果老百姓瞎生，致使自給又發生問題，那就不是官方的責任了。所以限制上限的辦法，比如說每人私占不得超過五百畝之類的，可謂搞錯了方向。治國用下限思維則活，用上限思維則死，這只是一個經驗。所以官方並不需要格外地做，它只需要做該它做的，所以政治是公平的、通情達理的。假

如有的農民要離開土地，變成其他民，比如商民、工民等等，那麼騰出來的土地可以上報登記，勻給其他無地或寡地之民，這也屬於官方應該做的方便民生的協調工作。當然，想一直保留土地的可以聽其自便。如果每一畝地都做私產貨品自由買賣交易了，那麼，民眾自己對土地不均的惡性形成其實也同樣是負有關鍵責任的。所以，國家對土地應不應該國有先不去扯，必要的是這個下限干預、協調、保障、保證、監控與制約，這是一個微觀的工作。可以說，保證土地的下限，就等於是保證每人有一碗稀飯。所以官方要立一個定制，就是「給民粥田」，這個稀飯地是要絕對保證、雷打不動的。但如果是民人自己把這碗稀飯折騰掉了，比如瞎生、亂生等等，那麼，責不在國，則不論矣。所以，公平地說，因為自己生得多，而就要求更多的地土，這也是一種兼併——生育兼併、鯨吞蠶食。所以，生育是最要求中庸的。生少了人不夠——人荒；生多了地不夠——地荒；惡性循環、尾大不掉了，治不夠——政荒。諸荒並作，國亡立待。因此生育輕重、隨時上下，就是務實的。一句話，不是說土地問題都係豪強之責，更要包括無知貪小之民自己在內，所以我們不能感情幼稚地看問題。對顏元講的，正應該從這裏去理會。當然，土地平衡的破壞，最直接是來源於圈佔。「又或者謂畫田生亂。無論至公服人，情自輯也；即以勢論之，國朝之圈佔，幾半京輔，誰與為亂者？」（〈井田〉）可見，明朝的積弊，乃是最大的原因。

　　清代攤丁入畝，按照田地數量徵稅，而不是按人頭，這是一個非常妙的辦法。也就是說，土地佔有多的交納得也多，這等於是在用實實在在的辦法均貧富。經濟是一個最主觀、人為的區域，比如市場，所以它必然會以最快的速度整合、壟斷，這就是利的勢，逃不掉的。所以，國家接踵而來的干預勢不能免，而這干預也就是規矩平衡。顏元說：「且古之民四，而農以一養其三；今之民十，而農

以一養其九；未聞墜粟於天，食土於地，而民亦不饑死，豈盡人耕之而反不足乎！雖使人余於田，即減頃而十，減十而畝，吾知其上糞倍精，用自饒也；況今荒廢至十之二三，墾而井之，移流離無告之民，給牛種而耕焉，田自更餘耳。故吾每取一縣，約其田丁，知相稱也。嘗妄為圖以明之。」（〈井田〉）這裏是顏元的一個構想，是以他自己的調查為依據的。因為顏元自己長期務農，所以說話有把握。簡單地說，只要具備了最起碼的土地數，老百姓就能自己耕種，不至於餓死，完全能夠自給自足。所以顏元認為，田地的耕作技術固不可少，而田地的充分利用與合理化分配更為關鍵。比如有的土地荒廢在那裏，而有的農民卻無土地耕作。如果能夠把二者勻在一起，實際上可以解決很多問題。而事實是，從全國總的土地數量上來說，應該是夠的。這樣，顏元拿出來的方案、辦法就可望實現，即井田法。

要恢復實行井田之制當然有一些實際的問題，顏元說：「所慮者，溝洫之制，經界之法，不獲盡傳。北地土散，恒恐損溝（意夏禹盡力溝洫，必有磚炭砌塗之法）。高低墳邑，不便均畫。然因時而措，觸類而通，在乎人耳。溝無定而主乎水，可溝則溝，不可則否；井無定而主乎地，可井則井，不可則均。至阡陌廬舍，古雖有之，今但可植分草以代阡陌，為窩鋪以代廬舍，橫各井一路以便田車，中十井一房，以待田畯可也。」（〈井田〉）從土地情況來說，各地很不一樣，亦不規則。但井田法只是一種分配原則，歷代儒家之所以有很多人看中井田制，也是因為這原理上的事情，認定其效果所致必佳，不是糾纏土地情況。所以，儘管田地情況各異，但是本以井田的原理指導之，仍然可以對國人做出最合理的劃分。井田、輕重、鹽鐵，構成了中國歷史中的三大核心經濟思想。因此，顏元倡井田，也是這一傳統的繼續。顏元認為，具體的劃分辦法，可以根據各地

的情況靈活做出安排，比如技術上的很多事情，這個容易解決。實際上，井田之所以重要，就因為它包藏著一個最基本的原則，即：國家與國人之間如何分配？答案是必准公田、私田之二分法。而分配的比例，就是八對一。井田就好像九宮格一樣，中間的一格是公田，周圍的八格都是私田。從顏元的具體設計來看，他講編制法講得多。井田制的重要，就在於它把國家與國人的分配原則、本分名分完全界劃清楚了。這一總則遂成為後世的精神取法。

顏元謂：「有聖君者出，推此意而行之，搜先儒之格議，盡當代之人謀，加嚴乎經界之際，垂意於釐成之時，意斯日也，孟子所謂百姓親睦，咸於此徵焉。遊頑有歸，而士愛心臧，不安本分者無之，為盜賊者無之，為乞丐者無之，以富凌貧者無之，學校未興，已養而兼教矣。休哉，蕩蕩乎！故吾謂教以濟養，養以行教，教者養也，養者教也，非是謂與？」（〈井田〉）顏元想，井田推行之時，就是天下修睦之日。遊民會安分，而乞丐、盜賊都沒有了。即使沒有學校，而井田實際上已經起到了教化的作用，也就是達成了教、養的合一。由此，國民的貧富也呈現為均勻態。關於學校，顏元說：「嗟乎！學校之廢久矣！考夏學曰校，教民之義也。今猶有教民者乎？商學曰序，習射之義也。今猶有習射者乎？周學曰庠，養老之義也。今猶有養老者乎？」（〈存治編學校〉）顯然，這是感歎學校之古義不存，甚至於連古代的養老之義也喪失了。實際上，老人對安穩、教化一方，歷來起著至關重要的作用。這筆資源如果不能合理、充分地利用，社會便漫無收檢了。在古代，主要是老人起著傳遞教育的作用，因為他們經歷豐富，可以把累積的人文消息遞送下去。所以養老實際上也就是要發揮這種歷史作用，起到一個蓄積學問的、蓄知的功用，包括典章、掌故等等。前代舊的禮俗怎麼操作，以備顧問，同時亦可以幫助研究。老人的價值在於頭腦，聞見多。中國的學制開

始得很早，夏代已經有了很大的發展。顏元說：「且學所以明倫耳。故古之小學教以灑掃應對、進退之節，大學教以格致誠正之功、修齊治平之務，民捨是無以學，師捨是無以教，君相捨是無以治也。迨於魏、晉，學政不修，唐、宋詩文是尚，其毒流至今日。國家之取士者，文字而已。賢宰師之勸課者，文字而已。父兄之提示，朋友之切磋，亦文字而已。不則曰詩，已為餘事矣。求天下之治，又烏可得哉？」（〈學校〉）

顏元在這裏講的，乃是根本的歷史癥結問題，所謂文字而已，就是語文政治。晉、唐以來，政教失統，流毒無窮，遺害天下，有文學而無儒學。所以，與其說宋、明學者做的是排佛辟老的工作，不如說理學做的是恢復儒學、排辟文學的工作，這個更重要些。畢竟，文學與玄學是天生的一對。娛樂生活離不開文學、玄學，但政治絕對不能文學、玄學化。現代人類的悲劇，就是因為缺乏實學政治及素質。其實政治就是學治，這一點顏元講得很明白。他斷言，語文政治是絕對不能平治天下的。所謂語文治國，國家只尚文字，越來越表面化。這就不能不提醒我們一點，自晉、唐、宋詩文以下，如果是政治批評、政治輿論也語文化了，那麼，這些歷史意見還有多大的可靠度就很難說了。而泛語文化已經成為了歷史。簡言之，語文政治最大的弊端就在於培養了一批輕躁的人，所謂文人輕淫，而樸厚、沉實不行。這種語文政治人才，最終導致、造成了民初的主義路線和對「負思想」的歡迎。正如章絳所說，道學家偽，文學家淫。二十世紀的政治，就是星火燎原的文學淫政。

明倫就像一個輻射源，把一切統在一起。顏元說：「有國者誠痛洗數代之陋，用奮帝王之猷，俾家有塾，黨有庠、州有序、國有學，浮文是戒，實行是崇，使天下群知所向，則人材輩出，而大法行，而天下平矣。故人才、王道為相生。倘仍舊習，將樸鈍者終歸無用，

精力困於紙筆；聰明者逞其才華，詩書反資寇糧。無惑乎家讀堯、舜、孔、孟之書，而風俗愈壞；代有崇儒重道之名，而真才不出也。可勝歎哉！」(〈學校〉) 顏元的方案，完全是走古代傳統的路子，就是將語文還歸實行，由辭章到考據再到義理，這是近代中國走的一個回程路。顏元的意思很明白，王道生於實行，王道是不二法門。同時，顏元也說出了普遍學校化的主張。「周禮大司徒：以鄉三物教萬民而賓興之：一曰六德，知、仁、聖、義、忠、和。二曰六行，孝、友、睦、姻、任、恤。三曰六藝，禮、樂、射、禦、書、數。」(〈學校〉) 照顏元的構想，人才的選拔就要根據這些標準，所謂「則是能遵大司徒之教而成材矣」，「以賢才之生，乃上天所遺，以培植國家元氣者也。」(〈學校〉) 學就是國家的元氣，這是不煩贅言的。所以國人向學就是培養元氣。

明末實學思想豐富，唐甄也是很獨特的一位。他著的《潛書》，有很多啟發人的內容，不容忽略。〈格君〉說：「我觀兩朝之臣，無誘君之術，無取信之實，無定亂之才，無致治之學。」兩朝是指嘉靖朝和崇禎朝。這就說得非常明白，大臣不力，無論在誠信、才學還是辦法上都明顯虧欠。唐太宗要大臣力諫，而這裏卻說誘君，與單純的諫君顯然不同，從中我們可以看到歷史中君權的升降變化，到了唐甄，已經是專注於強調誘導君主的辦法了。唐甄批評士人說：「紛紛然攻權奸、譏橫政，彰君過以明己直，」「何昧昧也！」(〈格君〉) 這種所謂的道德政治，其實只是語文政治，也就是無辦法政治。所以，歷史中的士人沒有把道德與語文分清楚，沒有把語文與公義搞明白，還自以為很正義，代表著人類公道，其實是自我感覺良好，十分可憐。民國也是這樣，知識人彰國錯以顯己智，這種「智己過國」的事情太多了，實際上是一種私心而不是公心。所以說：「言雖忠直，實蜩螗沸羹也。」(〈格君〉) 看似正人君子的士群、朝臣，其

實就像吵鬧的知了、煮沸的湯，亂成了一鍋粥。所以明亡的責任也在於士，「是謂以暴益暴、以昏益昏，卒使明不得後亡，亦與有咎矣。」（〈格君〉）這就是說，明末政治中根本沒有得力的人。推廣了說，也就是所謂士人不力。對政治來說，必要的迎合是必不可少的。從語文政治、宏觀政治到微觀政治，尤其民國政治更是如此。後來的民國政治不是在探討、求索辦法，而是在爭概念；不是辦法研究與思考，而是溺於概念之爭。辦法與概念，也是中國算術與西洋數學的本質區別。我們看唐甄的思想，常常覺得他是在為古人擔憂。而事實上，唐甄的論議與當代卻是無時無刻不繫聯的，包括我們現在。因為唐甄的時代跨明、清兩朝，所以造成了他考論問題的獨特角度。像唐甄這樣思考的人實在太少，而不是太多，所以在思想史中他才顯得特別。一般人還是無所用心的居多。雖然唐甄的思考是一種如果論的思維，但是最有啟發性的思想也在這裏。因為人類生活是不可能真正過時的，人類生活就是案例庫。

　　辦法是政治的靈魂。唐甄說：「明之諸帝，難與言者，莫如世宗。」（〈格君〉）唐甄講的格君，就是指格正君主，另外還要研究君主。對此，唐甄有獨到的觀點，他認為嘉靖並不是無可為的君主。唐甄說：「然其剛敏之資，亦可為用。若道之有方，入之亦易。」（〈格君〉）這就正如老話講的，天下無難處之人，關鍵是看相處得法不得法。對歷史上有名的「大禮議」，唐甄這樣說：「宗祀其父，雖為非禮，比於魯之郊禘則相遠矣，猶不失人子尊親之意焉。當時之臣，可正，正之；不可正，置之，其勿以此受杖竄可也。至於好神仙，亦人情之常，且未嘗以此廢政。當時之臣，可止，止之；不可止，置之，其勿以此犯之可也。」（〈格君〉）這就拿出了一條根本的終極原則：大臣只在政治事情上與皇帝有關係，只要是與政事無關的，皇帝的事情大臣不要管，也不應該管，必須不感興趣。秦始皇、漢

武帝都好神仙，所以嘉靖不算什麼。皇帝玩女人、甚至同性戀，那是他的私事，只要不妨礙政治，就與民無關。所以唐甄認為，明朝的大臣，輔政不足，耽誤事有餘，確是情理之論。說實話，實際的政治其實就是一種人事感覺，感覺搞壞了，政治便失去常軌。君主個人的事情，當管則管，不當管則不管，旁人也無權過問，只要那不妨礙實際的行政就行。所以唐甄的意思很明確，就是一切實際的原則，都是看它是否與實際的行政有關。不相干、無關的事情，沒有必要糾纏牽扯，反而耽誤事、作用很壞。由此來說，唐甄是真正認識到「政治是一個表面化」的哲理的人，即儒家講的，最表面的最深刻、也最本質。實際上，大禮議是一段名學公案。也就是說，皇父與父皇二名，君臣都沒有搞清楚。名不正，而政不順。

我們說，皇父是共名「父」的別名，其正名性在父；父皇是共名「皇」的別名，其正名性在皇。父名實與皇名實是一樣的嗎？這是不用說的，所以明朝政治根本就沒有正名別同異。也就是說，大禮議沒有正別清楚皇父與父皇二名，沒有擺正公皇與私父的關係。所以，雖然從漢語來說，二者只有一字之差、只是順序相倒，但字序不同，名義卻根本的不同了，性質完全不同。可見《春秋》講語序、字序、言序的排列，就絕不是玩字眼，而是關係到實際利害，屬於指物論。誰是嘉靖生理上的父親，誰是名分上的父皇，這也要由「名演算法」說了算，名的第一性是不可動搖的。政治要依循名分的演算法，而不是自然、生理、血緣的。所以，對嘉靖來說，就有一個名父與生父的問題。常人對名理總是陌生的，未入其思維。可以說，先秦以下，像大禮議這樣典範的名爭很不多見，這是國家綱紀化的表現。只有政教到了相當的程度，才會實際出現這樣的爭執。歷史中漢家長期失統，所以名理根本是談不到了。所以史家常評價說，要說得國之正，唯漢與明，誠的論也。清承明統，故亦正。

唐無紀綱，史所公認。所以有明一代雖然腐敗，但是中國卻回到了故道上——在歷經散亂以後。顯然，唐甄認為嘉靖還是有資質的，他虛擬了一個假想——如何導引嘉靖。實際上唐甄是認為，嘉靖喜歡道教，正好適合於黃老之治。但因為感覺搞壞了，所以嘉靖越來越厭事。唐甄虛擬說：「何不上言曰：……世宗聞是言也，必心悅之，可以伐其競躁之心，消其忼悍之氣，而治理可徐進也。焉用矻矻戀言，使君臣之際至於兩傷哉！」（〈格君〉）實際上，政治中的表現和成因，其根源就是日常普通的人心、人性與人情。所以，為政之道在日用之間。唐甄根本就不從一般的大道理去論事，他只是鮮活生動、活生生的看事情。這就是孫子說的，善出奇者，不竭如江河。只要有辦法，一切事情和問題，我都能讓它「曲轉」到好的軌道上去。所以，唐甄的意見，還是覺得當時無德能之臣，做事、言事都不得其要、落不到點子上去，除了耽誤國家與君主，別無一用。正如《增廣賢文》所云：但有綠楊堪繫馬，處處有路到長安。其實，唐甄在這裏還觸及到了一個政治厚道的主題，就是：對君主你要愛護他，多為他著想，而不是把君主當成公家，好像大家都可以去占點便宜似的。這種定式思維，很土很醜、很不體面。把君主作為對象，好像不批評、相抗就顯得自己不忠直、凜然似的，其實這種人最俗氣、頂討嫌，說白了就是政治感情幼稚。用唐甄的話來說，就是過君以直己者，全無忠恕之道，其實這種人只是為自己著想。把一個人的東西和必須，誇大為整個國家和全體人類的東西與必須，其無恥、無聊何極！

　　對崇禎，唐甄這樣說：「莊烈良於世宗，亦可為之君也。」（〈格君〉）實際上，崇禎的問題，就是典型的有願望、沒辦法。可見辦法是政治的靈魂，僅有主觀良好的願望和意願、一廂情願是絕對不行的。辦法！辦法在哪裏？這才是最主要的。只有辦法，才能實實在

在地讓一切事情好起來，而不是壞下去。治國當然不是靠感情和人情，而是要辦法，即治術。這就是韓非講的「術」。法、術、勢，是政治永遠不能脫出和離棄的三大。其實，唐甄也是在用他自己的方式總結明亡的教訓，以為現實之鑒。崇禎自律很嚴，缺點是無能。唐甄說：「繼位之始，罷太監鎮守及織造之使，專將帥以責效，節儉以足國用，此人臣見功之時也。乃使之治兵而兵無用，使之治賦而用不足，盜寇日張，國勢日蹙。於是乃復用太監，橫徵無藝。此其計無所出，知其不可而為之，誠可憫也。」（〈格君〉）這是一種歷史的、同情之瞭解的態度，屬於政治情理的範圍。也就是說，歷史常常陷入一種陰差陽錯的遺憾與無奈。當君主好的時候，大臣不行、做不了事；大臣有為的時候，君主又混蛋，還是壞事。君、臣能夠形成黃金搭檔的畢竟是少而又少。所以，如何建立起一種恒久的機制，使任何搭檔都能成為黃金組合，讓最壞的政治組合也能保本無過，乃是歷代人士苦思的問題。這就像打仗，據說秦軍的厲害就在於：無論什麼樣的將領去指揮，秦軍都一樣能打出驕人的戰績。那麼，厲害的將領就應該是：無論怎樣的破軍隊給他，他都能訓練起來，並打出驕人的戰績。由此，這樣的將領，配這樣的軍隊，就是最強大的組合、只好不壞的搭配，制度建設就在其中。雖然明末袁崇煥案是冤案，但是唐甄講的情況也是事實。以崇禎個人的性格論，疑慮大而且機關多，遇事無主見，耳不順，決斷力差，行事反覆、拖泥帶水，喜文過，所有這些，就更需要得力的大臣使其安心。按大學之道，心不安、徒增亂爾。也是從這裏來說，君主如果是思想家，那麼優勢就顯出來了。比如大臣發言議事，君主一下就能指出它的根本處。大臣都沒有君主有思想，自然無話可說、不得不服。如此，則臣下不敢欺罔主上，這就是以思想治國。當然從另外一方面說，君主太能，會不會也造成大臣萎縮呢？所以這些都是

矛盾。由於主政者不自信，缺乏思想，心裏就沒有底、就怕，政治只能在恐懼中討生活，成了地道的拖延政治。而大臣一旦發現君主暗弱，缺乏頭腦，沒有思想，就必然會欺罔君主、謀求己私。所以公、私之間，其實不是一個道德問題，而是一個思想問題，是思想較量。因此，真正要克制私、惡、不善之根源，還是在於辦法、知識與思想。只有真思想，才能達到無話可說。而好政治就是無話可說的政治。

唐甄十分痛心地說：「乃當日之臣，不諒其不得已之心，不察其不可轉移之故，守詩、書之恆訓，為無實之美言。」（〈格君〉）實際上，唐甄在這裏批評的就是所謂語文政治。亦即，大臣除了語文好，根本不懂政治、經濟，沒有專門的治國訓練，談政治就是形容詞多，還在用形容詞治國，就像用形容詞寫論文，怎麼可以呢？「第謂奄人不可用，加賦不可為，直言不可拒。雖有善用言者，將何以用之！此陳於太平無事之時，則為美言；言於危急存亡之日，則為敝屣矣。當是之時，若有明達國事之人，謂溫體仁不可用，必舉孰可為相者；謂楊嗣昌不可用，必舉孰可執兵柄者；謂督鎮無人，必舉孰可以任將帥。其所舉之人，進而問其計，明如指掌，實有可行，措之朝廷之上，攻戰之場，朝受任而夕見功，則奸佞不攻而自去，橫征不諫而自止矣。」（〈格君〉）說白了，批評與正面的建設性，此二者人類一直沒有搞清楚，歷史政治就是這樣被耽誤了。其實，只有思想學識、具體的成效，才是真正的不攻而破。為什麼每個人在被揭穿的時候都不再掩飾、遮藏了呢？思想的基本特性就是明見性，在真思想面前，各人不誠也得誠了。水至清則無魚，就是講的類似的道理。不過思想不是威壓、整治別人的，它只是明擺在那裏，所以不會引起短兵相接的敵對。其實，真正起作用的不是方法，而是辦法，因為只有辦法才是微觀的。也就是說，只有辦法才具有建設性。凡提

出來的意見，必須與建設性一一對應。不能只是說這是壞的，單純否定，結果卻拿不出切實的辦法，這絕對不行。因此，在這裏無異於立了一條規則：沒有辦法的，請免開尊口。理論應該只是為了說明和導出辦法來的，辦法即俗所謂的出主意、想點子。只是破壞性地說，於國政有什麼益處呢？除了敗事有餘。唐甄批評的、當時朝中拿不出辦法來的情況應該是真實的，他在做地方官時就特別注意辦法。

唐甄以己為例說：「我常無食，有可從之而游平涼者。友皆沮之，以為道遠難行，又所求不可知。我曰：二三友之愛我也至矣。我非不知此行之非計也；且夕無炊，妻子餓死，故不得已而為此行也。諸君誠能為我謀食，不坐困以至於死，雖勸行，亦不行也。沮者皆默然而止。當日之進言於莊烈者，皆不能救其死而徒沮其行者也，固益增其煩懣而惟恐其言之入耳也。」（〈格君〉）這就是辦法路線。沒有「辦法」相伴相隨的終日談論，其實只是一種騷擾，因為它不具有實質建設性。辦法是道理的檢試劑。唐甄自況說：「聲弘嘗問於我曰：先生可以為相乎？曰：不能也。吾褊而不能忍，隘而不能容，明而遲於決，不足以任之矣。然則先生何所長？曰：吾不能身任，而能進言。使我立於明主之側，從容諮詢，舍其短而用其長，以授之能者而善行之，可以任官，可以足民，可以弭亂。不出十年，天下大治矣。」（〈潛存〉）其實豈須十年，真要得法，三日天下變矣，三月天下定矣！這裏唐甄是借女婿王聞遠提問的方式來言志、自道自說自己的胸懷。唐甄並不矛盾，學而後知不足，所以必然謙虛。但因為士人讀的是儒家治國之書，所以他們也肯定自信，因為心裏有底、有明白的判斷，自信、謙虛二者是同時並存的。唐甄所表達的是傳統中國士人最普通的想法，自己能夠做宰相嗎？不能，因為性格使然。唐甄有實際為官的經歷，富有經驗，他說這些話當然還

是保留的，所以我們說，政治得法，上了軌道，不出三月，就有效果，還不要說像中國這樣輿論發達的國家。唐甄的《潛書》是按學與治的對比的結構去寫的。也就是說，學法、學統、學術、學勢、學道對應的是治道、治統、治術、治法、治勢。唐甄自信他的一套理論是治國的根本辦法，所以雖然不出任首席大臣，但他的方案卻是管用的。

唐甄為什麼會有這樣的底氣和自信呢？因為他的背後是歷代聖學在支持著、支撐著。所以，唐甄的自信是源於智識上的明見性、明見判斷，即通過思考、觀察、分析、驗證，認定什麼一準錯不了。這不是盲目的精神作用，而是以智識明見為基礎，這是傳統士人內心普遍的特點。聲弘曰：「先生之言，不身見之。傳諸其人，可以為王者師矣。」曰：「吾何敢當子之稱。吾言之附於聖人之言，譬細流之赴江海，小大雖殊，其為水則一也。《書》紀帝王之政；《易》明吉凶之理；《詩》知人情、得政宜；《禮》鑒三代之驗緯；《春秋》辨邪正，以合於先王之禮。孔氏、孟氏之門人，述其師言，明白簡易。六籍混成，得之以辨；古聖之言不顯，得之以燭。聖人之學，莫明於斯矣。至聖至神莫能外，愚夫愚婦皆可行，豈有所不及者乎！是故譬吾之所言，如江海細流，固有然矣。不敢妄續聖人之言，又安敢自異於聖人之言哉！君子不為無用之言。吾之言又譬諸一瓢之汲，可以飲食；一車之力，可以灌溉。竊有微用，不敢讓焉。」（〈潛存〉）這就是說，唐甄的理論，是依附於聖人的。君子只為有用之言，所謂有用，就是政治建設性，是普通人都可行的。這就是儒家當仁不讓的精神，也就是說，雖然面上要保持謙虛，但是對實質的政治建設卻不可以謙退而耽誤它。所以最優化原則是不考慮人我的，所謂內舉不避親、外舉不避仇，自進之道也是如此，實質原則都是無讓的。儒家是致用主義的，也就是只專注「治化之大」。

　　古人立言，原來是本以一個希望的精神，就是：雖百世之下，一旦得行而如何如何。唐甄說：「吾之學聖人之道也，猶未至京師而嚮往者也。身始出門，而望數千里之遠，雖未及至，而道由裏數門入，備問而熟聞之，如既見之者。然苟非知之，其何以行。」（〈潛存〉）立言雖然是往往等不到及身而見，但卻可以通過歷史傳諸其人，這是歷史的接力。當然，在帝制時代，人們的想法只能止於為王者師，但是帝國結束以後，卻遠遠不再是王者師了，而是更自由了，有了更廣闊的天地。唐甄說：「聖人之道將行，其必天達之，人薦之，而後得聞於時以行其道。」「厥後聖人之道衰，天命不佑，治道不興。以孔子、孟子之聖，」「而終於困窮，況其次焉者乎，況其下焉者乎！」「如或知我，懷此以往焉可也。」（〈潛存〉）所謂聖人之道，其實就是歷史中最根本的國家道路的代稱。唐甄在這裏道出的，只是一種最普通的歷史心理。

　　這裏有一段話，「曰：自漢及明，良臣眾矣，先生可方於古之何人？曰：皆非吾之所及為也。自堯舜以下，其言渾矣。孔子乃明言之，孟子又益顯之。自聞孟子之言，而後知聖人之治天下，其事庸，其用近。如布帛之必可暖，穀肉之必可飽，婦人孺子皆可聽其言而知之，一曲之士皆可遵其言而用之。甄雖不敏，願學孟子焉。四十以來，其志強，其氣銳，雖知無用於世，而猶不絕於顧望。及其困於遠遊，厄於人事，凶歲食糠粃，奴僕離散，志氣銷亡，乃喟然而歎曰：莫我知也夫！不憂世之不我知，而傷天下之民不遂其生。鬱結於中，不可以已，發而為言。有見則言，有聞則言。歷三十年，累而存之，分為上下篇：言學者繫於上篇，凡五十篇；言治者繫於下篇，凡四十七篇，號曰《潛書》。上觀天道，下察人事，遠正古跡，近度今宜，根於心而致之行。如在其位而謀其政，非虛言也。」（〈潛存〉）

易曰潛龍勿用，上學下治，正好對應。學政關係、學治關係、學軍關係，由此益明。子曰人不我知，實有德無位之歎。孟子謂方今能平治天下者，捨我其誰耶？兩句話遂成為歷代孔孟們的精神支點。由此亦可見，唐甄對歷代政治都不滿意。在中國，做官不見得能做什麼事情，不做官則絕對做不了事情，做官是一個必要條件。唐甄說得明白，最良性的政治，其實就是最庸常的政治，就是平庸政治、日常生活化的政治。衣食無憂，生活寬鬆，人民的生活基本上就飽和了，剩下來就是如何過得更有意思的問題。由漢到明，良臣雖眾，但唐甄認為他們所說的還不是很清楚。他有更清晰、更透徹的要求。唐甄說他自己始終抱著希望，就是後來生活都成問題了，也還是沒有放棄。他說，自己在這個世界上怎樣，那畢竟是次一等的事情，主要是民人的生活狀況如何，這是頭等的。畢竟個人的生命是短的，群體的生命是長的，這也是推動唐甄立言的原動。把三十年的心得累積下來，成了一部集約百篇專論的著作。可以說，像《潛書》這樣用心於整體結構完整性的成系統的單部著作，在歷史中並不多見，這是一大優點。《潛書》的理論都從實際中來，絕非虛言。所謂如在其位而謀其政者，如何得位，始終是歷史中精英們最關切、也最要緊的問題。從佈局上說，唐甄的思路還是學體政用的，也就是學與治的體用關係。

那麼，關於任相，唐甄有什麼思考呢？其實，為君與為相、君道與相道乃是一陰一陽的關係。君主恥於下人是凡為君者通見的性格，就是每一個凡人，也都是恥於下人的，爭心是必然的。華人情緒發達、脾氣尤其不好，因為中國的節氣最多，所以中國人的氣質之性最發達。政治中的氣質之性是主宰一切的潛在因素，意見就是氣質之性的產物，這一點戴震說得非常清楚。所以氣質之性是當事的，義理之性是事後的。因此，理性只在人們讀史、思考得失的時

候才產生。《任相》說得好：「亡國之道有十焉：」「此十亡者，明君或蹈之，不必暴亂如桀紂者也。」這十亡是：

> 一、有法而無實，國亡；
>
> 二、賞罰不中，國亡；
>
> 三、用捨不明，國亡；
>
> 四、左右譽之而襃顯，民安之而貶黜，國亡；
>
> 五、百姓困窮，司牧不知，知而不為之所，國亡；
>
> 六、百官好利而無恥，國亡；
>
> 七、將帥不得人，士卒不用命，國亡；
>
> 八、御將不得盡其能，國亡；
>
> 九、不奴使宦寺，使與國政而號為內臣，國亡；
>
> 十、金粟殫竭，不足以厚祿食，養戰士，國亡。

有規矩、條文而總是不能兌現，不知道自己到底要什麼，這都是最危險的。唐甄說得好，「相者，君之貳也。宗廟所憑，社稷所賴，不可以輕為進退者也。」（〈任相〉）這就講得很實在，宰相是高官，當然不能朝命夕廢，變來變去，一定要有一定的任期，不能像使喚奴僕一樣，呼來喝去，隨意而為，那樣國家政治將很沒有體面、不成體統。所以，對大臣的尊重乃是國家的顏面，非禮是很難堪的。大臣無論進退都要以禮，至少要好看一點。搞得像奴才一樣沒尊嚴，政治絕對乏素養。這方面，清代做得比前朝好。運動會還要四年開一次，何況任相呢？所以，穩定的任期是必不可少的，無論好壞。沒有任期，就不能展開工作。唐甄說：「譬之構屋，戶牖可以改作，丹堊可以數新，至於棟樑，則一成而不可易。」（〈任相〉）這就是說，核心的構件是不能輕易變動的。當然，壞的宰相就應該去之，一成不變當然不行，唐甄在這裏是從好的方面去設想。「古之為國者，得

一賢相，必隆師保之禮，重宰衡之權。自宮中至於外朝，惟其所裁；自邦國至於邊陲，惟其所措。讒者誅之，毀者罪之。蓋大權不在，不可以有為也。國有賢相，法度不患不修，賞罰不患不中，用舍不患不明，毀譽不患至前，田賦不患不治，吏必尚廉，將必能逞，士必能死，府庫充盈，奴僕懾伏。彼十亡者，皆可無虞也。」（〈任相〉）這就是說，宰相行權一定要集中，相是國家安危的保障。如果旁邊橫加掣肘，則不能有為、不能做事矣。但是，從言路上來說，讒、毀在任何時代都是難免的，如果一律誅罪之，那麼壞人正可以利用此一點來禁絕言路、排除異己。因此，這裏是一把雙刃劍，可以傷及兩邊，對雙刃劍最好的辦法就是把它裝在鞘裏，這完全取決於帝王的明白程度，是由他來把握的。所以俗傳知道了，確是一種政治聰明，是在歷史中打磨出來的。只是我們不能不說，宰相制其實是不大理想的。正如前面說過的，歷史中的僭弒巨奸不可勝計，廢除宰相勢在必行。打個比方，好比火力發電雖然能提供一定的電能，但火電並不是理想清潔的辦法，只能是限於技術條件，因陋就簡、權且用之而已，但是早晚得廢、也應該廢，而謀求、而代以更優化的風電、核電等等。宰相制度也是這樣，它只是簡陋原始的火電，不足以為世人所欣羨和維護。

　　唐甄如此看重相的作用，他以張居正為例說：「張居正之為相也，拜命之日，百官凜凜，各率其職，紀綱就理，朝廷肅然，其效固旦夕立見者也。為政十年，海內安寧，國富兵強。尤長於用人，籌邊料敵，如在目前。用曾省吾、劉顯平都蠻之亂，用淩雲翼平羅旁之亂，並拓地數百里；用李成梁、戚繼光，委以北邊，遼左屢捷，攘地千里；用潘季馴治水而河淮無患。居正之功如是，雖有威權震主之嫌，較之嚴嵩，判若黑白矣。主雖至愚，未有以亂政為良相，以安社稷為奸相者也。然則任相之道，豈難能哉！」（〈任相〉）

　　明代多虧幾個重要的能臣，才使得明朝幾起幾落，起死回生，明祚得以不墜，否則大明朝早就完了，根本延續不了二百幾十年。政績如此昭著，但是為什麼人類群體偏偏總是選擇壞的呢？就因為人們不是不明白道理，而是太明白事情，所以人事因素才是現實政治的核心靈魂。因此，哪一個人群能夠戰勝自我人事，哪一個人群就能握住引領權。而人事總是微觀的，所以現實政治的改進與運作，都要致力於微觀的努力，不是說說大話、空話的事情。唐甄很仔細地討論了張居正與明帝的個人關係，他說：「顯帝之任居正也，畏之如嚴師，信之如筮龜，無言不從，無規不改，雖太甲、成王有所不及。是以居正得以盡忠竭才，為所欲為，無不如意，可謂盛矣。」又說：「能用居正而不能保其終者，何也？居尊自高，恥於下人故也。顯帝當幼弱之時，童心尚存，血氣未剛，故憚於師傅，不敢為非。及其稍長，念先帝付託之重，又加之以賢母之訓，而元輔才大功高，倚為股肱，尚不敢失師保之禮。然以萬乘之尊，不得自專，而受挫於其臣，內懷忿悁，固已久矣。及居正死，念功之心，不勝其含怒之心，於是削其官爵，暴其罪愆，流其族屬，至欲斫棺戮屍。始有明良之美，而終為桀紂之暴，君臣之際，反覆如是，可不為寒心乎！使當日者，居正尚存，勳勞日高，顯帝之齒漸長，四方無事，志氣驕盈，讒間得入，則居正覆巢之禍，不在身死之後矣。曷亦念手挈十歲之童子，坐之南面之上，奸亂不作，海內服從，澤洽中土，威暢四裔，使高帝之天下，安於泰山，此誰之功與！是則據遼宮之罪小，安天下之功大，雖割江陵一縣以為封國，伐荊楚之良材以營宮室，未為過也。奈何身死之後，憾及骸骨，曾不得比於狗馬，此良臣謀士所為望國門而卻步者也！」（〈任相〉）

　　懲罰制度及辦法不合理、不恰當，便足以令才士止步、望而卻步，可見帝王不勝其忿的後果。其實張居正早就犯了萬曆的忌諱，

他死後萬曆才發難，對國家的傷害算是小的。只是張家死了一些人，這就是最好的結局了。說實話，帝制時代，不能奢望更文明的結果，皇帝的感覺是高於一切的。人也就是一個感覺，感覺搞壞了、搞彆扭了，尤其是皇帝的感覺，禍源也就造成了。所以用事、行權的大臣必須懂得和平衡一點，就是：當管的事才管，不當管的事問都不問。比如說皇帝的私人空間，就是不要觸及的。這樣，只要不搞得皇帝個人感覺不舒服，大臣就是穩定的。即使致仕，也是和平退休。所以，人與人之間就是一個感覺上合得來與合不來的事情。由此，政治寬容的問題就成了首要的問題。萬曆對張居正就很不寬容。所謂寬容，不是指個人寬容，而是指制度寬容，也就是不得不寬，規定了、必須寬。寬容實體化了、制度化了，而無涉個人修養。這一點，古今人士鮮能明白。他們總是把寬容理解成了修養問題，而不是作制度問題的理解。好像一個人不寬容別人、你不容忍他人，就有幾重大罪似的，概念完全是搞反了。拿民國來說，就必須容許其他黨派的存在，因為「民制」就是這樣規定的。所以，儘管恨得咬牙切齒，也只能寬容而已。所以說，寬容不下私人，寬容是制度實體，與私人心理無涉。恨別人、不寬容是每個人的心理權利、心理人權，理所當然而天經地義，不得批評干預，只要寬容制度在那裏就行了。人們對寬容為什麼會有誤解呢？還是因為中華民族傳統固定的人情思維。

　　好比張居正死了，萬曆想要洩憤報復，大臣按制度規定予以封駁，萬曆想了種種辦法也未能得逞，對張氏只好如此了，這就是制度寬容。這種寬容，是實體化的結果，與修養無關，與個人內心無涉。寬容不是心理，是制度。當然，帝制時期這是做不到的。又好比乙冒犯了甲，甲不多計較。旁人說，甲真有度量和涵養，這種寬容就是個人寬容、修養寬容，和政治不相干，與政治上實體化的制

度寬容是不一樣的。我們當然不能指望皇帝們都有度量、涵養，包括居高位的官員，所以制度寬容是保證政治安全所必不可少的。包括個人與個人之間，也需要實體化的制度寬容來維繫和保護，不過這時候的制度寬容不是政治制度寬容，而是日常生活的日用制度寬容。黃宗羲也說過張居正的例子，其實萬曆最開始對張居正是很好的。張居正的問題，並不像很多人從政治角度想像的那樣複雜。說白了，就是張居正與萬曆兩個人之間的事情，是個人關係與個人感覺的問題。簡言之，張居正這個人很負責，但是不溫柔。而萬曆要的是溫柔，不是負責。包括李太后，都是一樣的問題。皇帝作為凡人，最討厭義正詞嚴的架勢，好政治絕不是從架子中誕生的。張居正死的時候，萬曆也還是年少，根本不可能有太複雜的政治玄機。其實原因很簡單，就是平時張居正在日常生活中搞得萬曆太不舒服了。所以張居正死後，萬曆不勝其忿，政治就是人際關係，就是與眼前、身邊的人磨合。張居正自己不知道他太粗魯，但要說他不負責，那也不公平。但問題是，事情往往壞於瞎負責。從兒童心理來說，小孩就是要玩好。成功的師傅是要引導他如何在遊樂中成長，而不是怎樣道貌尊嚴。真正的學問意義上的學習應該是二十歲、三十歲以後的事。因為長成以後，血氣下降，人才可能沉靜下來。普通的小孩，弄得不好就處處抵觸，何況是皇帝呢？萬曆開棺的時候，身高才一米六幾，可見童年遭嚴重壓抑，根本就沒有發育好。萬曆是很可憐的，其實大家都很可憐！這都是因為不懂辦法的緣故，所以說人類有史以來，真正懂得教育的絕不超過十個人，還不要說帝王教育。但古人是不可能明白這些的，所以皇際關係絕對處理不好。只能說張居正死了萬曆才發難，這是夠客氣了，沒有太多實際的傷害，除了張家。人類教育，其實就是要把對方的實情摸透，而不是簡單粗暴地冠以、施加什麼。張居正即便自己不會玩，也應該保證

萬曆的空間，不要去討人嫌，這種無為而治其實很省力、很討巧，也很方便有利。如果不是萬曆長年累月的身心不舒服、難受得太多，他也會姑息的，不至於最終發難。張居正可以埋頭處理自己的公務，對萬曆的事少管。這樣既有勤謹之象，又無攬權之嫌，更無討人嫌之實，工作還有成效，穩穩當當的，怎麼會有覆敗呢？頂多到時候平穩地退休。所以歷史中的事情，通常大多應該是自己搞壞的。人跟人就是一個感覺，感覺壞了，事情便不可為矣。從道理上說，即使最壞的世界，也很難找出完全沒有理由的事情，就看問題出在哪裏，除非是誤傷。當事人不知道癥結所在，與完全沒有緣故是兩回事。因為很多人往往是遲鈍、麻木的，曉事太少，事發又想當然，或者胡亂猜、玄虛化、複雜化、簡單化、想像化，甚至妖魔化等等，其實都是沒有明白到點子上去。拿皇帝來說，他只可能比老百姓更簡單。因為他生長在宮裏，能夠複雜到哪裏去呢？想像不出來。所以和諧政治是什麼？就是釣魚政治。垂釣的人一起釣魚，彼此都不說話，但是神的默契與靜謐全在其中了。社會也一樣。

　　歷史中最會做官、最會與君主相處的是管仲和晏嬰。管仲是辦法大師，任何問題和事情，他都能通過一定的、相應的辦法去解決、擺平，絕不靠付出傷害性代價。而晏嬰善與人交，越處久，別人越尊重他。而管、晏又都是仁厚君子，但奇怪的是，這種人後來怎麼就不出現了呢？其實當年諸葛亮與劉禪的關係也差不多，只是劉禪很寬容，對大臣普遍都很溫和，這是很不容易的，為歷代帝王所不及，可以說為歷史中所僅見。形象地比較，政治上的劉禪，教育界的蔡元培，都是有一種相容並包的團結本領的。世以劉禪一味庸弱，其實是不懂政治。不露痕跡、不動聲色，不等於是扶不起。至於劉禪最後為什麼要降，仍是一樁懸案。皇帝不願下人是肯定的，是人性之常，普通人都不願意下人。所以帝制時代，皇帝驕逸是只能夠

一定程度地去放縱的，這是必不可少的、是必然要支付的政治成本。驕縱過度，大臣所能做的就是向皇帝報賬。在一定範圍內，帝國的興衰與皇帝的個人生活關係並不大。像崇禎那樣自奉節儉、自律刻苦的，還不是照樣亡國。這些《管子》講得很清楚，所以盛衰還是取決於用事的具體辦法。唐甄說：「迨乎莊烈之世，天下傾危，將相無人，乃追思昔功，官居正之子孫。人亦有言：往事則明，當事則昏。使居正當莊烈之世，舉以為相，朝受命而夕被誅矣，尚安望其有為哉！是故人君之患，莫大於自尊，自尊則無臣，無臣則無民，無民則為獨夫。乾之上九曰：亢龍有悔。龍德既亢，必有宇宙玄黃之戰，而開草昧之運矣。可不懼哉，可不戒哉！」（〈任相〉）

　　這就說得很公允，萬曆跟張居正就算是最好的。要是換了另外一個人，會容忍張居正那樣？從這裏就應該看到萬曆的優點，要是崇禎，早給殺了。其實君、臣、民三者的關係，在墨辯中就講得很清楚。《經上》曰：「君、臣、萌，通約也。」君、臣、民，其性是一樣的，都只是一般的人性。所以，有昏君、暴君，也就有昏臣、暴臣，也就有昏民、暴民。比如歷史中的巨奸──漢相曹操，就是行篡逆之實的。而文革中全民犯罪，更說明有了權力、或者沒了管束，君、臣、民本質上都是一樣的。所以，君、臣、民還不是終極之名，它們只是皮相。最根本的乃是權力，是權的力學，不這樣去討論，都是打岔。像同治、光緒，都是無權之君，有多少糾纏的必要呢？所以我們只論、直指權力及安排，不論其他。從這裏來說，朱元璋廢宰相，不能說有什麼不對。朱元璋的不對，在殺人太眾。其實，這裏面已經有了一個更好的格局，就是普遍分權制度。我們只要細心搜尋、比對一下，就會發現：人類的學問，超不出經、史、子、集四個部門。同樣，人類的政治，也超不出吏、戶、禮、兵、刑、工六個範疇。所以，六部門各自分工、各行其政、各謀其事，

直接對最上面負責，這種格局很好，有什麼問題呢？平常時期是如此，一旦到了非常時期，便可由兵部總領其事，因為打仗是最硬的。孫子曰：知兵之將，民之司命，國家安危之主也。所以兵部是控制國家、人民命運的關鍵。像教育，當然是歸禮部管，清末有學部，所謂行教化之實者。臣、民有吏部、戶部管；技術、工藝有工部管；刑法有刑部管等等。可以說，人類有史以來，沒有比六部更優化合理、簡明歸約的設計了。所以考慮到中國的歷史國情，更應該沿用。而且尚書一人，侍郎兩員，這樣形成一個鐵三角，最為合理。如果我們說君由哪一部管，這還是一個問題，那麼，這個問題在民國以後已經不存在了。因為所有的官員都歸吏部管，包括最高行政長官、國家元首。就像黃宗羲講的，君、臣名異而實同，所以君也應該由吏部管。至於實行了憲政的，比如英王室，則應該由禮部管、歸禮部負責。總之，思來想去，我們想不出可以超出六部之外的事情。而兵部在非常時期統領一切，則是出於組織動員的需要。比如說抗戰時期，對付世界戰爭等等，這些都需要以兵獨當、獨擋、獨任。可以說，只要軍事上不出事，國家就是穩的。所以，清代設軍機處很有深意，最高軍事內閣、軍機省是必不可少的。

　　當然，唐甄要說的是獨夫政治。尤其所謂草昧之運者，是說中國改朝換代的事情。因為王朝的開創者，清一色都是草昧出身，這是最糟糕的。解決的辦法只有一個，就是讀書人要打破依附性。如果永遠自居於一種人身依附的地位，那麼對天下的擔待就小了。所以，治世以程式進身，亂世則獨任之，這是最要緊的。假如政權的開創者不是地痞、流氓、無賴，那麼情況再怎麼會好一點。唐甄並沒有抽象地講什麼大道理，而是用歷史案例說話。所以，前人的案例，就是後人的資源。唐甄這樣說崇禎，「莊烈皇帝，亦剛毅有為之君也。以藩王繼統，即位之初，孤立無助，除滔天之大逆，朝廷晏

然，不驚不變。憂勤十七年，無酒色之荒，晏遊之樂，終於身死社
稷，故老言之，至今流涕。是豈亡國之君哉！而卒至於亡者，何也？
不知用人之方故也。」（〈任相〉）

　　這就說到了根本處，一切還是辦法上出的問題，也就是治國不
得法，僅有精神是不夠的。其實崇禎是一個內心焦亂、無主見無定
見的人，是一個短於才能的人。崇禎當國十七年，照說什麼樣的危
局都能挽回。朱元璋打天下才用了十五年，只要治理得法，天下三
月必變，還不要說十幾年、幾十年了。所以對崇禎，歷史也只是憐
之而已，但是比起害人的渾蛋來，已經是好上加好了。其實說老實
話，清之代明是一件好事，歷史並不是完全沒有更優選擇、最優選
擇的。像清代就是中國最好的一個朝代，它很整齊，也相對穩定而
溫和，這個學人多有平心持論。明朝如果要死不活地拖下去，能夠
半死不活地熬到近代嗎？這是很顯然的道理。只是歷史在做優化選
擇時，必然伴隨著巨大的代價。如何在交接中儘量減少損失，才是
最主要的。唐甄說得明白，謂：「當是之時，非無賢才也。袁崇煥以
間誅，孫傳庭以迫敗，盧象升以嫉喪其功。此三人者，皆良將，國
之寶也，不得盡其才而枉陷於死。使當日者有一張居正為之相，則
間必不行，師出有時，嫉無所施，各盡其才，而明之天下猶可不至
於亡。然而跡莊烈之所為，雖有居正，不能用也。莊烈居高自是，
舉事不當，委咎於人。無擇相之明，執國政者，皆朋黨之主，數舉
數罷，易於敝帚。百職之任，何由得人乎！是以援私植党，充於朝
廷；傾人奪位，險於儀、秦；將卒無忌，誅焚劫略，毒於盜賊；百
姓畏兵如虎狼，望賊如湯武。迨乎季年，主慮瞀亂，無所適從；誅
戮亟行，四方解體，而明遂不可為矣。」（〈任相〉）

　　崇禎不懂軍事，但卻喜歡瞎指揮、橫加干預，又不自信，不知
人且無主見，耳又不順，究其原因，除去個人秉性外，其實軍政上

的訓練也不足。與之相似的是唐玄宗。安史之亂，玄宗也是瞎指揮、胡亂干預，結果形勢大壞，哥舒翰被俘。我們看歷史往往有一種對比性：唐代安祿山自范陽起兵，是從東北往西北方向進攻；明代李自成起義，是從西北往東北方向攻打。由此可見，北京、西安，遺落了哪一邊，軍政上都會出問題。所以最好的辦法，還是像遼的五京制那樣，建立連都制度。即北京、西安均為國都、都是都城。這樣，東北、西北便如同鐵板一塊，自然固若金湯。歷史中的一大問題，就是軍隊管制的問題。有兩件最重要，一是不能利用軍隊奪權、政變、改朝換代，這個需要管制。另外就是天下亂的時候，軍隊容易變得無序，為社會之大害，這個也需要管制。怎麼管？這是歷史中最傷腦筋的，弄不好就陷入無限的循環。俗語說有理講不清，那麼，為什麼不把兵理學化呢？無賴當兵當然壞，可是讀書人從軍，至少會好很多。所以，學軍制度的建立只是唯一的出路。歷史中很多學人帶兵，大都紀律嚴整，至少不會為民害。所以應該把中國的學制推行到軍隊方面，讓每一個士兵學化，才能永絕禍亂。為什麼明、清兩朝政局相對穩定，而唐朝皇位繼承權從來就不固定，這是因為明、清兩朝的政治綱紀化了，是理學的歷史作用和功勞。唐朝政治素無紀綱，所以效果大不相同。由此推之，如果軍隊綱紀化、禮化、學化了，而不是野化、私化，那麼，即使皇帝下詔作亂，令其顛覆君父，軍隊亦不為也。所以在歷史社會中，綱紀就是政治保障與自信。有綱紀之朝，皇帝可以高臥；無綱紀之朝，皇權便如危卵。理學對政治的歷史作用是不容小視的，軍隊要想脫離野蠻的循環而進於文明化，也必須理學下於兵。顯然，理學在武的方面、在軍政方面，還沒有搶佔這個領域，其影響只限於少數將領，這是遠遠不夠的。唐甄講的那些歷史弊端，就是因為沒有一個穩定的制度建設以約束之的結果。所以上面稍微一亂，下面馬上跟著不成樣子。

軍隊無體統、不體面、無羞惡是常態。說白了，軍隊簡直就像烏合的丐幫、打劫的土匪，絲毫沒有國家官方的正規形象，完全就是一群強梁的花子大隊。當兵全是為了吃飯。

軍隊的理學化，也就是學軍，是杜絕歷史軍隊不良的唯一辦法，是根本的辦法。像袁崇煥案，明末人多以為是叛國，如明末小說《西遊補》就是罵袁崇煥的。但是唐甄以袁為冤，當時的人對事實真相已經知道了。而且唐甄斷言，即使有張居正，崇禎也不能用，這些見解都是十分明達的。像崇禎，總喜歡把過錯推給別人，作為帝王，毫無擔待力，可以說完全沒有政治家最起碼、最基本的素養。比如他讓兵部尚書陳新甲與清秘密議和，陳新甲帶回條款後，不慎被傳抄出去，遭到強烈反對。崇禎推卸責任，要陳新甲坦白罪情，陳不肯，被殺。可以說，崇禎如此對待大臣，必然使臣下不敢再負任何責任。所以，無論明末人士怎樣悲哀明亡，平心而論，明亡一點也不委屈，歷史最終肯定是公正的。如果有人問，為什麼有那麼多不義會在歷史中得逞、成功，我們只能說，最終原因還是因為：並沒有真正的義。邪固然是不能壓正，但是真正的正呢？所以，相對還好一點的就難免成功了。這是一個極端樸素的道理。正如我們說過的，清之代明，是明的一個地方勢力重新統一了全國，這與外國征服是兩種性質。所以，滿清與蒙元是根本不一樣的。清作為大明的臣屬達兩百多年，本來就是統一國家，清在中國的版圖以內。所不同者，僅僅是：清是滿族，而不是漢族罷了。但民族與國家二者須分清楚，所以明、清關係就是君臣關係。從名理上來講，世人沒有把事情搞清楚。這個可以參看《論語》禍起蕭牆一段。唐甄總結說：「君者，利之源也，奸之的也。人皆的之，皆欲中之。以一深宮不嘗事之人，而環而伺之者百千輩，雖有智者，亦有所不及矣。於是佞以忠進，詐以誠進。其耳目達於宮庭之隱，其

推引藉於左右之口，其搖惑假於優人之諧言。使人君入其術者，且自以為聰明過人，無微不見也。於是虐民者以良薦，覆軍者以捷聞。功罪倒置，誅賞駭世。忠臣義士，肝腦塗地，徒殺其身。而權臣賊奄竊旦夕之富貴，不知皮盡而毛無所附，且安然而自以為得計也。」（〈任相〉）

　　我們說，明之亡國，拖得算是久的，像它那樣胡來，其實早該亡了。君主是所有人的目標、狩獵對象，每個人都希望從君主那裏得到什麼、達成什麼，其意圖或正或邪。忠奸問題是古代帝國政治中最直接也最樸素的問題，如何把握忠奸是每一個帝王都關心的。其實從幾率上來說，忠奸的控制並不困難，那就是並存制度，政治寬容也就是為了保護並存。比如平均十個奸臣裏面有一個忠臣，政治就不會翻船。而且絕大多數大臣是庸臣型的，巨奸在任何時候，尤其是常態政治中，都是偏少的，根本不足為懼。不誇張的說，十個奸臣裏面有一個庸臣，政治都可以保住，更不要說得力的大臣了。關鍵是，歷史中非此即彼、必欲去一的習慣才是更直接的禍源。因為沒有了抗體，不能彼此牽扯、制衡，政治便容易翻船。這就像漁網，一兩個網眼絕對打不了漁，但是多個網眼就一定能打魚。所以，人際矛盾倒是越複雜越好，可以互為抗體。一個矛盾就是一個網眼，所以不要怕矛盾、必欲除之而後快，要寬容矛盾、歡迎矛盾。有一個矛盾在那裏，其餘的就都被堵住了。所以，皇帝要學會和稀泥，一大堆人在那裏，忠奸雜處，整天吵，政治像雞籠，這不要緊，怕的就是皇帝直接處罰大臣，有這種習慣，就會被下屬利用來進行政治傾軋。所以皇帝需要把握的一點就是：以免代殺、以調代罰（貪幾億白銀、私藏國庫的另論）。一堆大臣裏面，只要有一個人能做事，就全賺回來了，這跟販毒是一個道理。由此，一個人能做事，必然會吸引一堆人來做事，由此形成一種排擠機制，壞人以後也會越來

越趨向於不做事甚至做好事，這就是我們只正面興建什麼，而不反面禁堵什麼的道理。只管好的、只看我們已經有了什麼，這就是老子說的誠善制度。像古代帝王殺戮大臣，動輒萬計、抄家滅族，有什麼必要呢？罷免幾萬人，後世只會說過分、過嚴；殺戮一人，即有血腥之嫌。而且沒有生命危險、僅僅是丟官，大臣不再有顧忌，自然直言，這就是國家安全的保障。用調動代替殺罰，因政見不同而造成的傾軋也就有限。而且迴旋餘地大，好政治便容易恢復。所以，皇帝在什麼時候應該直接充當、扮演什麼角色，什麼時候不，這裏面有很多講究。這是皇帝的藝術。所以說，政治的習慣先於一切，習慣帶動風氣。

人的政治嗅覺是最靈敏的，崇禎瞀昏，奸臣當然容易攏來，像明成祖精銳，臣下就特別小心。所以政治中一個人就是一個人，是不能一概、籠統的。唐甄論君、相，都是直接以明末興亡說事，這是其特點，也就是案例法。但人總是難以認識的，我們怎麼能夠知道到底誰好誰壞呢？唐甄給出了一條──實效。「然知人之識，自古為難，在叔世為尤難。叔世之人，矯情飾貌，矩行法言，歡兜可以為皋、夔，盜蹠可以為夷、惠，猝難辨也。然則中才之主，烏能任相乎？人不易知，功則不可掩。譬之飲藥，一飲之而良，再飲之而效，三飲之而疾去者，必良醫也。一飲之而不良，再飲之而無效，三飲之而疾不去者，必庸醫也。人雖至愚，豈以疾去者為庸醫，以疾不去者為良醫哉！任相之道亦然。」(〈任相〉)這就是說，實效可以驗出一切。而且，比較是明知的保證。再愚蠢的人，一比較也全明白了。所謂不怕不識，就怕對比。其實，所謂小人，就是在治世表現最好的人──道德完美，簡直沒有缺點，完全是不犯錯誤的好同志。可是世道一變，這些人就沒有優點了。這種人性，文革前後表現得最典型，表演得最典範。所以從這裏來說，我們根本不必擔

心道德的力量，因為道德的力量就是小人的力量，小人的力量是強大的。我們也不必擔憂道德的表現，因為道德的表現就是小人的表現，小人的表現永遠是完美而積極的。我們不必責成人的內在，只要稍微有可表現的平臺，道德便如洪水決堤，是阻遏不了、也抵擋不住的。所以世之不治，就是因為連這個最底線的引誘平臺也沒有。因此，接下來就只有亡國了。

　　小人與君子的關係，就是泥鰍與鱔魚的關係。泥鰍不拱一拱，鱔魚會死。小人不鑽一鑽，原則性的君子們各不相讓，也會死機。但是泥鰍鬧得太狠，鱔魚會把它吞吃腹內。小人折騰得太凶，君子也要殺人。唐甄講到的，都是當時切實的問題。比如貨幣制度等等。〈更幣〉云：「古者言富，唯在五穀。至於市易，則有龜、貝、金錢、刀布之幣。」上古時代，人們的財富來源主要集中在、表現為農作物，至於交易，只是生活中的一種補充。在遠古，像烏龜殼、貝殼、豬牙等等小東西，都可以用來做貨幣、作為通貨。可以說，形而下的真正的萬物之一般、唯一的一般物就是錢。但是人們對錢始終缺乏正確的認識和尊重，實際上，錢就是倫理的捶分，即「倫刀」（參看庖丁解牛）。人類對錢的依賴，是經歷了長期歷史變化的。直到民國，很多人家還是窮得連幾塊錢也拿不出來。可見，錢的發展史是很緩慢的。唐甄說：「其後以金三品，亦重在錢。後乃專以錢，而珠、玉、龜、貝、銀、錫之屬，但為器用，不為幣。」（〈更幣〉）可見，歷史中用來造幣的材料、材質原本是多元的，包括金、銀、銅、鐵、錫、珠、玉、龜、貝等等。有的後來在歷史中淘汰不用了，而有的則經過變動、調整，後來還用紙造幣。「自明以來，乃專以銀。」（〈更幣〉）其實從經濟性格來說，中國在歷史中更多的是用鐵錢與銅錢，明朝用銀倒是一個很值得討論的現象。中國的貨幣天性畢竟還是偏於銅鐵而不是金銀，雖然楚國蟻鼻錢是很小的金幣，這說明中國用

金銀很早。像漢代用鐵錢，就是很有名的。漢朝穩定，能夠延續四百多年，與此大概不無關係。因為鐵錢賤，面額小，假造的意義不大，故可以保持貨幣的穩定和物價的平衡，東西便宜，老百姓生活很寬鬆。在治理好的時候，一石米才五錢，這在歷史上是不多見的。漢文帝時，因為用錢量大，政府造不過來，於是把材料發給老百姓，讓幫助一起造幣。可見鐵錢之行，貨幣信用也好，秩序不容易亂。但是如果用金銀，老百姓就很不方便了。唐甄說：「至於今，銀日益少，不充世用。有千金之產者嘗旬月不見銖兩，穀賤不得飯，肉賤不得食，布帛賤不得衣，鬻穀肉布帛者亦卒不得衣食，銀少故也。當今之世，無人不窮，非窮於財，窮於銀也。於是楓橋之市，粟麥壅積；南濠之市，百貨不行；良賈失業，不得旋歸。萬金之家，不五七年而為竇人者，予既數見之矣。」（〈更幣〉）

唐甄講的情況，就是錢荒。用貴金屬之不便，由此可見。雖然貴金屬不會貶值，永遠值錢。這樣，錢荒、地荒、人荒、政荒、災害、兵荒、學荒，各荒加起來，國家是夠嗆了！儘管國家物產豐富，可老百姓還是過不下去，足見錢荒之荒唐，用銀之不當了。其實金銀根本就不適於作通貨，這樣看來，明代的貨幣制度還沒有漢朝方便、合理，以至於非常妨礙國民生活，貨物生產根本就不流通。金銀屬於貴重金屬，所以很難賤下來。比如說，農民種西瓜，豐收了，但是賣不出去，西瓜不能兌現為財富，那麼就傷農。等到第二年，農民再不種西瓜了，西瓜就少，物產就枯竭。所以交通、貨幣、物財等等，有一個連帶損益的情況。唐甄說：「夫財之害在聚。銀者，易聚之物也。範為圓定，旋絲白燦，人所貪愛。囊之，癳之，為物甚約，一庫之藏，以錢則百庫，雖盡四海而不見溢也。大吏則箕翕鬥[　]，歲運月轉，輕於隼逝。一騾所負，以錢則百騾，雖累百萬而人不覺也。蓋銀之易聚，如水歸壑。哀今之人，尚可恃此以為命乎！

聖人複起，必有變道矣。天運物運，皆有循環，興必廢，廢或複。錢廢於前代，豈不可複於今世！救今之民，當廢銀而用錢。以谷為本，以錢輔之，所以通其市易也。今雖用錢，不過以易魚肉果蔬之物。米石以上，布帛匹以上，則必以銀。涓涓細流，奚補於世！錢者，泉也，必如江河之流而後可博濟也。」（〈更幣〉）

這就說得很明白了，錢的本質其實就是水，是用來漕運萬物的。水是會循環的，蒸發了還會變成雨降下來。經濟是一個最主觀的東西，如果說它受什麼客觀律條制約、限制的話，那也是最低限度的。中國的歷史經濟，傳統上從來都是用錢，不用金銀的。以錢為主，而不是金銀。錢的發行，多少完全應該取決於周轉。就像我們現在的居室，衛生間有一個馬桶或蹲坑。如果家裏人多，一個周轉不過來，就需要兩個。單位人數中，周轉得越快、越方便靈活，彼此都能錯開、不碰撞，那麼所需數越少，錢就是這樣。流通快捷靈活的，錢幣所需數就會降低。而且日常生活中的購買多為小對象，用不著金銀這樣的牛刀，錢已經足夠了。中國在治世，物價都很便宜，漢代就是典型。這說明中國的社會發達而穩定，但凡物價高的社會都有問題，絕不是理想、合理的社會。起碼它說明：你的經濟很脆弱，所以錢特別軟。中國的錢多為單品，面額很小，這麼做的好處是無法偽造，因為原料成本和面額之間的比接近，偽造划不來。比如米一石才五錢，這就很低廉了。所以，歷史中的中國經濟是一種很硬的經濟，很多王朝能夠持續很長時間，不是無緣無故的。唐甄說得很明白，財富的危害主要是在屯聚、囤積，這樣就不流通，經濟也就死了。用銀的害處就在這裏，因為人的天性，見到燦爛的金銀，很自然就會死藏它，捨不得一分一毫的流出去。這種只進不出的習慣使得經濟完全癱瘓，無法流轉。所以金銀只適合於作為儲備手段，不適合於作為流通手段。為什麼有明一代會如此用銀？這是歷史經

濟要討論的。唐甄主張普遍用錢，這應該是最基本的要求。錢不過笨重一點，但是這個問題好解決。

這裏有一個問題，歷史中發行的錢，它的信用如何穩定呢？我們可否考慮一個原則：只要是歷史上承認了的王朝和政權，它們所發行的錢，後世都可以照用。比如說漢代的鐵錢，現在還可以用──當幾塊錢用。這就是歷史貨幣信用制度，可以使國人安心。亦即，錢幣只要發行了，便永不作廢，而且保值，只要不是偽幣。這個容易辨識、可以識別。但是，如果真的國人手中有歷史貨幣，他也不會當幾塊錢賤用了，而是會收藏起來。比如一枚漢代鐵錢當五塊錢用了，一般人會覺得划不來。由此，政府既可以坐收歷史貨幣信譽之實，又無經濟秩序紊亂之虞，這樣的辦法，極宜施行。好比國民政府的法幣，面額有六十億元的，便可以當六元錢用。畢竟，國民政府曾經是中國歷史中代表國家的政府。但恐怕沒人會用，因為法幣在現在已經是難得的文物了。流通在社會上的古幣，官方可以收之於上，這樣貨幣既穩定，歷史信用又永久保證。看上去很空洞，其實不空洞。

可以說，在歷史社會中，經濟盤剝是三然的。除了國家官方盤剝以外，還有社會盤剝。基層暴政與高端暴政同樣厲害！這裏面有一個經驗，就是：轉換越多，經濟盤剝可以鑽的空子越多。每一次、每一個轉換，都是一個巨大的經濟漏洞和國家危險，弄不好就引起社會動盪。比如說老百姓種糧，卻一定要用錢交稅，這樣就必須把糧食收穫轉換成錢，於是鑽空子的盤剝者就像蚊蠅一樣地來了。它們好像是受了政府差令、同步行動似的，壓低糧價，直到把農民榨幹為止。官方對經濟社會中的此類事情不管，就是煽動老百姓造反。因此，杜絕經濟漏隙，就是要盡可能的減少轉換，或者管制、管理轉換，以塞其源。比如說，實物徵收、實物發放等等，就可以大大

減輕危險性和民生痛苦。實際上，錢作為一般物，如果將其一律化了，就會直接對國人生活造成削割、損害。中國社會是十裏不同天的，所以不能用錢去一刀切，只能用錢去行方便，古代社會尤其如此，所以一定要講求方便、實惠。說白了，這就是錢的取予，即予錢取錢，是錢的名學、輕重，所以錢也是一個陰陽，參見墨辯。唐甄說：「凡祿九千石以下，皆令受粟。度宮朝官軍之所用，皆令輸繒，以錢附粟而給之。其在州郡縣，常賦皆令輸粟。凡祿三千石以下，皆令受粟。度城郭兵役之所用，皆令輸繒，以錢附粟而給之。其在邊防、內屯、將祿、卒食，皆令受粟。度甲胄衣履之所用，皆令運繒，以錢附粟而給之。唯是禮大臣、惠百官，既厚其祿，積粟何以運歸？則多與之錢，使可以置田宅、遺子孫，所以別於商賈也。夫賦以錢配、祿以錢配、餉以錢配，自朝廷至於閭閻，自段帛至於布絮，出納無非錢者。不出三年，白銀與銅錫等矣。昔者一庫之藏，今則百庫，天府雖廣，其勢不可多藏也。昔者一騾之負，今則百騾，家室雖富，其勢不可多藏也。有出納皆錢之便，無聚而不散之憂，錢不流於海內，其安之乎！」（〈更幣〉）

　　金銀不便於流通，但鐵錢就不能不流通，鐵錢怎麼藏？困難多了。從這裏來說，發糧食就是一種上好的辦法。因為糧食不好貪污，占地方。而且糧食也不值幾何，所以發糧食是反貪、反截流的好辦法。所謂以穀為本、以錢輔之，顯然，唐甄充分考慮了實物發放的問題。簡單的說，中國經濟就是四個字——兵馬錢糧。在國是兵馬，安全有保障；在民是錢糧，生活有保障。而這就是軍事經濟。所謂軍事經濟，就是像軍事一樣結實的經濟，永遠不會垮塌。即使是用軍事配給的原始笨辦法，把錢糧（主要是糧）發放到每個人手中，國人生活也能保證無虞。當然，生活基本寬鬆的自己還不耐煩配給，所以須配人數永遠是少的。社會的「自勻」機能是不可小視的，官

方應該健康地引導、喚醒這種「自均」機能與活力。這樣，人類經濟剩下來的就只是賺不賺錢、賺多賺少的問題了，而不會是生活本身發生問題，所以永遠不會有恐慌，這是對付經濟週期最好的辦法，週期其實就是經濟生活的四時。無論兵馬錢糧、食貨論、輕重、井田、鹽鐵、軍事經濟等等，歷史提供的經濟思想可謂資源豐厚。唐甄說，以實物、糧食作為發薪的手段，先實物支付，實際上是錢、物並用的，也就是錢、粟並行。這是一種非常實用的辦法，賦稅、俸祿、發餉都普遍用錢，社會上出納無非是錢，不出三年，情況就會根本扭轉。這樣，萬物流通，就沒有聚而不散、死藏的弊端。唐甄講到，大臣、百官如果發粟，如何搬運回去就成了問題，這時候就要給錢。其實，就是書籍的搬運，也是非常麻煩的，更不要說糧食。但是，正如我們說過的，如果是算貲辦法得行，那麼，高官只是為國家做事，自己本來有資產，如何運歸的問題就顯得可有可無、不重要了。畢竟做官不再是一種致富、謀生、求職或者經商的手段，而是一種付出，如果不願意，可以不做。所以，官越高、俸祿越高的定式比例關係，應該根本改變，這才是治本。有家貲只是一個必要的條件，但不是充分條件，沒有家資是不行的。像祿九千石這種事，以此即可想見行政成本有多高了。

唐甄說：「客有發難者，一難曰：錢重難行，民商必病。我應之曰：漕粟數百萬，舟挽而注太倉；皮桰之枒，銅鐵之墜，騾馱而越山谷，而病錢之難行乎！二難曰：銅不可采，又不易市，爐冶多廢。我應之曰：貨至無多寡，須多則多至，須少則少至。昔之計錢以萬數、以巨萬數，以億數，以億萬萬數。金之生也，無古今異，豈生於古而死於今！三難曰：民欲難拂，俗尚難移。民之愛銀也，殺身不顧矣，其能廢之乎？我應之曰：米粟之徵兼錢，布縷之徵兼錢，力役之徵兼錢，關鹽之徵以錢，市貨之徵以錢，天下之錢多納於公。

宮中之用以錢，朝廷之用以錢，百官之祿兼錢，兵衛之饋兼錢，芻豆之市以錢，府庫之錢盡布於天下。歲納歲出，如發原放海，不少止息。民惟恐錢之少，雖驅之使用銀，不可得已。」（〈更幣〉）用糧食發俸有一個好處，就是穩定，當然辦法很原始，但是原始的都很穩定。銀為什麼會被百姓死藏，就因為金銀不貶值、永遠貴重。由此可以說，即使用軍事配給制發糧食給國人，只要穩定有飯吃，國人便不會動亂，僅僅是富不富的問題。唐甄在這裏舉出了兩個問難，一是：錢的份量重，國人會覺得不方便。但是，金銀的分量又如何不重呢？所以，最好的辦法，不是像唐甄說的那樣，以糧、皮為喻，而是要完善一種兌換制度和辦法，比如一張紙卷能夠兌換多少錢，畢竟銅錢的分量是很重的，少了還不覺得，一旦用錢多、用錢量大就很覺得了。其實，宋代的交子是很好的啟示。笨重的銅錢完全可以用紙卷兌換、兌付，不僅方便，而且安全。再就是銅的問題，開採、冶煉都有困難。對此，唐甄很明白地說，古人造幣也是要開採冶煉銅的，難道只有古代能做、而今不可以？金屬礦藏無論古今都是一樣的。需要多就採煉多，需要少就採煉少，根據具體需要而定。當然，古代的用量也相當大。這裏有一個問題，就是：古人是用鐵錢。比如漢代是用鐵造幣，為什麼一定要用銅而不用鐵呢？鐵比銅更方便。第三個問題是，老百姓愛銀子，人之天性如此，殺身不顧，如何能改變、違反呢？所以，唐甄提出的辦法就是，政府行為導向。要由官方制定政策，使錢通行天下。有的領域或者是錢糧兼行、錢物並用，有的區域則是純粹用錢，這個要根據具體應該而定。從上到下，從官方到民間，歲出歲納，以錢通行，這樣，民眾的習慣自然會改變。所以，愛金銀雖然是人之通性，但是後天的經濟運行與操作，還得看官方政府制定的政策。經濟生活養成怎樣的習慣，上之使下，從國家角度來說，從來都是一樣的。萬物全部用錢出納，

藏銀造成的錢荒自然會消弭。所以這裏最終還是一個加法的問題，用不著廢銀，興錢就足夠了。

關於士人之學，唐甄談得很好。〈無助〉曰：「吾遊天下，其不至者，廣以南耳，未嘗見一賢人焉。」唐甄到過的地方不少，可是見到的、稱得上賢人的卻不多，這是不是要求太高了呢？我們說不是，當時普遍的情況應該是賢明極少。因為中國士子的特點，通常是忙生活的多，忙不朽的少。從政者一旦是忙生活型的、而不是忙不朽型的，事情就不大妙了。中國人讀書、做事，一般還是為了生活，不是為了不朽，這是實情，規定性在此。唐甄說：「以天下之大，家誦詩書之言，人慕文學之名，豈無賢哉？而未見一賢者，蓋以甄之不敏，非見賢之人；故天下雖多賢，不可得而見也。吾處吳中三十年矣，未嘗見一賢人焉。吳地勝天下，典籍之所聚也，顯名之所出也，四方士大夫之所游也，多聞多見，士多英敏，豈無賢哉？而未見一賢者，蓋以甄之不敏，非見賢之人；是以吳中雖有賢，不可得而見也。」（〈無助〉）我們說過，賢人與聖人二者，賢人是容易把握的，聖人則不容易捕捉。所以為學動輒以聖人為言，反而是耽誤了學者。可是賢人亦難得見，便是當時社會的寫照了。清代是非常常規化、庸常化的，這正是它超過前代的地方。在唐甄的議論中，專門講到了文的問題，就像顏元一樣，但是更具體。可以說，文的問題，是橫貫中國人文史的大問題。在這裏，我們有必要作一個清晰的二分，就是：文有論文和語文之分。論、語之分不明，我們討論文的問題，無論如何不能說到點子上去。唐甄說：「文者，君子之所貴也。今之文，非古之文也。其言雖美而非實義，吾不欲取而觀之矣。經者，道與治之所在也。今人窮經，好為創見而無實用，是為誣經，吾不欲取而觀之矣。性即性耳，有何可言！今之學者好言性，辯論多端，何與於性！即其言善，亦為

論性，非求見性，吾不願聞之也。今世亦有正直之人，言不妄、行不苟，但能淑身而不能明心，下學而不能上達，而豈不見而敬之，然非學之竟事也。今之士，吾未見有出乎四之上者，亦何益於我哉！」（〈無助〉）

　　君子無友不如己者。我們都知道有所謂義理、考據與辭章。辭章到了六朝的時候，達到最高水準。往往一篇賦、駢文文辭華美，而意思不多。文詞艱深而意思並不複雜，所以有辭富義寡的現象。這就是因為六朝之文是詞章之文而不是義理之文的緣故，是語文而非論文。雖然不是每一篇文字都如此，但卻是普遍如此。這也是因為，義理之文在先秦達到了高峰，當時以說義、表述思想為要務，所以文體多實用。到了漢代，考據之文興盛，這是因為漢朝是一個全面大整理的時代，所以如此。自晉以下，漢家失統，法度日弛，文學興盛，中國的古漢語水平發展到最高地段，也就是詞章時代。這就是我們所說的語文水平發展到高峰，而不是思想水平到了高峰，所以語文和思想的情況，在歷史中有一個鮮明的升降對比。從義理到詞章，也就是從思想到語文的過程。這個過程一直到清代，還是嚴重的問題。歷史中的科舉制度給語文提供了有力的支撐，比如以文辭取士等等。所以，直到清末，中國還是面臨著以語文的知識訓練水平來應對全球世變的問題。於是，像梁啟超那幾代人就拼命地往思想上回。為什麼最直接的一個問題就是：中國的知識人總難免受域外思想、如哲學等的迫壓，就因為他們只有語文的歷史訓練，而缺乏思想的訓練。至1980年代文學十年，所造成的知識幾代人總脫不了文學、語文的思維的習慣，正可見「歷史尚文傳統」的內在性根及作用之強大。這樣上下千年地一拉，我們就知道，文的問題，其中所包含的歷史嚴重性有多深了。所以，為什麼韓愈等人要文起八代之衰，為什麼韓愈自己也脫不了語文水平的限制，為什

麼李、杜總是感其不遇，而即使遇了，也只有一個語文治國的水平！
這些都是顯然的。可以說，以語文治國，老百姓沒有不可憐、不受
罪的；必須以經世致用的經濟之學治理，這一點，實學家們早就看
到了。如顧亭林、黃宗羲等等，不勝枚舉。所以，漢代《鹽鐵論》
文學與經濟之爭，那時候的文學，較現在為廣義，都還不行，足見
歷史淵源之長。我們總是說辦法，其實辦法就是非語文政治，也就
是實學救治。包括政治反省、政治批判、抗議、抨擊等等，都絕不
能是語文批評。

　　可以說，歷史中能夠洞明論、語之分的學人絕對是少數。今之
文以美為歸，所以是語文的；古之文以實義為依託，所以是義理的。
顯然，唐甄認同、崇尚的是古之文。所謂經，就是記載道與治的，
是實用精神的，不是標新立異。像宋、明人談性，完全就是沒有意
義。另外還有一種人，就是篤行家。他們律身甚嚴，但僅僅是令人
尊敬的好人，而這是不夠的。因為好人與有思想的人畢竟是兩回事，
只是、僅僅是人好，當然還不是人文學術的究竟。所以唐甄在這裏
總結了四類人、四種情況，他認為一般都超不出這四者。當世學人，
或者是溺於語文的，或者是談天說性的，或者是以意解經的，或者
就是埋頭傻做的。可以說，唐甄在這裏所說、所總結的，反映了明、
清交際中國知識人的一般情況。所以唐甄認為，他們都不能有益於
自己、不能對己有益。所謂君子無友不如己者，唐甄有一段論師友
的話，很可注意。他說：「所貴乎師友者，師道迷而友振惰也。有此
二益，則進學易而成功蚤；無此二益，其遂已乎？其亦難易蚤晚之
異耳。孟子生於戰國之世，未得為仲尼之徒，未得與顏、曾為友。
天下之言學者，非楊朱則墨翟；其謀國者，非儀、秦則孫、吳。孟
子無所取益，而巍然為聖人，獨立於天地之間。彼，聖人之雋也，
非中下之人所及也。然而即心是道，即心得師，破迷起惰，不假外

求。誠能精思竭力，必為聖人，不過為之難而成之晚，雖無師友可也。故曰：豪傑之士，雖無文王猶興。」（〈無助〉）

唐甄講的無助，是底線的、最壞的一種情形，可見，唐甄的習慣是喜歡做最壞打算的。為學如此，但也不盡然。因為很多時候，壞的所謂幫助比無助要糟糕得多。寧可不及，也不能過。不及還可以補，過了往往不能挽回。我們說，唐甄的看法，包含有很多問題，值得討論。實際上，在唐甄的言語中，隱含著絕對自我的因素，就是自己去達成、自成之。他認為，聖人是可成的，完全取決於自己怎麼做。我們可以注意這裏的「必」字句式──誠能精思竭力，必為聖人。因為師友與為學的關係比較複雜，是多重情況相互交織的，疊在一起，很難一概而論。當然，還是那句話，聖人不容易落實，與其討論做聖人，不如談做賢人，因為賢之上還可以更賢。畢竟比較級是開放的，而最高級是封閉的。《黃帝內經》說過，謹熟陰陽，勿與眾謀。真正能夠道迷振惰的師友是極少的，而誤人打岔的居多，這是從概率上去說。所以指望得此二益，與中個頭彩無異。因為一般人的學識訓練，多是不得其要的，很難落到點子上去。即使能夠，也還需要人性的厚道。如果心理因素複雜，懷揣嫉妒、攀比、仇敵之心，那就更無論矣。所以為學主要還是須靠自得，因為一般能夠成就的人，自學、原創能力都強。說白了，自己能夠搞出來的，沒有老師也能夠學出來；學不出來的，有再好的老師也沒用。從這一點來說，教育不需要成本，因為教育是一個可輕可重的事情。沒有成本，可以實行國民自我教育。所以教育經濟論、教育經濟學是一個謊言。而且，人文學術主要是靠文本閱讀與思考、驗證，古人就活在書裏，濃縮的都是精華，這怎麼就不是最好的老師呢？正如俗語說的，玉皇大帝在此，卻要去拜土地爺，便是無見識。又如談戀愛，最煩第三者。所以學的奧竅，全在取精用弘、因陋就簡八個字

（此為錢仲聯先生所傳）。唐甄吹捧孟子是不對的。讀書為學就是一個比較的問題，多看、多接觸、多比較。苟能對比，雖愚必明、雖弱必強。當然，成就之早晚確實也是事實，而且要依人的資質而定。但不管怎麼說，普通人才只要上了軌道，一般幾年下來都能有成，而且持續下去會功夫逐年加深，終至於大成。不如此，都是因為不得法，或者便系無恒所致。所以，一切都不是人為制定、捏造出來的，而是比對出來的，所以都有不可移易的堅實基礎。尤其像所謂聖學這種東西，經過了兩千幾百年的比照，其根底是不言自明的。

附錄
朱、陸排佛論

　　將宋、明理學視為冶儒、釋、道於一爐的思想體系的觀點，似為學界普遍接受，形成了共識。在做這一結論的時候，似乎僅僅是從學術思想的類性上出發，並不受宋、明儒者本人意見的左右。但是，不管這一既定的成見是否合乎史實，至少此見解對具體的歷史情況缺乏有效的概括作用。只要管窺一下朱、陸論佛的言論，我們就知道，純粹的思想學術與當時的社會實況，這兩者後世沒有充分地判分清楚。所以有必要就《朱子語類》中論釋氏的部分梳理一番，搜羅儒家理論在排佛中運用的消息，從而對儒、釋關係的歷史實況增進一些瞭解，而不為主觀的陳說所混淆。

　　朱子論釋氏有一個清晰的分類和條貫，從中可以看到朱子做的一番批評工作。同前人相比，宋儒能夠最終從學思義理上進行辯證，乃是辟佛需要的深化。有一點值得注意的是，朱子將佛教的歷史視為禪學史，同時代的陸子靜亦持這種觀點。就朱、陸所處的時代來說，佛教已經成為禪宗的佛教，從這一層而論，佛教早已脫去了初傳時與西域的聯繫，純粹蛻變為中土思想的一種異形，骨子裏乃是玄與道的合一。

　　朱子認為釋氏出自楊、墨，是從義理上來說的，謂釋氏骨子裏有楊、墨的思想成分和因素。在一定程度上，朱子又將楊、墨視同於老、莊，「孟子不闢老、莊而闢楊、墨，楊、墨即老、莊也。」因

為楊、墨與老、莊之學常有相同之弊，同時兩者並提又能更深一步地揭示佛教的歷史淵源和脈絡，使之難以立足。又雲：「今釋子亦有兩般：禪學，楊朱也；若行佈施，墨翟也。」「然今禪家亦自有非其佛祖之意者，試看古經如《四十二章》等經可見。」追本溯源，明指禪學與佛教舊說相岐異，是以禪學乃中土思想附會、浸入所致也。故論楊、墨，直謂釋氏出於此，通過還原佛教思想的出處、顯其本來面目而達到排擊的目的。這是朱子於玄辯、義理之外從思想學說史的角度進行的批評工作，亦是前人很少觸及的。當然，從思想淵源脈絡的歷史揭示來破除禪、釋在人們心中造成的蒙昧、遮蔽，便離不開研究、比較義理。比如指出《圓覺經》「四大分散，今者妄身當在何處」一義即是竊取《列子》「骨骸反其根，精神入其門，我尚何存」一語。

案《列子》一書，今人以為出於魏晉人之手，而朱子認為《列子》為周人所著作之書，先於《莊子》。晉人張湛注《列子》時明言《列子》義理與佛教相通，大概是最早意識到兩家思想異同點的人。今人以其出魏晉人之手，蓋亦本張說，而朱子不以為然。茲以《列子》為魏晉偽書論據不足，而本朱子之說為是。朱子以楊、墨同於老、莊，是通過「楊朱即老子弟子」這一接點來斷定的。同時注意到幾家學說的類似之處，如墨家兼愛與佛教的「不愛身以濟眾生」等。但是禪學以前的佛教多專重於因果之說，自達摩來華始直指人心，遂使佛教發生變化。朱子認為漢人假老、莊之學說附益之以佐其高，不是沒有歷史根據的。並且明指出歐陽修、程子排佛之缺欠處在於「皆不見他正贓，卻是宋景文捉得他正贓。」從這句話我們可以看到朱子闢佛的真正用功及方法，開門見山以佛說出於楊朱，就是在學說上捉贓的企圖之流露，這就是朱子所用的理論批評的歷史態度。朱子認為自《四十二章經》以下，佛學談義悉出自

老、莊，這實際上是將佛學視為道家的一種妝扮，骨子裏仍是玄學一流。

　　孟子說過：「逃墨必歸於楊，逃楊必歸於儒。歸，斯受之而已矣。今之與楊、墨辯者，如追放豚，既入其笠，又從而招之。」（〈盡心〉下）這段話對照朱子論釋氏開頭部分看，甚有啟示意義。可以說，朱子以佛出楊、墨，而孟子在先秦就已經講過逃墨歸楊、逃楊歸儒的條律，這難道不是對後世歷史所設的一個預喻嗎？出入於老、佛的人有多少又認同了儒家思想，如果注意到這一點，我們對歷史思想的評價也許就不會呈現出一種簡單性，而缺乏人文全體的厚度與廣涵，從而顯得單薄了。

　　朱子論義理從不曾脫離歷史實證的方法，這是朱子治學的一大特長。朱子對楊、墨、老、列、莊在思想與學理上的深度是不貶低的，只是他不能同意其主張罷了。朱子論《莊子》仿效《列子》，卻有戰國時縱橫氣象，頗有見地。又指出佛教的空概念來源於《老子》中論空處的部分（見 11 章），都表現了自己的看法。他指出在老、佛化以後的歷史，佛、道之間就相互竊取了，而道家在取上卻很粗劣。但接著朱子又論到科舉取人之弊，可見他始終最關切現實問題。並指出韓愈、歐陽修等排佛皆未得其要。朱子指出，慧遠、支道林時代的佛學還是莊學的局面，言下之意，謂直到僧肇講動靜，仍未離玄學。因為玄學就是講動靜的宗主，而佛學乃全為中土文士所附益造成。到禪宗直指人心，佛學才發生根本變化。朱子注意到禪說對人的迷惑、危害，又論到《莊子》，謂：「莊子說得更廣闊似佛，後若有人推演出來，其為害更大在。」由闢佛更注意到了老、莊的問題。朱子注意到了空與無的區別，謂：「不同，佛氏只是空豁豁然，和有都無了。所謂終日吃飯，不曾咬破一粒米；終日著衣，不曾掛著一條絲。若老氏猶骨是有，只是清淨無為，一向恁地深藏固守，

自為玄妙，教人摸索不得，便是把有無做兩截看了。」這裏沒有考慮到老莊有無相為體用的關係，所以有不確的地方，有無並未作兩截看。由此為引子，朱子討論釋、老學理上的同異，可見空、無確為兩者各自的根本特徵。

朱子論釋、老之異並不完全是恰切的，比如他把釋、老各自關於有無的觀念過多地解釋成了一種時間序列上的結構，顯然並沒有注意到玄學中有無相為體用的因素，而這種思想正是老道中物。朱子仍然以無解釋空，雖然他自己是清楚的，但言語則仍陷入循環往復的纏繞。其實，空與無是根本異趣之名，並不單是完全與不完全的區別問題。至於說老尚顧身，佛連身都不要了，則失之抽象。因為全身與滅己表現了不同人文場境所造成的思想主旨的異趣，中國古人是要調整個人在世中的位置狀態，而佛氏則是逃避。朱子說，其厭世，故空了一切，正是此意。這樣一來，比較就具體得多了。朱子指出，老氏求長生，為害尚小，而佛氏以生為寄居，為害卻甚大，並且壞了父母之倫理（僅以其為寄處而已）。可見老、釋之生死觀，學理上不同，危害的程度亦各別。因此說：「莊、老於理義絕滅猶未盡，佛則人倫已壞，」由此再推出結論，謂「禪最為害之深者」便順理成章了。因為禪掃蕩人倫最乾淨徹底。朱子指斥佛教滅父子，卻嚴於師徒之分，從而顯得虛偽。而佛家僅見到世界的幻滅問題，僅關心生理機能或生活中的日用事件，把最根本的人倫放在關切項之外，這樣就提出了一個最令宋儒苦惱的問題，即如何向人說明、表達清楚，人倫雖然是至虛的，但卻又是最關實際的。也就是，如何使得此一首要關切達到自然化的途徑。從這裏即可看到朱子在考慮性化問題時的一貫性，在他看來，佛教的關切表現出很濃的有限性、形下性。亦即，關切的形下性，將自然反而誤認為最大的煩惱根源，表現在死生問題上，儒學就與佛學發生了顯著的區別。中學

認為，生死是氣動所呈露出的自然，而佛家反持之為苦海和障礙。也就是說，人的認識應放諸氣動的認識之上，從而使生死問題成為一種自然認識，並由此消除根本上無由成立的擔慮。但世俗的見解卻迷執在畏死貪生上，因而理應作為第一自然的，對於人倫的精神煩惱也就無由談起了。實際上，這一切都是儒、佛間生死觀的衝突，但這種觀點並不是宋儒創始的，而是承自前代。因為儒者早就已經在深入、廣泛地考慮理的日用關切問題了。

朱子謂古時只有《四十二章經》，達摩以前又多比附老、莊，自此以後仍屢竊莊、老以自壯，此論頗符合史實，亦為朱子關於佛教歷史之基本主張。朱子認為佛教的理論無論精密與否，都極為妄誕鄙陋，從而流於糾纏，而又竊用了儒家的許多東西，致使後人數典忘祖，加重了糾正道統的困難。朱子曾用四個字來概括他對佛教的評價，即詖、淫、邪、遁。所謂詖就是執著於一邊，把其他的都蔽塞了，失於偏詖而違反中正之道；淫就是琦語惑眾，雖然理論卑下，但講說繁詳，天花亂墜，使人們為之所動，不能返真；所謂邪是指其偏而離於道，乃荒妄之說；所謂遁即逃避，雖然絕棄了人倫之道，卻說道本不在此，自有精妙。由詖辭可以知道佛教的蒙蔽所在，由淫辭可以知道其陷溺所在，由邪辭可以知道其支離之所在，由遁辭可以知道其窘窮所在，要之，都是一個偏字。由詖至遁，這是一個必然的環鏈。朱子認為，儒家所論都是實理，而佛教卻虛其理，這正是從理上來講的區別。朱子是很注重當時流行的儒、佛一同的論調的，他用敬以直內、義以方外來說明儒、佛之異，認佛教無義以方外之旨。指對儒、佛大本不異，只是末不同的觀點，朱子認為，佛家總依傍著儒家講話，強調與儒學的共同點，而這正是兩者不同的表現。這是因為，佛學認外界為虛幻空有，所以，其學說旨趣必然決定了佛學是不可能方外的，而只能致力於住內的、徑照真如佛

性的直觀。朱子認識到了這一層，故而斷然否定了其方外的可能，這些都是在對弟子的通俗淺易的講解中點示明瞭的。朱子對禪學的看法，將禪宗在歷史角度解釋成一種窮途末路的學說，亦即，佛學的必然結局，在朱子眼裏，禪學僅僅是流於一種精神遊戲或不如說精神迷局、精神迷藏的東西，所謂「只是於精神上發用。」對佛家的許多故事、典故，朱子也時有說及，但那不是主要的。朱子的用力處在於義理上的辯證，因此，我們也不必羅列故實，而僅專力於此義理方面。有一點須注意，即朱子對禪學有直接的瞭解，他的批評不能只作排佛的主觀傾向看，實為學理比較之結果。

朱子論禪學，謂禪只是一個呆守法，只是教人麻了心，專定一路，積久忽有所見，便是所謂悟，所以文盲也能勝任，從方法上講極為簡單，其理論言說具有極大的欺騙性。而禪說的方便、巧妙全在它賣弄的機關。禪以心之作用為知，這是朱子從來反對的。因為，如果知僅僅是作用的話，那麼對於知理顯然是不合宜的。尤其禪將理義與仁義分割為兩截，與宋儒以仁義即理義更相背，朱子指明，禪家將禪與行分開、脫離，禪說僅僅成了一種口頭機鋒，與行全然無關，這樣養成積習，便有礙宋人主張的理義與行義的協調一致了，所以禪全然無實際價值和意義。「釋氏，須灼然看得他底之非，一出一入不濟事，禪將作何用？」這話也能反映許多出入老、禪者的教訓、經驗。而最主要的，是朱子提出對付禪的鈍的法門，即儒、禪後勁的較量，儒漸進而禪見消。「但歇一月工夫，看誰邊有味？佛氏只歇一月，味便消了。」這就是所謂的鈍工夫，因為接觸禪說的人往往迷進而不能自拔。

朱子批評佛家的愛觀，指出那是滅人倫之愛，亦即以愛殺人。佛以有條件的愛為低下，而崇拜無條件的愛，以之為高上，故不養父母而喂虎狼，對這種行為朱子當然是很厭惡的。釋以生死為大苦

之事，從而產生很多妄說，這同氣之聚散之生死論是判然不同的。當有人指出釋氏三失即自利、滅倫，不求下學而務上達時，朱子曰：「未須如此立論。」其言非指問者不對，乃是說僅滅人倫一項已經全錯了。可見朱子基本主張之強烈。關於生死，陸象山在書信中亦曾說過，釋以生死為第一大事，流於私，非公也，理義為公。可見，當時指斥釋氏迷於生死問題乃是宋人的共識，而佛家專於自然法則方面的庸俗性也表現在這裏。在宋人看來，生死本來是無足考慮的，這是他們的自然觀。而朱子對當時社會上士大夫階層好佛的現象總結出的原因並不複雜。因為士大夫對儒學體悟自得不多，而禪學以其簡易方便及眩人的說辭，大得世人的歡心，遂成為普遍的風氣。應當說，好禪之習並不僅限於這種學術比較上的，我們只是論到此罷了。

但朱子論釋氏的中樞問題卻是儒、釋心性之辯，可見朱子是從性理之學的角度來闢佛的。性理之學是先秦以降儒學的重要組成部分，至孟子做了許多關鍵的命定，主要是心、理的性化問題。以朱子為代表的宋學是孟學的延續，至少形式上是，故在心性問題上與釋氏有根本的分歧。大致說來，朱子以佛家心性同乎告子一流。告子謂生生之謂性，而釋氏認作用是性，故朱子以為儒、釋心性觀根本不同。正如孟子批評告子，乃甚有理據。朱子把心性規定在作用的理上，這就是理義之性與氣質之性的分別。佛家謂「在目為見、在耳為聞」為性，儒家言性則指「在目雖見，須是明始得；在耳雖聞，須是聰始得，」這就是理。故謂釋氏之說「只有物無則了，」而「孟子所說知性者，乃是物格之謂。」亦即，格物知理乃能知性也。性即理，故格物致知、窮理盡性，儒家性說是純粹知理性的。

朱子謂釋氏作用無理，這是朱子批評其誤認心性的關鍵。「知覺之理，是性所以當如此者，釋氏不知，」以知覺運動為心性，沒有

注意到作用也是有所以然的。理是作為一般名來討論的，但朱子最終要將其落實在理義、天理上，這就是朱子進行一般理論討論的意向所在。所謂真心性是以天理為性之「道心」，而作用只是人心的糟粕，故釋氏之學根本上是錯誤的。「釋氏棄了道心，卻取人心之危者而作用之；遺其精者，取其粗者以為道。如以仁義禮智為非性，而以眼前作用為性是也。此只是源頭處錯了。」可以看到，對理的性化問題，朱子是相當堅持的。這是朱子義學中的重要原則。於是朱子質問：「未作用時，性在甚處？」雖然是引禪語，卻甚可表達朱子的傾向。因為作用性說對於理性是有損害的，官能作用對於事實結果的造成是常常不負責任的。可見，朱子從理上來著重攻擊釋氏對人倫的危害，而這絕不是朱子學術的全部，我們不能以偏概之。但有一點是不能回避的，即朱子在類知性上的疏漏，也造成他斥佛的偏差。即：在禪說同儒學的某些形似處、在重合論述的地方，朱子出於對儒家的持信，進而對釋氏之說予以肯同。「便只是這性，他說得也是，」因為孟子也說過，「形色，天性也，」這是朱子所不能反駁的。但孟子之意，旨在以天性界定形色，與認作用即是性、以作用規定性，根本上是倒序的。戴東原在《孟子字義疏證》中，曾詳細論說了之謂與謂之兩個界詞的區別，這在古代語言中是至關重要的環節。孟子與釋氏的區別，正可以納入到這個區別中顯現出來，這是戴震在名理上的功夫（詳道條，此處不贅言）。朱子可能沒有注意到後來經戴東原揭示出來的細節的微妙關節性，但很快朱子就回到理斷上，指出在禪家玄妙直觀心法中隱藏的實質是存養作用，而不是理。前者以作用為無分別性的周徧的真理，後者則以理為唯一。正所謂人心與道心的區別所在，道心即理心，即道性、理性之所在。但是，朱子在第二天的言論卻揭示出其思索上的轉彎，而這是《朱子語類》中的關鍵。這轉變是從方法上來成立的，曰：

昨夜說作用是性，因思此語亦自好。雖云釋氏之學是如此，他卻是真個見得，真個養得。如云說話的是誰？說話的是這性；目視底是誰？視底也是這性；聽底是誰？聽底也是這性；鼻之聞香，口之知味，無非是這個性。他凡一語默，一動息，無不見得此性，養得此性。或問：他雖見得，如何能養？曰：見得後，常常得在這裏，不走作，便是養。今儒者口中雖常說性是理，不止於作用，然卻不曾做他樣存得養得；只是說得如此，元不曾用功，心與身元不相管攝，只是心粗。若自早至暮，此心常常照管，甚麼次第！這個道理，在在處處發見，無所不有，只是你不曾存得養得。佛氏所以行六七百年，其教愈盛者，緣他也依傍這道理，所以做得盛。他卻常在這身上，他得這些子，即來欺負你秀才，你秀才無一人做得似他。今要做，無他，只說四端擴充得便是。孟子說存心養性，其要只在此。凡有四端於我者，知皆擴而充之矣，若火之始然，泉之始達。學者只要守得這個，如惻隱、羞惡、辭遜、是非。若常存得這惻隱之心，便養得這惻隱之性；若合當愛處，自家卻不起愛人之心，便是害了那惻隱之性。如事當羞惡，自家不羞惡，便是傷害了那羞惡之性，辭遜、是非，皆然。人能充無欲害人之心，而仁不可勝用矣；人能充無受爾汝之實，無所往而不為義也。只要就這裏存得、養得。所以說利與善之間，只爭這些子，只是絲髮之間。如人靜坐，忽然一念之發，只這個便是道理，便有個是與非、邪與正。其發之正者，理也；雜而不正者，邪也。在在處處無非發見處，只要常存得、常養得耳。

　　顯然，朱子這段話集中展現了他的性化主張和方法思考。為什麼朱子會有態度上的轉變呢？這是世勢使然，朱子出於不得已耳。他曾慨歎：「釋氏之教，其盛如此，其勢如何拗得他轉？吾人家守得一世再世，不崇尚他者，已自難得，三世之後，亦必被他轉了。不知大聖人出，所過者化，所存者神時，又如何？」朱子排禪，主要是出於對世事的憂慮。因為佛教對中國的影響，主要是集中在庶民社會，並非純粹專於學術。故論釋氏、進行義辯，只是屬於社會用功的方面，並不居其思想學術的主體，因為這都是現實問題。後世評價朱子融儒、釋、道於一爐者，乃是混淆了朱子的思想與具體方法，以及學術與社會用功之間的區別，在朱子的認同角度上是根本不成立的。朱子非常重性、用之辯，即通過理性之所循而存養之，則道教在矣。但是，如果是作用性發用，而非理性之用，則非理性之用便會發出來。故性用在釋氏並非缺乏，而是錯濫了。所以說：「其於性與用分為兩截也。」「其性與用不相管也。」心性不能用，此正朱子所不取。「據他說道明得心，又不曾得心為之用；他說道明得性，又不曾得性為之用。」此弟子所問，朱子並未反對。朱子肯定釋氏作用是性，是因為性能存養住，這就是朱子窺見了性化的途徑在其中。「他凡一語默，一動息，無不見得此性，養得此性。」朱子假禪徑，以之灌入存養理義之方，正在於理義性對作用性的代換，是不得已而為之的舉措。但性化絕非禪家之專利，為什麼朱子會捨棄儒學在這方面的理論而遷就禪徑呢？這就是當時的時世使然，只能因釋利導。直接注入人們頭腦中以正規的儒學，在當時已經不容易湊效，這就是朱子因世施方的特點，只是其學術的反映。所謂性化，在這裏僅限於存養一點。亦即，使理性成為一個綿延不絕的長流、流行。凡一作用起，皆是理的，就如知覺運動然，凡一作用，皆是知覺。當知覺完全理化，即知、理相「體一」的時候，儒者所企望

的善的目的也就完成了，這就是性化。「孟子說存心養性，其要只在此。」朱子對孟子性化理論的體認是深切的，而性化是孟子最明白通俗地表述定義下來的。案《告子》云：「口之於味也，有同嗜焉；耳之於聲也，有同聽焉；目之於色也，有同美焉。至於心，獨無所同然乎？心之所同然者何也？謂理也、義也。聖人先得我心之所同然耳。故理義之悅我心，猶芻豢之悅我口。」

好吃是自然本能，屬於形色天性。好理在常人如能完全同於官能性好，則人類之對於理將自然會有一種饑渴的嗜欲，而理便成為一個連綿不斷的長流，存養在人之身心中。理性也就完成了人與理的同化，這是一個很簡單的理想，而在性理之學中亦是最困難的題目。簡易的禪徑正能提供宋儒普遍推銷性化之理的乘具，這就是儒與禪離合的真正歷史動因，而焦點直接集中在當時的道德社會問題。因此，朱子之闢禪是社會用功，並非對專門儒學理論的發展，這一層很重要。顯然，朱子在現實與經學之間是實行了各自為政的處理的。從中我們可以看到，宋儒在儒家化努力上的方略，攻乎異端是從學理上來衍發的。朱子講禪家能存養得作用心性，而儒士卻不能存養得道心理性，儒、釋在現實中踐行的差異正在這裏。

朱子辯儒、釋之異時說過，「釋氏以事理為不緊要而不理會」與儒家倡導實理是不同的，釋門一味空虛，故只能敬以直內，而不能義以方外。這是因為住內唯空，無理可言，故無法方外。直內方外是同格物致知密切關聯的，這正是度量儒、釋之別的尺度。但朱子最終是強調絕對標準的，至於具體的比較，只是他開示弟子的方便。或問：「儒、釋之辨，莫只是虛實兩字上分別？」曰：「未須理會。自家已分若知得真，則其偽自別，甚分明，有不待辨。」由此，足見朱子之言虛實，並不是從本根上言，而只是從方面上說。在他看來，所謂空應該是以實理為內容的，但佛家卻以空為絕對，不能認識到實體

與內容的同一性。而朱子以心與理不二，釋氏以心與理為二，皆因空見所致，故直內方外、心理皆行割裂。其實更確切地說，釋氏根本上是無理可言，只取持一，而不是什麼心理為二。應該注意到，心與理一的理論是格物理論的衍生，不是宋儒的創見，是宋儒的學習所得，是用不同時代的語言進行的講說。故格物乃判分儒、釋的中樞，是中土物學的必然態度。有一點，即今人以為宋儒論理是受佛家的影響，比如理一分殊等等，這是沒有弄清理名淵源與實義的緣故，而只看到了學說結構的模型句式。這種模子決定論的學說史方法是相當有害的。理一的模子來源於先秦道一的理論，由於同釋教在言論上發生的關係而被誤認了。在論釋氏的語錄中，朱子是以理為判分儒、釋的主要標準的，不必一一列舉，只看一處：「先生問眾人曰：釋氏言牧牛，老氏言抱一，孟子言求放心，皆一般，何緣不同？節就問曰：莫是無這理？曰：無理煞害事。」形似而實非，正孔子所雲惡似而非者也。朱子言心與理一，同陸王一系並無根本上的不同，差別在於方法，這一點是應該清楚的。禪家的方法在於渾然一體，不具體講說義理。不像名理分析，或者儒學義理等等。故而空疏簡易，朱子是極力反對的。他講的重義理與否的分別儒、釋的標準，的確具有很大的概括作用。同時也反對以老、釋與儒相比附。

　　論性理心學是離不開工夫的。禪家以直觀的入定工夫取勝，當弟子問為何不效禪法時，朱子斷然否定了直觀心法，因為性化的途徑具有禪法所不具備的合理性與有效性。「他開眼便依舊失了，只是硬把捉。」實際上，禪觀乃是脫離性化基礎而進行的人為逃避，並不具有真正的性理的完成意義。可見，朱子要的完成是性化的完成，而不是直觀的完成。從骨子裏來說，乃是儒家經世自然觀的潛用所致。而釋氏則倡導不分青紅皂白的拋棄、解脫。故而，朱子反對字面觀見法，而徑觀義理的差別處。比如釋氏之言惺惺者，雖與儒家

字面相同，而本質實異。朱子在論心、性、理時有一段話，很值得
注意：

> 先生曰：性只是理，有是物斯有是理。子融錯處是認心為
> 性，正與佛氏相似。只是佛氏磨擦得這心極精細，如一塊
> 物事，剝了一重皮，又剝一重皮，至剝到極盡無可剝處，
> 所以磨弄得這心精光，它便認做性，殊不知此正聖人之所
> 謂心。故上蔡云：佛氏所謂性，正聖人所謂心；佛氏所謂
> 心，正聖人所謂意。心只是該得這理，佛氏元不曾識得這
> 理一節，便認知覺運動做性，此正告子生之謂性之說也。

　　朱子在這裏區分心、性、理並不複雜，一言以明之，還是理的
性化問題。如果以知覺運動為性，將心與作用混認，則勢必去心、
理之途遠矣。故朱子以為性當在理上說，即性的理化與理的性化的
雙向自複性。所謂誤認心性者，是沒有在為學環節中省察到理這一
關鍵，這就是上段話的主旨。關於禪家的工夫，有一點須說明，性
的清靜與主敬明心似乎是儒、釋相雜的痕跡，但事實上全然非是。
因為在十三經中就多次提到性靜情動、性本虛靜的主張，通過緣接
物境，而動之為情。故清靜性雖然在釋家倡講，而實際上，儒家關
於性靜的學說更為久遠。而且在義理上是不同的，即對待著情來講，
與動靜之辯結合來講，屬於人類自然生髮的一種心學觀見。宋儒的
思想是源自經典的這一古老傳統的，我們在歷史學說中要隨處注意
類性的區別。

　　性化是非常久遠的儒學問題，〈子罕〉云：「子曰：吾未見好德
如好色者也。」好色乃天性也，孔子是最早慨歎理在性外的思想家，
雖然他的意思是理在性中。以後性化就成為儒家學者關切而又始終
在現實中得不到解決的問題。如果我們看到了儒學的這種延續性，

也就可以說，後世儒學只是前世儒學某枝某片的承續和深化。因而，儒學在歷史中是沒有全新的創造的，理學只是儒學一支的後代，不能獨立於周秦儒學來對講。王陽明講知行合一正是明儒對性化問題作出的新的解決，即化知與行為一體，無論知與行，都是從廣義上來界說的。通過知行相即，開闢理性即行的途徑，理知即是理行，知理即是行理，這便是宋明與周秦以降的內脈關係。當我們窺見到這一層，就可以說，理學內部的衝突，實質上乃是動態的相互補充、彌合，因而是不宜作分割理解的。現代人是為了寫歷史才講儒學，而不是為了探討儒學才撰史，是實用的而非求理的。

總之，朱子的論述核心，是從理的思想來批評釋氏單純以知覺運動為性的學說。亦即，理義本然之性與氣質之性之辯，作用之性即屬於氣質之性。朱子謂：「釋氏棄了道心，卻取人心之危者而作用之，遺其精者，取其粗者以為道。如以仁義禮智為非性，而以眼前作用為性是也，此只是源頭處錯了。」仁義禮智屬道心，朱子以為真性者是也。朱子從性學上對釋氏的批評（主要是禪家），基點放在以心理的作用為性這一層上。從中可以看到，儒學的傳統主張，乃是以仁義禮智之性為道心理性的內核，而與釋氏的觀念顯然不同。後者僅僅是提供人們一個怎樣觀看世界的視點，進而建立起一套自身觀念的家法。而理學則將幹部放在道心理性的發現與意識上理會，理性即天理，從而建制起真正的對政教世界的觀念，與釋氏從經驗技術中供應的宗教理論所要求的人對時局的看法格格不入。事實上，釋氏停留在事物性上的性體觀，本身就是一種形而下的東西，是形而下的玄學。而釋氏在眾多宗教中，其心理學技術比較精良，但剝落了現世理想，從這裏我們也可以看出漢化佛教對原始佛教的蛻變。即：將真正宗教根性的熱衷換成了單純的技術呈現，而擱置了宗教情愫。

　　形而上固然是要以各類經驗為例證手段的，而且要求非常簡單明透的例子。朱子以知覺運動駁難釋氏，原是本著對經驗的學理分析為出發，與釋氏動輒借用簡單的經驗事例為證明手段當然不同。亦即，形而下的經驗例子只能用以說明，而不能用以證明。只能是用作例件，而不能作為證據，這一點須要分明。朱子之外，同時代的陸象山論禪亦可注意：

> 釋氏立教，本欲脫離生死，惟主於成其私耳，此其病根也。且如世界如此，忽然生一個謂之禪，已自是無風起浪，平地起土堆了。
>
> 又適有告之，以某乃釋氏之學，渠平生惡釋老如仇讎。於是盡叛某之說，卻湊合得元晦說話。後不相見，以至於死。
>
> 問：作書攻王順伯，也不是言釋，也不是言儒，惟理是從否？曰：然。
>
> 先生曰：此邪說也。正則皆正，邪則皆邪。正人豈有邪說？邪人豈有正說？此儒、釋之分也。
>
> 佛氏始於梁達摩，盛於唐，至今而衰矣。
>
> 老衰而後佛入。
>
> 釋氏謂此一物，非他物故也。然與吾儒不同，吾儒無不該備，無不管攝，釋氏了此一身，皆無餘事。公私義利，於此而分矣。

　　語錄中有代表性的也就這幾條。由此可見，陸九淵是強調一切都要從道理出發的。所謂不是言儒、不是言釋，只是一個道理而已。可見理學所標榜的，就是道理本身。應該說，與朱子相比，陸九淵的經世色彩更強，而他接觸釋教實不及朱子多，故學術上的認知便沒有朱子深入，能夠一語中的。其排佛還是較偏重於經世一途，而

不在學理方面。有人指責陸象山之學說為禪學，對此陸很厭惡。可見當時的學人，道統觀念強烈。陸九淵認為佛教史就是禪的歷史，這一點與朱子大致相同。其實，陸九淵的宇宙心說來源於古經注，與禪學沒有關係。但是有一點，即此說與心理學是有直接關聯的。因為心即理，宇宙可以歸攝於一理上，故雲宇宙吾心，是從古代格物論下來的自然推演。朱、陸在心、理上的差異是具體方法的，不是終極認同的。明儒中王陽明雖然承心學一路，但在朱子學上很用功夫，花費心血調和兩派，即此亦可見一斑。陸象山〈與王順伯〉書云：

> 兄前兩與家兄書，大概謂儒、釋同，其所以相比配者，蓋所謂均有之者也。某嘗以義利二字判儒、釋，又曰公私，其實即義利也。儒者以人生天地之間，靈於萬物，貴於萬物，與天地並而為三極。天有天道，地有地道，人有人道。人而不盡人道，不足與天地並。人有五官，官有其事，於是有是非得失，於是有教有學，其教之所從立者如此。故曰義、曰公。釋氏以人生天地間，有生死，有輪迴，有煩惱，以為甚苦，而求所以免之。其有得道明悟者，則知本無生死，本無輪迴，本無煩惱。故其言曰：生死事大。如兄所謂菩薩發心者，亦只為此一大事。其教之所從立者如此。故曰私、曰利。惟義惟公，故經世；惟利惟私，故出世。儒者雖至於無聲、無臭、無方、無體，皆主於經世。釋世雖盡未來際普渡之，皆主於出世。今習釋氏者，皆人也。彼既為人，亦安能盡棄吾儒之仁義？彼雖出家，亦上報四恩。日用之間，此理之根諸心而不可泯滅者，彼固或存之也。然其為教，非為欲存此而起也。故其存不存，不

足為深造其道者輕重。若吾儒則曰：人之所以異於禽獸者
幾希，庶民去之，君子存之。釋氏之所憐憫者，為未出輪
迴，生死相續，謂之生死海裏浮沉。若吾儒中聖賢，豈皆
只在他生死海裏浮沉也？彼之所憐憫者，吾之聖賢無有
也。然其教不為欲免此而起，故其說不主此也。故釋氏之
所憐憫者，吾儒之聖賢無之；吾儒之所病者，釋氏之聖賢
則有之。試使釋氏之聖賢，而繩以春秋之法，童子知其不
免矣。從其教之所由起者觀之，則儒、釋之辨，公私義利
之別，判然截然，有不可同者矣。

古人講話還是太囉嗦，半天說不到點子上去，這都是不精名理
的結果。其實說白了一句話，理學屬實學，佛學屬玄學，二者很難
牽附。而且印度是風俗社會，中國是政治社會；印度是原生態國家，
中國是政治國家。國家社會類型根本不同，思想怎麼可能相互適用
呢？雖然現代學者可以搜索到一些思維句式的消息，比如月印萬
川、理事無礙什麼的，但那畢竟是枝節問題，不能說明什麼。陸九
淵與朱子所不同者，在於前者經世色彩更濃更直接，而學理不如朱
子沉潛精深。故陸九淵批評佛教，特別著重價值論斷，從而取消佛
教在人文中的地位。所以，宋儒從價值論斷否定佛教，是一種根本的
否定。陸九淵把釋氏之學歸之於生死糾纏，而以公私義利等標準佐
證釋教之非，都與上述習慣直接關聯。陸九淵引伊川之言曰：「釋氏
只是理會生死，其他都不理會。」又說：「某當時若得侍坐，便問道：
不知除生死外，更有甚事？」亦歸於一生死。宋儒以佛教的單薄、片
面而否定其學，說明宋人對學說的判分，很大程度是建立在政教意義
與價值上的。這是儒家判學的一個特點，即著重實學意義。由此觀之，
儒家視生死為元氣自然，不更多地去考慮，這種態度，當然有別於

宗教生死觀。但是，從社會化的面向來說，自然生死觀的態度是否競爭得過宗教生死觀，卻是一個問題。因為民眾顯然是關心前身往世，而非修齊治平的。從陸九淵的語錄我們可以看到，一種學說的優劣，取決於它的理義厚度，宋儒是這樣認為的。如果在實學理義上欠缺，那麼任何學說都只是一種琦辭，這就是宋儒對人文學術的看法。王順伯是一個好佛者，陸九淵與王順伯在儒、釋問題上的論辯顯然很多。陸象山自稱，「某雖不曾看釋藏經教，然而楞嚴、圓覺、維摩等經，則嘗見之。」錢仲聯先生說：雖然宋儒反佛搞得沸沸揚揚，但其實佛學真正好的還是唐朝和尚，很多人都懂梵文，宋人的佛學造詣終究是有限。實際上，陸九淵的一貫主張就是公私、義利這些實學的東西。需要說明的是，今人總喜歡把歷史上思想學說的接觸理解成一種單純思想與思想之間的東西，顯然，我們說這類看法沒有體察透徹。因為對當代人來說，佛學不是一種學術，而是一種生活。是一個生活內容、社會化的東西，是當時流行的風俗。所以，佛教應該屬於文化史的範疇，而不是思想史的範疇。理學家的工作，當時就是要逆轉一種風氣，並不是埋首書齋做研究。因為古代的儒家學者都是要經世致用的，正是從這一點上，我們說，宋儒對佛教的接觸並不是學術間的事情，而是生活中的必遇。在對一種生活進行審視的過程中，便不能不就學理上展開廣泛的論說。如果我們認為那是一些名實不符，甚至口是心非的舉動，便從根本上錯了。關於陽儒陰釋的論調，古今甚有差別。在古人這是一種相互攻訐的口實，是派見的產物。在二十世紀卻變為某種現象話語，實際上人們想要探討的不是儒、釋問題，而是現代西學問題，這是騙不了人的。這是一層煙幕。因此，對宋人之學還是應該恰如其分地還原回去。

朱熹早就指出佛教是形而下思維的，他說：「佛家所謂作用是性，」「更不問道理如何。」「便是他就這形而下者之中，理會得似

那形而上者。」但是，「似」並不就是「是」，孔子惡似而非者，佛家思維，顯然是立基於形而下的。舉例來說，好比一個水果容易腐爛，於是引發了人的感想——事物、世事是無常的，一切都會隨時壞滅。但是，我們要知道，水果畢竟是形而下的具體的東西，是實體。那麼，成就水果的所以然之理是否會很快腐爛、壞滅呢？關鍵的分別就在這裏。所以，朱熹說佛家是形而下的，一點沒有搞錯。至少佛家的認識、判斷是有誤的。當然，佛教要引出一種宇宙人生的信仰以成就內心，它可以不管形上下，因為宗教是不能用知識與事實去要求的。

補充一點，案《樂記》云：「人生而靜，天之性也。感於物而動，性之欲也。物至知知，然後好惡形焉。好惡無節於內，知誘於外，不能反躬，天理滅矣。」孔穎達在注疏這一段文字時說：「不能反躬，天理滅矣者，躬，己也。恣己情欲，不能自反，禁止理性也。是天之所生本性滅絕矣。」從這段注可以看到，唐代編撰五經正義，對性理之學已集成歷代成果。情欲指性之欲也，《樂記》認為天理、人欲會相害，但這只是在不反向自己內部時才會發生，並沒有完全對立起來。唐代注疏還保持著分寸，到宋儒將天理推向極端，就不再是單純學術的問題了，而是關係到當時的社會實況。知識是有風險性的，尤其是關於物的知識。知在這裏包括知覺運動，所以說，儒家講知不曾脫離性化的成分。正因為此，孔穎達疏解天理、性也，以理性為人之本性。本性滅絕就是天理絕滅，而性本靜，其動緣於與物相接，理的性化已經完全得到命定了。

甲戌年寫

參考書目

《永樂大典》，（海外新發現十七卷），錢仲聯題　上海辭書出版社，2003
　　年 8 月。

《周子通書》，周敦頤撰，上海古籍出版社，2000 年 12 月。

《朱子語類》，黎靖德編，山東友誼書社，1993 年。

《王陽明全集》，吳光等編校，上海古籍出版社，1992 年 12 月。

《宋元學案》，黃宗羲著，中華書局，1985 年 10 月。

《明儒學案》，黃宗羲著，中華書局，1985 年 10 月。

《黃宗羲全集》，沈善洪主編，浙江古籍出版社，1986 年 5 月。

《潛書注》，唐甄著，四川人民出版社，1984 年。

《戴震全書》，戴震撰，黃山書社，1994 年 7 月。

國家圖書館出版品預行編目

宋明思想史稿 / 季蒙, 程漢著. -- 一版. --
臺北市 ： 秀威資訊科技, 2009.05
　　面 ； 公分. -- (哲學宗教類 ；PA0026)
BOD 版
參考書目：面
ISBN 978-986-221-227-1(平裝)

1. 宋明理學

125　　　　　　　　　　　　98007815

哲學宗教類　PA0026

宋明思想史稿

作　　者 / 季蒙、程漢
主　　編 / 蔡登山
發 行 人 / 宋政坤
執行編輯 / 詹靚秋
圖文排版 / 姚宜婷
封面設計 / 陳佩蓉
數位轉譯 / 徐真玉　沈裕閔
圖書銷售 / 林怡君
法律顧問 / 毛國樑　律師
出版發行 / 秀威資訊科技股份有限公司
　　　　　台北市內湖區瑞光路 583 巷 25 號 1 樓
　　　　　電話：02-2657-9211　　　傳真：02-2657-9106
　　　　　E-mail：service@showwe.com.tw

2009 年 5 月 BOD 一版
定價：330 元

讀 者 回 函 卡

感謝您購買本書，為提升服務品質，請填妥以下資料，將讀者回函卡直接寄回或傳真本公司，收到您的寶貴意見後，我們會收藏記錄及檢討，謝謝！如您需要了解本公司最新出版書目、購書優惠或企劃活動，歡迎您上網查詢或下載相關資料：http:// www.showwe.com.tw

您購買的書名：_____

出生日期：_____年_____月_____日

學歷：□高中 (含) 以下　　□大專　　□研究所 (含) 以上

職業：□製造業　□金融業　□資訊業　□軍警　□傳播業　□自由業
　　　□服務業　□公務員　□教職　　□學生　□家管　　□其它_____

購書地點：□網路書店　□實體書店　□書展　□郵購　□贈閱　□其他

您從何得知本書的消息？

　□網路書店　□實體書店　□網路搜尋　□電子報　□書訊　□雜誌

　□傳播媒體　□親友推薦　□網站推薦　□部落格　□其他_____

您對本書的評價：(請填代號　1.非常滿意　2.滿意　3.尚可　4.再改進)

　封面設計____　版面編排____　內容____　文／譯筆____　價格____

讀完書後您覺得：

　□很有收穫　□有收穫　□收穫不多　□沒收穫

對我們的建議：_____

_____

_____

_____

11466
台北市內湖區瑞光路 76 巷 65 號 1 樓

秀威資訊科技股份有限公司　　　收

BOD 數位出版事業部

....

（請沿線對折寄回，謝謝！）

姓　　名：＿＿＿＿＿＿＿＿＿　年齡：＿＿＿＿　性別：□女　□男

郵遞區號：□□□□□

地　　址：＿＿＿＿＿＿＿＿＿＿＿＿＿＿＿＿＿＿

聯絡電話：(日) ＿＿＿＿＿＿＿＿＿　(夜) ＿＿＿＿＿＿＿＿＿

E-mail：＿＿＿＿＿＿＿＿＿＿＿＿＿＿＿＿＿＿＿＿